Ambassade de Talleyrand à Londres

1830-1831

Edited with an Introduction and Notes by
G. PALLAIN

DA CAPO PRESS • NEW YORK • 1973

Library of Congress Cataloging in Publication Data

Talleyrand-Périgord, Charles Maurice de, prince de
    Bénévent, 1754-1838.
    Ambassade de Talleyrand à Londres, 1830-1834.

    (Europe, 1815-1945)
    Reprint of the 1891 ed., issued in series:
Correspondance diplomatique de Talleyrand.
    Edition for 1891 issued as v. 1 of Ambassade de
Talleyrand à Londres, 1830-1834; no more vols. published.
    1. France—Foreign relations—1830-1848.
I. Title. II. Series.
DC266.5.T252   327.44   72-12238
ISBN 0-306-70575-3

Ambassade de Talleyrand à Londres, 1830-1834,
was published originally in Paris in 1891 in the
series *Correspondance Diplomatique de Talleyrand*
edited by G. Pallain. Although additional
publications encompassing Talleyrand's tenure
as French Ambassador in London through 1834 were
projected, only the present volume was approved.
It is now reprinted in unabridged form.

Da Capo Press, Inc.
A Subsidiary of Plenum Publishing Corporation
227 West 17th Street, New York, N.Y. 10011

AMBASSADE

DE

TALLEYRAND

A LONDRES

1830-1834

PREMIÈRE PARTIE

Ce volume a été déposé au ministère de l'intérieur (section de la librairie) en janvier 1891.

CORRESPONDANCE DIPLOMATIQUE DE TALLEYRAND

AMBASSADE

DE

TALLEYRAND

A LONDRES

1830-1834

PREMIÈRE PARTIE

AVEC INTRODUCTION ET NOTES

Par G. PALLAIN

PARIS

LIBRAIRIE PLON

E. PLON, NOURRIT et Cie, IMPRIMEURS-ÉDITEURS

RUE GARANCIÈRE, 10

1891

INTRODUCTION

Le traité de Paris du 30 mai 1814, qui laissait à la
France ses frontières de 1792, disposait dans son
article 6 que la Hollande, placée sous la souveraineté
de la Maison d'Orange, recevrait un accroissement de
territoire; il stipulait également que le titre et l'exercice de la souveraineté n'y pourraient dans aucun cas
appartenir à aucun prince portant ou appelé à porter
une couronne étrangère [1].

Par un acte séparé et secret, en date du même jour,
il était arrêté : « L'établissement d'un juste équilibre en
Europe exigeant que la Hollande soit constituée dans
des proportions qui la mettent à même de soutenir son
indépendance par ses propres moyens, les pays compris entre la mer, les frontières de la France telles
qu'elles se trouvent réglées par le présent traité, et
la Meuse, seront réunis *à toute perpétuité* à la Hollande. »

[1] Dans le traité du 24 mai 1806, qui avait créé le royaume de
Hollande et conféré le trône au prince Louis-Napoléon, il était dit,
art. 1er, *in fine :* « Il est statué que les couronnes de France et de Hollande ne pourront jamais être réunies sur la même tête. » Ce traité
avait été négocié et signé par Talleyrand, ministre de Napoléon Ier.

a

La révolution belge, née du contre-coup de la révolution de Juillet, brisait dans l'une de ses parties principales l'œuvre de la coalition, qui avait constitué le royaume des Pays-Bas « comme la plus forte machine de guerre placée sur notre frontière et sur ses points les plus vulnérables ».

L'Europe, signataire et garante des traités de 1814 et de 1815, allait-elle se désintéresser d'un événement qui consommait la séparation de la Belgique de la Hollande?

Allait-elle, au cas où la séparation deviendrait inévitable, procéder à une nouvelle répartition de ces provinces soustraites de fait au sceptre de la Maison de Nassau, sans tenir aucun compte de cette nationalité qui venait de revendiquer courageusement son droit à l'indépendance et à la liberté?

La France pouvait-elle rester inerte en présence de ce qui allait se passer sur sa frontière la plus découverte, la plus rapprochée de Paris? Au lendemain du jour où elle venait de rappeler à la branche aînée des Bourbons que « les Gouvernements existent uniquement pour les peuples [1] », pouvait-elle condamner le peuple belge qui venait de suivre son exemple?

La paix dépendait, en réalité, de l'abandon par l'Europe du principe d'intervention, affirmé si récemment avec une raideur intransigeante par l'Autriche, et qui avait été appliqué par la Monarchie française dans

---

[1] Voir le mémoire de Talleyrand à Louis XVIII, daté de Gand. *Correspondance inédite de Talleyrand et de Louis XVIII. Congrès de Vienne,* p. 468. — Librairie Plon, 1880.

les affaires d'Espagne. Cet abandon obtenu, n'était-ce pas la reconnaissance du Gouvernement nouveau, issu de la révolution de Juillet? n'était-ce pas le maintien de l'indépendance de la Belgique? n'était-ce pas, par voie de conséquence, la reconnaissance implicite du droit nouveau des nations à disposer de leurs destinées?

Au Congrès de Vienne, Talleyrand avait joué du principe de la légitimité, habilement invoqué, il serait plus juste de dire, inventé par lui, pour limiter la victoire de la coalition et conserver à la France, comme minimum, les frontières de l'ancienne monarchie [1].

Par un chef-d'œuvre d'habileté qui n'a jamais été surpassé, il avait su, en pratiquant, avant qu'on l'eût inventée, la politique des mains nettes, mettre aux prises tour à tour les intérêts rivaux des nations et des rois, en opposant le droit des couronnes solidarisé dans une théorie séduisante avec le droit des peuples, aux âpres convoitises de nos vainqueurs.

---

[1] « Vous aurez remarqué que, dans le protocole du 19, on ne cite que le traité de 1814, qui a été aussi heureux que les circonstances pouvaient le permettre pour notre pays, car les ennemis au bout de six semaines avaient quitté le territoire français. L'ancienne France était agrandie, ses limites rectifiées à son avantage, et par la possession d'une grande partie de la Savoie, Lyon préservé n'était pas, comme aujourd'hui, si près d'être une place frontière ; le musée Napoléon était intact, les archives françaises restaient enrichies de celles de Venise et de Rome. On n'a pas parlé du traité de 1815, auquel je n'ai rien à réclamer, puisque j'ai donné ma démission pour ne pas le signer. Mais je dois convenir cependant qu'il a été suivi de quinze ans de paix. »

(*Talleyrand à Sébastiani.* — 24 février 1831.)

Arrivant à Vienne « enveloppé de la méfiance de tous les cabinets », il était parvenu à l'aide de cet expédient de génie à dominer les conséquences de la catastrophe nationale.

C'est aussi à l'aide d'un principe, le principe de non-intervention, introduit à propos dans les affaires européennes, qu'il réussit, à la Conférence de Londres, à amener l'Europe assemblée à ses propres vues.

M. de Metternich ne s'y trompait pas. Cet homme d'État qui avait trouvé que Charles X, en faisant appeler M. de Martignac, s'était livré au parti révolutionnaire et avait trahi ses devoirs européens, disait dans une dépêche du 21 octobre 1830, adressée à l'ambassadeur d'Autriche à Londres [1] :

« Le principe de non-intervention est très populaire

---

[1] Voir METTERNICH, *Mémoires et documents,* t. V, p. 46. — Librairie Plon.

« M. de Metternich, loin de regretter de n'avoir pas fait quelques sacrifices à l'esprit du temps, est fâché de ne pas l'avoir comprimé davantage ; il n'y renonce point encore. »

(*Talleyrand au maréchal Maison.* — 20 novembre 1830, p. 86.)

C'est que la Sainte-Alliance, dont la direction était passée des mains de la Russie dans celles de M. de Metternich, ne s'était pas seulement proposé de maintenir le *statu quo territorial* tel qu'il avait été fixé par les traités de 1815 ; elle s'était aussi donné pour mission de maintenir le *statu quo social,* de faire la guerre aux idées de 89, au système représentatif, de fermer toute issue à la démocratie. Sous la direction de M. de Metternich, la Sainte-Alliance avait proclamé et pratiqué le principe d'intervention dans les affaires intérieures des autres États ; et propagandiste, elle aussi, comme le Directoire et l'Empire l'avaient été dans d'autres vues et pour d'autres idées, elle entendait mettre la force de ses armées au service de ses doctrines, se faire, en un mot, le gendarme de l'Europe.

en Angleterre; faux dans sa base, il peut être soutenu par un État insulaire.

« La nouvelle France n'a pas manqué de se l'approprier et de le proclamer hautement. Ce sont les brigands qui récusent la gendarmerie et les incendiaires qui protestent contre les pompiers. Nous n'admettrons jamais une prétention aussi subversive de tout ordre social ; nous nous reconnaîtrons, au contraire, toujours le droit de nous rendre à l'appel que nous adressera une autorité légale en faveur de sa défense, tout comme nous nous reconnaissons celui d'aller éteindre le feu dans la maison du voisin pour empêcher qu'il ne gagne la nôtre. »

Ce principe de non-intervention, c'était celui que Mirabeau recommandait à la Révolution, quand il écrivait, le 29 décembre 1789 : « La future Constitution laissera-t-elle aux ministres le pouvoir de mêler la France dans les tracasseries intérieures des autres pays, de préparer pour l'avenir des semences de difficultés, de guerres, de dépenses onéreuses pour nous, absurdes en elles-mêmes et odieuses à nos voisins? »

C'était justement la nouvelle base de politique extérieure que la Révolution française avait proclamée dans la Constitution de 1791, quand, réglant les rapports de la nation française avec les nations étrangères, elle déclarait renoncer à entreprendre aucune guerre dans la vue de faire des conquêtes, et affirmait qu'elle n'emploierait jamais ses forces contre la liberté d'aucun peuple.

C'était la politique que Danton avait remise en honneur en rapportant, par le décret du 13 avril 1793, le décret du 19 novembre 1792 qui avait inauguré la politique contraire[1].

C'était la politique que Talleyrand, ancien coopérateur de Mirabeau, conseillait dans sa correspondance diplomatique de Londres, en 1792, quand il sollicitait de l'Assemblée législative le vote d'une loi proclamant

[1] D'après le *Logotachygraphe* (n° 106, 17 avril 1792, séance de la Convention du samedi 13 avril), Danton aurait dit : « ..... Nous touchons au moment où il faudra dégager la liberté, — pour mieux la conserver, — de tous ces enthousiasmes. Je m'explique : dans un moment d'énergie, — et certes, ce moment était beau, — nous avons rendu un décret qui porte que nous ne traiterons jamais qu'avec les peuples qui auront un gouvernement de concordance avec nos principes. Si nous tenions à la concordance de ce décret, nous serions obligés d'aller donner des secours à des patriotes qui, à la Chine, voudraient faire une révolution.....

« ..... Eh bien, citoyens, donnons nous-mêmes l'exemple de cette raison : décrétons que nous ne nous immiscerons point dans ce qui se passe chez nos voisins, mais que la nation s'abîmera plutôt que de souscrire à toute transaction. Notre souveraineté ! notre République ! »

« La Convention nationale déclare, au nom du peuple français, qu'elle ne s'immiscera en aucune manière dans le gouvernement des autres puissances ; mais elle déclare en même temps qu'elle s'ensevelira plutôt sous ses propres ruines que de souffrir qu'aucune puissance s'immisce dans le régime intérieur de la République et influence la création de la Constitution qu'elle veut se donner.

« La Convention décrète la peine de mort contre quiconque proposerait de négocier ou de traiter avec des puissances ennemies qui n'auraient pas préalablement reconnu, solennellement, l'indépendance de la nation française, sa souveraineté, l'indivisibilité et l'unité de la République fondée sur la liberté et l'égalité. »

(Décret du 13 avril 1793.)

Il est intéressant de constater en passant que des relations suivies

nettement le principe absolu de non-intervention de la France dans les affaires intérieures des autres États [1].

L'expérience de la Révolution, du Directoire, du Consulat et de l'Empire n'avait pu, d'ailleurs, que le confirmer dans les tendances qui, au fond, avaient toujours été les siennes, bien qu'il eût été trop souvent l'instrument trop résigné d'une politique opposée.

Au lendemain de la révolution de Juillet, et en présence des révolutions qui éclataient de toutes parts, deux voies s'ouvraient au gouvernement nouveau. Fallait-il inaugurer hardiment la Sainte-Alliance des peuples, utiliser au profit de la France populaire et d'une Europe nouvelle le mouvement révolutionnaire qui ébranlait tous les trônes [2]?

---

n'avaient pas cessé d'exister entre Danton et Talleyrand quand ce dernier était à Londres en 1792 et 1793.

On est fondé à croire que les conseils de Talleyrand n'ont pas été sans influence sur l'orientation nouvelle imprimée alors par Danton à notre politique extérieure. — Voir les très curieuses recherches de M. Robinet sur la diplomatie de la République, *Danton émigré*.

[1] Voir *La mission de Talleyrand à Londres en* 1792, Introduction, p. XXIII. — Librairie Plon, 1889.

[2] M. de Metternich lui-même en convient, quand il parle dans ses Mémoires « de l'influence extraordinaire que la révolution de Juillet avait exercée sur les esprits bien au delà des frontières de France; influence, ajoute-t-il, bien autrement décisive que ne le fut et que ne pouvait l'être celle de la révolution de 1789. » Voir METTERNICH, *Mémoires et documents,* t. V, p. 52. — Librairie Plon.

« Les cours absolutistes tremblaient, et, dans l'effarement de la première heure, le vieux roi de Prusse s'écriait : « Si les Français « ne vont que jusqu'au Rhin, je ne bouge pas. » A. DEBIDOUR, *Histoire diplomatique de l'Europe,* t. I, ch. VIII, p. 275.

Fallait-il, au contraire, chercher la transaction entre la monarchie de Juillet et l'Europe officielle?

L'état d'esprit des nations du continent n'était pas sans offrir des chances pour la politique révolutionnaire[1] ; et la récente histoire semble prouver que les grandes hardiesses ne sont pas toujours téméraires.

Mais la politique de transaction se justifiait par ce fait décisif que les puissances elles-mêmes qui avaient composé la Sainte-Alliance[2] étaient disposées à transiger.

Les temps n'étaient plus les mêmes qu'en 1792, ni en France, ni chez les autres nations européennes ; en 1791, les cabinets étrangers étaient allés jusqu'à refuser de recevoir l'exemplaire de la nouvelle Constitution française, présenté par les ambassadeurs de Louis XVI; en 1830, sous l'influence des mouvements populaires qui pouvaient exposer les couronnes, on les voit, au contraire, avec mauvaise humeur, mais en somme avec rapidité, reconnaître le nouveau gouvernement. C'était donc le cas pour Talleyrand de se souvenir du mot de Mirabeau : « Rien ne s'achève pendant la guerre. »

---

[1] Voir A. DEBIDOUR, *Histoire diplomatique de l'Europe,* t. I, *passim.*

[2] A la mort de Castlereagh, l'Angleterre s'était détachée de la Sainte-Alliance; elle était revenue, avec Canning, à une politique exclusivement défensive; elle s'était éloignée surtout de Metternich, et si quelque accord subsistait entre les Cours de Londres et de Vienne, ce n'était plus que sur la question grecque, par opposition à la Russie.

La paix paraissait donc préférable à Talleyrand. A cette politique qui, selon lui, « devait avoir pour elle la majorité de tout ce qui raisonne sur la terre [1] », il fallait un point d'appui. On ne pouvait alors espérer le trouver qu'en Angleterre. C'est ce que développe Talleyrand dans sa dépêche du 27 novembre 1830.

« L'Europe est certainement, en ce moment, dans un état de crise. Eh bien! l'Angleterre est la seule puissance qui, comme nous, veuille franchement la paix; les autres puissances reconnaissent un droit divin quelconque, la France et l'Angleterre seules n'attachent plus là leur origine. Le principe de la non-intervention est adopté également par les deux pays; j'ajouterai, et je le compte pour quelque chose, qu'il y a aujourd'hui une sorte de sympathie entre les deux peuples.

« Mon opinion est que nous devons nous servir de tous ces points de rapprochement pour donner à l'Europe la tranquillité dont elle a besoin. Que quelques États soient ou ne soient pas disposés à la paix, il faut que la France et l'Angleterre déclarent qu'elles la veulent, et que cette volonté, émanée des deux pays les plus forts et les plus civilisés de l'Europe, s'y fasse entendre avec l'autorité que leur puissance leur donne.

« Quelques-uns des cabinets qui marchent encore sous la bannière du droit divin ont, en ce moment, des velléités de coalition ; ils peuvent s'entendre, parce

---

[1] Lettre à M. Thiers. Londres, 22 octobre 1832.

qu'ils ont un principe commun; ce principe s'affaiblit, à la vérité, dans quelques endroits, mais il existe toujours; aussi, lorsque ces cabinets-là se parlent, ils s'entendent bientôt. Ils soutiennent leur droit divin avec du canon; l'Angleterre et nous, nous soutiendrons l'opinion publique avec des principes; les principes se propagent partout, et le canon n'a qu'une portée dont la mesure est connue.

« L'Europe se trouve partagée entre ces deux manières de gouverner : ce sont, aujourd'hui, celles qui la régissent. Les forces sont à peu près égales entre le principe qui fait mouvoir les armées russes et autrichiennes et le principe qui, agissant par l'opinion, est sûr de faire mouvoir des forces au moins égales. Ce dernier rencontrera de nombreux alliés dans les pays qui lui sont opposés, et son antagoniste ne compte guère parmi les siens que le faubourg Saint-Germain. »

Aussi, dès le lendemain de la révolution de 1830, à laquelle il était loin d'être étranger, quoi qu'il en ait dit, Talleyrand comprit et fit comprendre que sa place était à Londres, bien plus encore qu'au ministère des affaires étrangères.

Il arrive à Londres le 25 septembre. Mais comme l'accueil qu'il y trouve diffère de celui qu'il y a reçu en 1792! Le canon annonce son arrivée, le fils du vainqueur de Waterloo, alors premier ministre, vient au-devant de lui pour lui offrir une garde d'honneur; les autorités de la ville lui font visite.

Reçu par le Roi d'Angleterre, il lui adresse le discours qu'on trouvera reproduit intégralement dans ce volume. « L'Angleterre, au dehors, répudie comme la France le principe de l'intervention dans les affaires intérieures de ses voisins, et l'ambassadeur d'une royauté votée unanimement par un grand peuple se sent à l'aise sur une terre de liberté... »

La Conférence une fois réunie, ses premières paroles sont : « Messieurs, je viens m'entretenir avec vous des moyens d'assurer la paix [1]. » Il avait pris possession de son ambassade le 25 septembre, et il pouvait écrire à Paris, le 3 octobre, qu'il avait réussi à assurer le concert des puissances; le 6 octobre, que l'Angleterre ne répondrait à la demande de secours du Roi des Pays-Bas qu'après entente avec la France. Le 8 octobre, il pouvait ajouter que la Prusse agirait de concert avec l'Angleterre [2].

A l'âge de soixante-seize ans, après quinze années d'interruption de vie publique, il déployait une activité d'esprit, une puissance de travail [3] à laquelle on ne sau-

---

[1] Plus tard, il écrira : « Mon langage à la Conférence est toujours celui-ci : « Nous ne voulons pas la guerre, mais nous sommes prêts « à la faire, et nous ne la craignons pas. »
(*Talleyrand à Sébastiani.* — 13 juin 1831.)

[2] Le 11 octobre 1830, il écrit au Département :
« Ce qui n'était que probabilité relativement à la détermination de l'Autriche dans la question belge, est devenu certitude. Elle agira comme je vous ai mandé et comme je vous confirme qu'agira la Prusse, et la Prusse agira comme l'Angleterre. Nous apprendrons probablement bientôt que la Russie s'est arrêtée à une même résolution. Les puissances de l'Europe viennent ainsi, l'une après l'autre, se placer derrière la Grande-Bretagne. »

[3] « L'ambassadeur de France, écrivait l'envoyé sarde le 27 no-

rait comparer que le labeur extraordinaire de M. Thiers
entre le 4 septembre 1870 et le 24 mai 1873.

Les protocoles de cette Conférence de Londres, —
il y en a plus de 60, — qui a duré si longtemps qu'on a
comparé ses travaux aux conférences interminables
qui précédèrent les traités de Westphalie, sont souvent de sa main [1]; il était si bien arrivé à mener la
Conférence qu'au cours de l'année 1831, le cabinet
de lord Grey était violemment pris à partie au Parlement et accusé de se laisser diriger par un ambassadeur étranger. Dans la séance du 9 août, lord
Londonderry s'écriait : « Je vois la France nous
dominant tous, grâce à l'habile et actif politique qui
la représente ici, et je crains qu'elle n'ait dans ses
mains le pouvoir de décision et qu'elle n'exerce ce que
j'appellerai une influence dominante sur les affaires
européennes qui jusqu'alors avaient toujours été dirigées par la sagesse et le génie de l'Angleterre »; et dans
la séance du 29 septembre 1831, revenant à la charge,
lord Londonderry ajoutait : « Le caractère public de
ce personnage appartient à l'histoire. Ce diplomate
éminent a été ministre de Napoléon, de Louis XVIII,

---

vembre 1830, seconde à merveille la disposition du nouveau cabinet
anglais à se rapprocher du Gouvernement français et à s'entendre
avec lui; il étonne par son activité, par la présence et la clarté de son
esprit à un âge si avancé. » Voir *Histoire de la monarchie de Juillet,*
t. I, p. 168, par THUREAU-DANGIN. — Librairie Plon.

[1] Voir Archives Affaires étrangères, vol. 735, *Protocoles de la
Conférence de Londres.* Ce volume renferme plusieurs protocoles et
diverses pièces qui s'y rattachent, de la main de Talleyrand.

de Charles X; aujourd'hui il est au service de Louis-
Philippe; on ne pourrait donc parler de ce ministre
comme s'il débutait dans la vie publique. . . . . .

« Ce personnage, à ce que l'on assure, est toujours
auprès du cabinet du Roi. On lui montre les dépêches avant que ces dépêches soient communiquées au
public [1]; les ministres de Sa Majesté vont chez lui l'un
après l'autre, semblant le consulter, provoquer et
attendre sa décision. Voilà ce que l'orateur, en bon
Anglais, n'a pu apprendre qu'avec un certain dégoût [2].
L'orateur a donc le droit de signaler le caractère
public de ce personnage... et de penser que M. de Talleyrand agit un peu trop dans l'intérêt de son Gouvernement et ne cherche en rien ce qui pourrait favoriser
les intérêts de notre pays. »

Tandis que la politique extérieure que Talleyrand sui-
vait et faisait suivre à la France et à l'Europe était atta-
quée avec acharnement par l'opposition en Angleterre
et surtout en France, elle rencontrait en M. Thiers,
déjà dans tout l'éclat de son talent, un avocat de premier ordre dont Talleyrand appréciait le concours
à sa haute valeur [3].

[1] Déjà sous le ministère Wellington, chef du parti des torys auquel
appartenait lord Londonderry, Talleyrand écrivait à Paris, le 8 octobre 1830 :

« Mes rapports continuent à être faciles avec le cabinet britannique; *j'ai tout accès à ses informations.* »

[2] Sous le ministère Palmerston, une caricature très répandue
représentait Talleyrand et Palmerston avec cette suscription : *Le
boiteux dirigeant l'aveugle.*

[3] Nous devons à l'obligeante communication de mademoiselle

Le **20** septembre 1831, jugeant cette politique par ses résultats, **M.** Thiers disait à la Chambre des députés : « La Belgique formait un État ennemi, puissant, hérissé de forteresses, gardé par la Sainte-Alliance, armé, en un mot, comme une tête de pont à l'usage de l'Angleterre, de la Hollande, de la Prusse et de l'Allemagne. Aujourd'hui, c'est un État neutre, un État dans

bosne de pouvoir citer ici quelques extraits de la correspondance active qui fut, pendant plusieurs années, échangée entre ces deux hommes d'État.

« J'ai été très fâché de ne pas vous trouver ici, mon cher ami ; votre absence rend Paris incomplet pour moi. »
(Talleyrand à Thiers, 1833.)

« Comme je m'intéresse de cœur et d'esprit à tout ce que vous faites, mon cher Thiers, je donne une lettre d'introduction auprès de vous à un homme d'une grande capacité, assez modeste pour que vous n'ayez jamais entendu prononcer son nom : il s'appelle Colomb. Je ne sais personne qui connaisse aussi bien que lui l'Angleterre dans son organisation générale et dans tous les détails ; il est un homme d'affaires, et un homme d'affaires très positif : la nature de son esprit l'exige. Encouragez-le, et vous trouverez qu'il sait tout à fait ce dont il parle ; sur ce qu'il croit ne pas savoir assez, il se tait. »
(Talleyrand à Thiers, 1834.)

« Dear Thiers, autrefois on demandait sa retraite après une bataille gagnée ; vous vous êtes chargé de gagner la bataille, et moi, je me retire à Valençay, où je dois croire que vous viendrez bientôt vous reposer. Mille amitiés. »   (<i>Talleyrand à Thiers,</i> 1836.)

« Dear Thiers, ma jambe est à peu près guérie, et si la chaleur ne la menace pas trop, je crois que je satisferai le désir très vif que j'ai de voir le Roi avec mes yeux, et de vous parler de votre belle fin de session. Nous l'admirions ici l'autre jour. . . . . . Vous avez été merveilleux. . . . . .

« Madame de Dino vous fera demander par moi quand vous viendrez la voir ; elle trouve un peu ridicule que vous ne connaissiez pas Valençay, où habitent certainement vos meilleurs amis. J'irai très

nos intérêts, et qui, dans le péril, serait à nous au lieu d'être contre nous... »

« Tout pays qui entend bien la liberté doit proclamer ce principe que l'on n'a jamais le droit d'intervenir dans un autre pays, pas plus pour y apporter la liberté que pour y apporter le despotisme; car la liberté n'est un bon fruit que quand il est naturel, quand il a été mûri par le soleil du lieu [1]. »

Dès cette époque, M. Thiers, soit aux affaires, soit en dehors des affaires, avait eu communication des dépêches de l'ambassade de Talleyrand à Londres; car on retrouve dans ses discours à la Chambre des députés les mêmes idées, exprimées parfois dans les mêmes termes.

C'est cette correspondance diplomatique que nous publions, après l'avoir recueillie dans les Archives du Département des affaires étrangères, il y a bientôt dix ans, sous le ministère et avec l'autorisation de Gam-

---

probablement vous demander à dîner à Neuilly à la fin de la semaine, c'est-à-dire vers dimanche ou lundi; vous serez hors de votre procès et hors de la session, ce qui me plaît beaucoup, parce que dans mon caractère provincial j'aurai beaucoup à vous questionner sur ce que dans mon amitié pour vous et dans mon dévouement pour le Roi je désire savoir. »   (*Talleyrand à Thiers*, 1836.)

« Votre lettre, mon cher Thiers, est empreinte de cet esprit de douceur et de modération qui sied si bien à la supériorité, et qui lui assure toujours le succès. »   (*Talleyrand à Thiers*, 1836.)

[1] Voir *Discours parlementaires de M. Thiers*, publiés par M. Calmon, t. I, p. 97 et 113.

betta, qui en avait pris connaissance, alors que, Président du Conseil, il était chef du Département [1].

[1] Pendant la période du 16 mai, M. Thiers, qui n'avait pas un seul instant douté de l'échec de ses adversaires, avait pris toutes ses mesures et avait un cabinet tout prêt pour le lendemain des élections.

Dans ce ministère, Gambetta avait les Affaires étrangères.

AMBASSADE

DE

TALLEYRAND

A LONDRES

1830-1834

I

Londres, le 25 septembre 1830.

Monsieur le Comte,

J'arrive à l'instant à Londres, et je n'ai encore à vous parler que de la manière dont l'ambassadeur du Roi a été reçu en mettant le pied sur terre anglaise. Après une traversée que sept heures de vent contraire ont rendue fort pénible, j'ai débarqué hier au soir à Douvres. Une foule considérable couvrait le rivage, et j'ai dû remarquer l'accueil que l'on faisait, par des démonstrations de tous genres, au représentant du Roi. Ce matin à six heures, le canon de la place a annoncé son arrivée, et le même salut a été répété à neuf heures, moment de son départ.

1

MM. le lieutenant-colonel Gosset, le capitaine lord
Charles Wellesley, fils du duc de Wellington, le lieu-
tenant W. S. Tollemache et le sous-lieutenant R. H. Fitz-
Herbert sont venus me dire qu'ils avaient ordre de me
donner une garde d'honneur. J'ai voulu d'abord la
refuser ; mais j'ai dû céder aux ordres positifs qu'ils
me disaient leur avoir été donnés.

L'ambassadeur du Roi a aussi reçu la visite des autorités de la ville.

Au moment où j'entre à Londres j'apprends que les
ministres en sont encore absents, ce qui rend cette
dépêche fort courte et fort peu intéressante.

Recevez, Monsieur le Comte, l'assurance de ma
haute considération.

II

TALLEYRAND AU COMTE MOLÉ

Londres, le 27 septembre 1830.

Monsieur le Comte,

Lord Aberdeen étant rentré aujourd'hui en ville, j'ai
chargé M. de Vaudreuil de le prévenir de mon arrivée
et de lui demander l'heure à laquelle je pourrais le voir.
Il a répondu avec empressement qu'il m'attendrait et

qu'il ne sortirait pas. J'ai eu tout lieu d'être satisfait de
cette première entrevue. Il m'a dit avec obligeance
qu'à la nouvelle de mon arrivée à Londres, il avait
abrégé son séjour à la campagne et hâté son retour.
Quoique ma visite se soit assez longtemps prolongée,
nous sommes, comme je le désirais, restés dans des
généralités dans lesquelles j'ai pu placer naturellement
les principes qui dirigent la politique de la France. Je
n'ai eu pour cela besoin que de me rappeler les instructions que le Roi m'avait données. Il m'a été facile de
juger que le ministre de Sa Majesté Britannique était
plus disposé à y applaudir qu'à les combattre. Je n'ai
pu qu'être très content de ce qu'il m'a dit à cet égard.

En sortant de chez lord Aberdeen, j'ai été chez le
duc de Wellington, qui est aussi revenu ce matin. J'ai
eu fort à me louer de l'accueil que le ministre du Roi a
reçu de lui. Tous les sentiments qu'il a exprimés sont
favorables à l'ordre de choses qui règne aujourd'hui en
France. Cependant, comme dans le cours de la conversation il s'est servi du mot de *malheureuse,* en parlant
de la révolution amenée par les folles entreprises du
dernier gouvernement, j'ai cru devoir relever cette
expression et dire que sans doute elle lui était inspirée
par un sentiment de commisération bien naturel pour
ceux que cette révolution avait précipités du trône, mais
qu'il devait être bien convaincu qu'elle n'était un
malheur, ni pour la France, retirée par elle de la
funeste position où le système de gouvernement précédemment suivi l'avait placée, ni pour les autres États

avec lesquels nous désirons rester dans de bons rapports dont nous ne nous écarterons jamais, si, comme nous avons le droit de l'exiger, la dignité de la France est constamment respectée. Sur cette observation faite un peu vivement, le duc a en quelque sorte rétracté l'expression dont il s'était servi, en s'empressant de la renfermer dans le sens que je lui donnais.

En tout, Monsieur le Comte, je crois pouvoir, en toute assurance, augurer de ces premiers entretiens que les dispositions personnelles des ministres anglais ne compliqueront pas les difficultés qui pourront sortir de la nature même des affaires que j'aurai à traiter avec eux.

Lord Aberdeen n'a pu me dire encore quel jour le Roi me donnerait audience, ni si ce serait à Londres ou à Brighton.

Je dois parler à Votre Excellence d'une réunion populaire qui avait été fort annoncée et qui a eu lieu aujourd'hui sur la place de Kennington Common, à deux milles de Londres. M. Hunt et plusieurs autres orateurs de la même opinion, montés dans une voiture découverte que l'on avait ornée, pour cette occasion, de tentures et drapeaux tricolores, s'avancèrent au milieu des assistants. M. Hunt prit le premier la parole et se plaignit d'un article inséré dans le *Morning Herald,* où il se trouvait attaqué comme perturbateur de l'ordre, et dans lequel on cherchait à insinuer que cette réunion se faisait dans des vues illégales. Les assistants se récrièrent vivement et répondirent négativement à ses questions réitérées : *Êtes-vous ici pour troubler l'ordre public?* Il exposa ensuite que le but de cette réunion était de voter une adresse au peuple parisien pour sa conduite héroïque dans les trois mémorables journées de la révolution, et ses éloges multipliés, exprimés d'ailleurs d'une manière vive et généreuse, reçurent l'assentiment général, qui se manifesta par des bravos répétés. Plusieurs orateurs eurent la parole pour appuyer cette adresse, et leurs discours, quoique animés de sentiments exaltés contre l'aristocratie, respiraient cependant l'amour de l'ordre, le respect des lois et une confiance entière dans les vues sages du nouveau Roi.

On procéda ensuite de la même manière à la discussion d'une adresse au Roi d'Angleterre, qui fut également adoptée; cette adresse a pour but d'appeler l'attention du Roi sur la réforme parlementaire, sur des droits excessifs qui portent particulièrement sur les habitudes de la vie, et enfin sur l'oppression affreuse, disent-ils, qu'une aristocratie corrompue fait peser sur le peuple.

Les orateurs qui eurent la parole dans cette partie de la discussion s'élevèrent violemment contre les hautes positions sociales. Un d'eux, brillant et surtout énergique, a rapproché les derniers événements politiques de la tyrannie qui opprime aujourd'hui l'Angleterre.

Après ce discours qui a été fort court, l'assemblée s'est séparée sans désordre. Les assistants, au nombre

d'environ deux mille, dont plus de la moitié n'étaient là
que par curiosité, semblaient attacher peu d'importance
à cette réunion, qui n'a, *du reste, fait aucune sensation
dans la ville.

Recevez, etc.

_____

III

TALLEYRAND AU COMTE MOLÉ

Londres, le 28 septembre 1830.

MONSIEUR LE COMTE,

Le Roi avait fixé à demain jeudi mon audience de
réception, mais j'ai été prévenu ce matin par un billet
de lord Aberdeen que Sa Majesté, ayant éprouvé une
attaque de goutte, se trouvait dans la nécessité de la
remettre à la semaine prochaine. Cela ne retarde en
aucune manière les communications que je puis avoir
avec les ministres, de quelque nature qu'elles puissent
être. Hier, le duc de Wellington et lord Aberdeen sont
venus chez moi l'un et l'autre, et j'ai eu avec eux d'assez
longues conversations dans le même sens que celles
dont je vous ai fait connaître l'esprit par ma précédente
dépêche, et qui ne font que confirmer les espérances
que j'en avais conçues.

Les événements qui se passent en Belgique ont été,

comme vous pouvez croire, l'un des principaux objets
de ces entretiens ; car c'est là l'importante affaire du
moment. Mais ici nous ne savons rien de plus que ce
que disent les journaux, dont les nouvelles ne vont pas
au delà du 24 et nous laissent toujours dans une grande
perplexité. Les vents contraires ont empêché d'en recevoir de directes, et aucune dépêche récente de sir
Charles Bagot n'est parvenue à lord Aberdeen. Vous
concevez, Monsieur le Comte, combien ce manque
d'information est fâcheux dans les circonstances
actuelles. D'après les derniers journaux français arrivés
ici, et où l'on trouve sur les événements des relations
contradictoires, je vois qu'à leur date on n'était pas
mieux informé à Paris. Mais la courte distance qui
sépare Paris et Bruxelles me fait regarder comme fort
vraisemblable que vous ne serez pas resté longtemps
dans l'incertitude où nous sommes toujours ici.

Le regret que j'éprouve d'être réduit à des conjec-
tures sur des circonstances qui sont en elles-mêmes, et
qui, surtout, sont pour nous d'un si grand intérêt, me
fournit l'occasion de vous exprimer le vœu que vous
vouliez bien faire usage avec moi d'un moyen d'information qui a été toujours employé dans les relations
du ministère avec les dernières ambassades.

Toutes les nouvelles de quelque importance étaient
transmises par le télégraphe à Calais, d'où le directeur
des postes les faisait parvenir aussitôt à l'ambassade.
Elle connaissait par là tout ce qui se passait d'intéressant sur le continent, au moins aussitôt que les ministres

anglais, et quelquefois douze ou quinze heures avant
eux, tandis que par les moyens ordinaires de correspondance, elle éprouve l'inconvénient d'être habituellement informée très tard. Je vous demande donc avec
instance, dans l'intérêt des affaires qui sont confiées à
mes soins, de donner des ordres pour qu'un arrangement si facile et dont on a éprouvé les avantages soit
remis en usage.

J'ai l'honneur de vous informer que M. le duc
des Cars, qui en revenant d'Alger a passé ici, s'est
présenté à l'ambassade, ainsi que MM. le comte
de Lorge et de Tourzel, ses aides de camp, et qu'ils
ont demandé des passeports pour rentrer en France.
Ces passeports leur ont été délivrés.

Recevez, etc.

P. S. — Au moment où j'allais fermer cette dépêche,
j'apprends qu'on vient de recevoir des Pays-Bas
quelques nouvelles, mais qui n'ont encore rien de
décisif. Un rapport arrivé à Ostende au moment du
départ du paquebot portait que le Prince royal, voyant
qu'il ne pouvait réduire la population de Bruxelles sans
détruire une grande partie de la ville, l'a fait évacuer
et s'est retiré au delà de Vilvorde, en attendant des
renforts. Il résulte aussi des nouvelles reçues que les
soulèvements se propagent, et que notamment à Bruges
et à Ostende il y a eu des troubles sérieux.

Ces nouvelles ont fait ici assez d'impression ; les

fonds, à ce que l'on vient de me dire, ont immédiatement baissé de 1 pour 100.

IV

TALLEYRAND AU COMTE MOLÉ

Londres, 1er octobre 1830.

Monsieur le Comte,

Hier matin, avant l'arrivée à Londres d'aucun journal français du 28, lord Aberdeen me fit demander où nous en étions en France pour les clubs, et si le Gouvernement avait pris ou non le parti de les fermer. Il supposait que naturellement j'avais dû être instruit par le télégraphe de l'état des choses. Il a été désagréable pour moi, et certainement d'un mauvais effet, de me voir réduit à lui répondre que j'étais sans nouvelles. Permettez-moi donc d'insister encore sur le besoin que j'éprouve d'être tenu par la voie télégraphique au courant de tout ce qui se passe d'important.

Les événements de la Belgique préoccupent au plus haut point tous les esprits et donnent de vives inquiétudes. J'exprime ici le regret que le Gouvernement anglais n'ait pas usé assez tôt de son influence auprès du Roi des Pays-Bas, pour le déterminer à faire les concessions que la situation des esprits et des choses rendait nécessaires et aujourd'hui rend très difficiles.

Ses efforts pour arriver à ce but sont actuellement très sincères. Produiront-ils leur effet? Cela est encore incertain dans l'esprit du ministre.

Évitant d'entrer dans trop de détails et dans trop d'hypothèses, je reste toujours dans le même principe de la non-intervention qu'en toute occasion je fais reparaître.

Recevez, etc.

V

TALLEYRAND AU COMTE MOLÉ

Londres, le 3 octobre 1830.

Monsieur le Comte,

Ce matin, lord Aberdeen est venu chez moi; il avait à me parler des affaires de la Belgique, dont un courrier venait de lui apporter des nouvelles. Aucune ne m'ayant été transmise, je ne savais encore que ce que les journaux ont appris à tout le monde. Après m'avoir instruit de tout ce dont il venait d'être informé, il m'a annoncé qu'il chargeait lord Stuart d'en conférer avec vous. Le courrier par lequel il lui écrit partant cette nuit, il me paraît essentiel de vous rendre compte immédiatement de ce qu'il m'a dit, afin que vous soyez préparé à la communication qui doit vous être faite, et je vous envoie à cet effet en courrier extraordinaire M. Chodron, l'une des personnes attachées à l'ambassade française.

Lord Aberdeen, après avoir déploré les résultats de la marche des affaires dans les Pays-Bas, me dit qu'il était à présent démontré que le Roi était dans l'impossibilité d'y rétablir l'ordre, et cependant qu'il était du plus grand intérêt pour l'Europe que les choses ne restassent pas dans l'état où elles étaient aujourd'hui.

« Nous ne pouvons pas, me dit-il, et vous ne pouvez
« assurément pas plus que nous, rester insensibles à
« ce qui se passe. — Vous avez raison, Mylord, c'est
« un sujet de grande sollicitude pour mon Gouverne-
« ment, et ce qui complique vos embarras aussi bien
« que les nôtres, c'est que la doctrine de l'intervention
« a été répudiée par vous dans plusieurs circonstances,
« comme elle l'est irrévocablement par le nouveau
« gouvernement que s'est donné la France. — Cela
« est vrai, me dit-il ; mais il faut que nous trouvions
« ensemble le moyen d'empêcher les États qui crai-
« gnent de voir se propager chez eux l'esprit d'in-
« surrection, de prendre des mesures violentes qui
« rendraient la guerre inévitable. En repoussant toute
« idée d'intervention, ne pourrait-on pas essayer par
« d'utiles conseils de ménager un rapprochement
« avantageux aux deux pays, et tel que chacun, en fai-
« sant quelques sacrifices, obtiendrait la partie essen-
« tielle de ce qu'il a le droit d'exiger? Donner des con-
« seils n'est pas intervenir, lorsque celui qui les donne

« n'élève pas la prétention de contraindre à les suivre.
« En se bornant à ce rôle amical, on ne blesse point
« l'indépendance de l'État à qui ces conseils s'adressent,
« et aucun autre gouvernement ne saurait en prendre
« d'ombrage. »

Revenant ensuite à l'intérêt pressant qu'a toute
l'Europe à la pacification des provinces belgiques :
« Vous vous rappellerez sûrement, me dit-il, que
« l'existence du royaume des Pays-Bas date des pre-
« mières conférences tenues en 1814 et du traité
« conclu à Vienne en 1815 en exécution de ce qui
« avait été arrêté l'année précédente. Toute l'Europe
« a concouru à la formation de ce royaume ; il est bien
« difficile d'espérer que si le déchirement est complet,
« la paix de l'Europe ne soit pas troublée. Ce serait
« s'abuser étrangement. Le Roi votre maître connaît
« trop bien l'Europe pour ne pas partager cette opi-
« nion. »

De toutes ces considérations, lord Aberdeen a tiré
la conséquence que c'est un devoir pour les puissances
qui peuvent exercer quelque influence auprès du Roi
des Pays-Bas d'en faire aujourd'hui usage, mais seulement par la voie de la persuasion et en évitant toute
démarche qui pourrait présenter un autre caractère,
pour engager les deux parties à faire franchement, sans
tergiversations, sans arrière-pensées, des concessions
à la faveur desquelles un rapprochement puisse être
opéré, et comme la France et l'Angleterre sont les
seules qui soient à portée d'agir, et de le faire immé-

diatement, comme l'urgence des circonstances l'exige, il pense que c'est à elles à faire entendre leurs conseils. Il va, en conséquence, vous faire faire par lord Stuart la proposition que les deux Gouvernements se concertent à cet effet sans retard.

Les considérations que, dans cet entretien, a fait valoir lord Aberdeen ne sont pas sans force, et ce qui leur en donne davantage, c'est que les intentions du Gouvernement anglais sont droites. Ce qu'il propose est dans son intérêt. Il désire, il a besoin de se concerter avec nous sur le terrible événement qui occupe aujourd'hui toute l'Europe.

Comme j'ai déjà eu l'honneur de vous le dire dans mes précédentes dépêches, je n'ai pas cessé un moment de mettre en avant le principe de la non-intervention, et j'ai épuisé tous les lieux communs qu'il fournit. Mais à présent il ne conviendrait plus peut-être de se retrancher dans la généralité de ce principe pour éviter de répondre à la proposition qui vous sera faite, et vous jugerez par les détails dans lesquels je viens d'entrer, et mieux encore par la connaissance que vous avez de la situation des choses, qu'une attitude purement passive ne saurait être prolongée sans danger et ferait perdre au Gouvernement une partie de l'influence que l'on désire ici lui voir.

Recevez, etc.

VI

TALLEYRAND AU COMTE MOLÉ

Londres, le 4 octobre 1830.

Monsieur le Comte,

Je reçois votre lettre du 1ᵉʳ de ce mois, que vient de me remettre M. Bresson. J'y réponds à la hâte, pour que le courrier d'aujourd'hui puisse vous porter ma réponse.

Vous vous êtes étonné que, dans ma dépêche du **27**, il n'ait pas été du tout question de la Belgique. La raison pourtant en est simple. Lorsque j'ai eu avec les ministres anglais les conversations dont je vous rendais compte, j'étais sans aucune information sur les affaires de ce pays. Cette ignorance dans laquelle vous savez que je regrettais beaucoup d'être laissé, me donnait trop de désavantage pour que je dusse chercher à les amener sur ce terrain. J'étais obligé d'attendre qu'ils m'en parlassent eux-mêmes, et dans ce premier moment, ils se bornaient à parler des nouvelles qu'ils avaient reçues, sans les accompagner d'aucunes réflexions, et comme attendant les événements pour en exprimer une opinion. Mais ma dépêche d'hier vous aura appris que j'étais parvenu à faire faire au Gouvernement anglais la proposition de s'entendre avec nous sur tout ce qui se rapporte à ce grand intérêt; et mes lettres, que vous avez actuellement sous les yeux, se trouvent tellement d'accord avec le vœu exprimé dans la vôtre, que je vois avec plaisir qu'à Paris et à Londres on avait, au même moment, la même opinion sur la marche à suivre. Vous m'annoncez que tout en voulant rester neutres, tout décidés que nous sommes à ne pas souffrir qu'un gouvernement quelconque soit imposé à la Belgique à main armée, nous nous prêterons à chercher avec les autres cabinets une solution qui, en respectant les droits des Belges, puisse ménager tous les intérêts. Or, c'est là précisément ce à quoi le Gouvernement anglais a été disposé par les considérations que j'ai, à diverses reprises, présentées aux ministres, et c'est ce que lord Stuart doit vous avoir proposé.

J'avais jugé par les journaux, et j'en trouve avec beaucoup de satisfaction la confirmation dans votre lettre, que notre situation intérieure va de plus en plus s'améliorant. On le pense ici, notre considération s'en accroît, et toutes nos légations trouveront plus de facilités pour toutes les affaires dont elles auront à s'occuper.

J'ai reçu la lettre que le Roi a écrite au Roi d'Angleterre pour lui faire part de la mort de M. le duc de Bourbon; j'en ferai la remise dans la forme accoutumée.

Recevez, etc.

VII

TALLEYRAND AU COMTE MOLÉ

Londres, le 6 octobre 1830.

MONSIEUR LE COMTE,

J'ai été ce matin reçu en audience particulière par le Roi. Sa Majesté était venue hier au soir de Brighton et y retourne aujourd'hui. Elle a vu également, ce matin, M. le duc de Brunswick, qu'elle traite avec une grande froideur. Sa Majesté a reçu l'ambassadeur du Roi avec les formes les plus gracieuses et les plus bienveillantes. Elle a demandé avec empressement des nouvelles du Roi. Elle a parlé de son amitié pour lui, des circonstances difficiles au milieu desquelles il se trouvait, et du désir qu'elle lui connaissait que l'*ordre établi* ne fût troublé nulle part. Ces paroles avaient plus les formes d'une conversation que celles d'une réponse à un discours. Elle a mêlé à d'autres sujets indifférents quelques réflexions sur la dissolution des sociétés populaires, qui indiquaient qu'elle avait vu cette mesure avec plaisir. Je lui ai adressé le discours que je vous envoie avec cette dépêche. Je ne le livrerai point ici à l'impression. Je crois plus convenable qu'il paraisse d'abord dans le journal français. Sa publication serait

peut-être d'un bon effet. Il est tel que le Roi l'a lu et
approuvé [1].

Je ne dois pas reprocher à lord Aberdeen de ne
m'avoir pas fait de communication sur une demande de
secours qui lui avait été adressée par le Gouvernement

---

[1] Le comte Molé écrivait de Paris à Talleyrand le 9 octobre : « Le
discours que vous avez adressé au Roi d'Angleterre ne m'est parvenu
qu'hier. Je me suis empressé de l'envoyer au Roi en lui proposant
de l'insérer au *Moniteur*. Sa Majesté vient de m'ordonner de vous
écrire que, tout en approuvant pleinement votre discours, Elle ne
juge pas qu'il soit utile de le publier, et que vous aviez agi de la manière la plus conforme à ses intentions en vous abstenant d'en donner
connaissance tant aux journaux qu'au public anglais. »

Voici ce discours qui fut inséré dans le *National* d'abord et que
le *Moniteur* reproduisit quelques jours après :

« SIRE,

« Sa Majesté le Roi des Français m'a choisi pour être l'interprète
des sentiments qui l'animent pour Votre Majesté.

« J'ai accepté avec joie une mission qui donnait un si noble but
aux derniers pas de ma longue carrière.

« Sire, de toutes les vicissitudes que mon grand âge a traver-
sées ; de toutes les diverses fortunes auxquelles quarante années, si
fécondes en événements, ont mêlé ma vie, rien peut-être n'avait aussi
pleinement satisfait mes vœux qu'un choix qui me ramène dans cette
heureuse contrée. Mais quelle différence entre les époques ! Les
jalousies, les préjugés qui divisèrent si longtemps la France et
l'Angleterre ont fait place aux sentiments d'une estime et d'une
affection éclairés. Des principes communs resserrent encore plus
étroitement les liens des deux pays. L'Angleterre, au dehors, répudie
comme la France le principe de l'intervention dans les affaires exté-
rieures de ses voisins, et l'ambassadeur d'une royauté votée unanimement par un grand peuple se sent à l'aise sur une terre de liberté,
et près d'un descendant de l'illustre maison de Brunswick.

« J'appelle avec confiance, Sire, votre bienveillance sur les relations que je suis chargé d'entretenir avec Votre Majesté, et je la prie
d'agréer l'hommage de mon profond respect. »

du Roi des Pays-Bas. Je puis vous donner l'assurance qu'il n'y a pas eu telle chose qu'une démarche de cette nature. Il y a eu des craintes exprimées, des besoins montrés; on a parlé des peines et des embarras de la circonstance, mais aucune demande positive n'a été faite. La vraie demande d'appui et d'assistance n'est arrivée que cette nuit, à minuit. Lord Aberdeen vient de me confirmer tout ce que je vous écris à ce sujet. Le Gouvernement anglais n'y répondra qu'après s'être entendu avec nous. Ce concert est aujourd'hui désiré vivement par le cabinet de Londres, et il me semble que pour avoir obtenu un pareil résultat, du **27** septembre au **3** octobre, il n'y a pas eu de temps de perdu. J'avais cru préférable que la proposition en vînt du Gouvernement anglais; je suis encore de cet avis, mais sans y tenir beaucoup, puisque je vois par la lettre que vous avez écrite (soit dit en passant) sans m'en avoir prévenu, au duc de Wellington, qu'il y a des ouvertures faites de notre côté. Ce n'est pas là, au reste, le point important. L'affaire est en bonne direction, et les dispositions favorables ne font ici que se fortifier. L'on cherche avec bonne foi les moyens d'arriver à une solution. Vous rencontrerez le moins de difficultés possible de la part du Gouvernement anglais. Celles qu'il ferait tiendraient à des engagements pris par des traités particuliers; et les objections de cette nature, quand un gouvernement puissant veut tout à fait, ne sont point insurmontables. Les interprétations se présentent à tous les gouvernements forts.

Lord Aberdeen m'a annoncé, il y a plusieurs jours, que nous aurions une conférence sur les affaires de Portugal, mais en ajoutant qu'il n'y avait point d'urgence. Je vous écrirai donc plus tard sur cette question. Il nous sera difficile d'établir près du Gouvernement anglais, comme le portent mes instructions, que le Gouvernement de Terceira est un gouvernement de fait ; car ce qui est de fait, c'est qu'il émane de don Pedro, qu'il est payé par lui, et qu'il en nomme les membres. Quand vous voudrez traiter cette question, c'est probablement là l'objection qui vous sera opposée par l'Angleterre.

Recevez, etc.

P. S. — Le Roi m'a dit, en me quittant, un *à revoir à Brighton,* qui m'y fera aller lorsque je jugerai que ma présence n'est point ici nécessaire aux affaires.

VIII

TALLEYRAND AU COMTE MOLÉ

Londres, le 8 octobre 1830.

MONSIEUR LE COMTE,

Je puis vous mander aujourd'hui, comme chose positive, que la Prusse ne répondra rien aux demandes du Gouvernement du Roi des Pays-Bas. Elle n'agira que de concert avec l'Angleterre. La détermination de l'Autriche ne peut être connue encore ; mais, suivant toute probabilité, elle sera d'une nature semblable.

Ici l'on voit avec intérêt la mission du prince d'Orange à Anvers. On croit que sa présence est bonne pour arrêter tous les petits mouvements républicains qui pourraient avoir lieu de ce côté ; et par là, laisser les puissances bienveillantes en situation de donner plus facilement et avec plus de fruit de bons conseils. L'on assure que le parti républicain n'est point aussi fort en Belgique qu'on l'avait cru d'abord. Il n'est véritablement puissant qu'à Bruxelles ; il est très faible à Anvers et nul à Gand. A Bruxelles même son influence eût été bien diminuée, si les gens considérables ne se fussent éloignés. M. de Mérode est le seul qui soit resté. La maison d'Arenberg, suivant son usage, s'est tenue à l'écart. Si, dans la soirée, il y a quelque chose de nouveau, le duc de Wellington et lord Aberdeen dînent chez moi, je vous en informerai par un *postscriptum* à cette lettre.

Le ministère anglais et moi nous attendons, dimanche ou lundi, la nouvelle de la communication que lord Stuart vous aura faite, et les détails de votre conférence avec lui. Mes rapports continuent à être faciles avec le cabinet britannique. J'ai tout accès à ses informations, et ses communications portent un caractère de franchise. L'on m'a demandé quelques explications sur la levée d'hommes décrétée par le Roi. Celles que j'ai données ont paru satisfaire ; nous n'avons à craindre à ce sujet aucune représentation gênante pour nous.

Agréez, Monsieur le Comte, l'assurance de ma plus haute considération.

P. S. — Il n'y a de nouveau ici que la proclamation du prince d'Orange, du 5 du courant. On aurait bien aimé qu'elle parût avant l'entrée du prince Frederick à Bruxelles ; mais on espère qu'elle produira quelque effet. Ce qu'il y a de sûr, c'est que par les nouvelles reçues aujourd'hui au Département des affaires étrangères, les propriétaires commencent à reparaître; s'ils sont en nombre, ils peuvent, dit-on, avoir une influence.

Le Gouvernement anglais a reçu aujourd'hui l'assurance, depuis ma lettre écrite, que l'Autriche marcherait sur la même ligne que lui, et il ne doute pas, mais sans en avoir la certitude, parce que le temps ne le permet pas, que la Russie ne fasse de même. Ce que j'ai l'honneur de vous dire est exactement l'état actuel des choses ici.

Le ministre d'Espagne disait ce matin que la reconnaissance de son Gouvernement devait partir de Madrid le 25 de ce mois-ci. On ignore le motif de cette date.

Du reste, la résolution du Gouvernement anglais ne variera point. Il veut marcher avec la France, et croit que c'est dans le concours de ces deux puissances qu'est la paix, et il y contribuera par tous les moyens compatibles avec la dignité.

IX

TALLEYRAND AU COMTE MOLÉ

Londres, le 11 octobre 1830.

MONSIEUR LE COMTE,

J'ai présenté, hier, M. Bresson à lord Aberdeen. J'ai profité de cette occasion pour ramener la conversation sur les affaires de Portugal. Lord Aberdeen m'a nettement expliqué la position de l'Angleterre. Des intérêts commerciaux d'une importance majeure pour le pays commandent de grands ménagements, et l'existence du Gouvernement de Terceira est jugée ici trop incomplète et trop précaire pour devoir gêner le cabinet dans ses combinaisons. La reconnaissance de don Miguel paraît donc être arrêtée dans l'esprit de ses membres, et par quelques autres cabinets européens, qui se sont entendus à ce sujet avec lui. L'on y attache seulement des conditions qui doivent atténuer l'effet de la mesure dans tout ce qu'elle a d'odieux.

La première serait une amnistie pleine et entière dont les dispositions s'étendraient à tous les délits politiques, couvriraient les personnes et les propriétés de

tous les accusés ou fugitifs, et leur laisseraient toute
liberté de rentrer dans le pays ou de résider au dehors,
de vendre ou de conserver leurs biens, le tout sous la
garantie des puissances qui accorderaient leur reconnaissance. Vous voyez que l'on sent ici de même l'inconvénient de sanctionner en quelque sorte tous les
actes d'un aussi mauvais homme, et qu'on cherche à le
racheter.

Je vous rappellerai, Monsieur le Comte, que les premières paroles sur cette reconnaissance datent de
l'époque où M. de Polignac était ambassadeur à
Londres. Un changement de système chez nous est
suffisant pour nous permettre de faire ce que nous
voudrons; et nous sommes souvent obligés d'user de
cette latitude, car nous trouvons sans cesse sur notre
chemin des paroles ou des engagements de l'ancien
ministère. Ce que nous voudrons sûrement, ce sera ne
pas reconnaître un gouvernement qui, quoique gouvernement de fait, a pour chef un prince qui, par sa
férocité, s'est placé hors de l'état social actuel.

Le cabinet anglais comprend la différence de notre
position, et il ne nous regarde pas comme astreints à
suivre, sur cette question, une même marche que la
sienne. Il établira ses relations à sa manière, et les
nôtres continueront comme vous l'entendrez. Au reste,
les conséquences commerciales de ce rapprochement
seront pour nous peu sensibles. Depuis la diminution
des droits sur nos vins, le pays a pris du goût pour
eux, et ce goût augmente. Cette première diminution

en a doublé la consommation; de **750,000** bouteilles, elle s'est élevée à **1,500,000** environ. La diminution a cependant porté, dans une proportion égale, sur les vins de Portugal, les traités antérieurs y obligeaient le Gouvernement anglais. Les droits sont aujourd'hui de **7** shillings **3** pence par gallon pour nous et de **4** shillings **10** pence pour les Portugais. Nous devons penser à nous mettre sur un même niveau, et je vous soumets cette idée avec d'autant plus de confiance que, le Gouvernement anglais ne se considérant plus comme lié par les traités avec le Portugal, vous êtes placé de manière à pouvoir proposer une égalité de droits qui doublerait de nouveau notre importation. Il faudrait s'attendre seulement à une demande d'équivalent. Je me suis étendu un peu sur cet article parce que je crois qu'il est dans notre intérêt de faire à cet égard quelque proposition dont le succès plairait à tous les pays vignobles, qui dans ce moment-ci sont ou se croient fort en souffrance, et contribuerait à diminuer leurs plaintes.

Lord Aberdeen m'a parlé de deux bâtiments de guerre français qui se sont présentés dernièrement dans le Tage. L'on trouve que deux bâtiments pour protéger le peu de Français qui résident à Lisbonne, c'est beaucoup. Je dois faire, toutefois, observer que cette réflexion n'avait pas une forme désobligeante. Il paraîtrait que les officiers, sans faire précisément un appel aux mécontents du pays, se sont montrés à eux comme une sorte de point d'appui. Dans une circonstance antérieure des pamphlets ont même été imprimés à bord d'une frégate française, selon ce que m'a dit lord Aberdeen. L'effet de pareilles choses a été mauvais puisqu'il a été inutile. L'on n'a rien trouvé dans le pays qui fût en mesure de répondre à ces provocations. Mais lorsqu'on sort soi-même d'une révolution, l'on est porté à la supposer chez les autres plus prochaine qu'elle ne l'est souvent en réalité.

Ce qui n'était que probabilité relativement à la détermination de l'Autriche dans la question belge est devenu certitude. Elle agira comme je vous ai mandé et comme je vous confirme qu'agira la Prusse, et la Prusse agira comme l'Angleterre. Nous apprendrons probablement bientôt que la Russie s'est arrêtée à une même résolution. Les puissances de l'Europe viennent ainsi, l'une après l'autre, se placer derrière la Grande-Bretagne. Les choses ont bien changé à cet égard depuis dix-huit mois.

Lord Aberdeen n'avait pas d'autres nouvelles de la Belgique que celles que je vous ai transmises par le dernier courrier. On apprenait qu'il se formait plusieurs partis à Bruxelles et à Gand. Si cela se confirme, vous aurez plus de facilité à suivre le plan quelconque que vous voudrez adopter.

M. Challaye, dont je n'ai eu qu'à me louer ici, est un peu malade; cela ne l'empêchera pas dans quelques jours de partir pour Paris et d'y prendre vos ordres pour se rendre à son consulat de Smyrne, où je crois que son bon esprit vous sera utile.

Lord Aberdeen enverra par les premiers paquebots les dépêches que vous m'avez adressées pour les consuls de Mexico, Bogota, Montevideo et Buenos-Ayres.

Cette dépêche sera transmise par M. le comte de Vaudreuil que je recommande à votre intérêt et à votre bienveillance.

Agréez, je vous prie, etc.

X

TALLEYRAND AU COMTE MOLÉ

Londres, le 12 octobre 1830.

Monsieur le Comte,

J'ai vu hier lord Aberdeen au moment où il venait de communiquer au duc de Wellington la dépêche de lord Stuart sur le résultat de sa conférence avec vous. Tous deux sont très satisfaits de la direction que prend cette affaire, et nous aurons toute facilité dans les communications qu'elle amènera avec le cabinet anglais. Je voudrais pouvoir entrer avec vous dans de plus grands détails; mais n'ayant reçu de vous aucune information sur cette entrevue avec l'ambassadeur d'Angleterre, je devais me laisser dire et craindre de porter plus avant la conversation. Mon rôle était d'aider à ce que des communications amicales vous

fussent faites, et ensuite j'ai dû attendre de vos nouvelles. J'aurais pu dire ou plus ou moins, et je ne veux
pas gêner, je ne veux qu'aider ce que vous avez en
vue.

Agréez, je vous prie, etc.

P. S. — Je vous ai déjà écrit hier et je vous répète
aujourd'hui qu'il serait utile d'empêcher la controverse
sur la question belge entre le *Journal des Débats* et
le *Courrier anglais.*

XI

TALLEYRAND AU COMTE MOLÉ

Londres, le 15 octobre 1830.

Monsieur le Comte,

Hier au soir, à mon retour de la campagne, où j'ai
passé deux jours chez le comte de Jersey avec le duc
de Wellington, j'ai trouvé la dépêche que m'a apportée
M. Chodron. Je me suis rendu ce matin chez lord Aberdeen pour lui faire part du désir qu'éprouve le Gouvernement de Sa Majesté que les conférences proposées
sur la question belge se tiennent à Paris. Lord Aberdeen
m'a opposé peu d'objections ; il est même convenu qu'il
n'apercevait aucun inconvénient très grave à la préfé-

rence que nous réclamions. Il n'a pas voulu, néanmoins, prendre entièrement sur lui la responsabilité de cette réponse, il croit devoir consulter ses collègues; et il m'a annoncé que ce soir il me ferait connaître par écrit l'opinion du conseil. M. le comte Hippolyte de La Rochefoucauld, que je vous envoie en courrier et qui mérite à tous égards votre bienveillance, ne partira que quand je connaîtrai exactement la pensée du cabinet.

En sortant de la Secrétairerie des Affaires étrangères, je me suis arrêté chez le duc de Wellington, qui m'avait permis la veille de lui présenter M. Bresson. Je lui ai renouvelé la proposition que je venais de soumettre à lord Aberdeen ; mais je l'ai trouvé avec une opinion faite et arrêtée que l'indécision du ministre des Affaires étrangères ne devait pas me faire présager[1]. Le duc pense que, dans cette circonstance, la question de temps est toute chose; qu'il est immense de pouvoir délibérer et conclure vite, et que tout est prêt à Londres pour une solution prompte et définitive. Il y voit pour nous un grand intérêt; notre position, malgré la reconnaissance, ne lui paraît devoir être complète qu'après la pacification de la Belgique, et il dit qu'il importe aujourd'hui à l'Angleterre non seulement qu'elle soit complète, mais qu'elle soit grande et forte. Il se croit sûr des ministres étrangers qui seraient appelés ici à participer à la Conférence. Plusieurs ont leurs pouvoirs,

---

[1] M. Molé insistait pour que les conférences se tinssent à Paris.

ceux qui ne les ont pas prendraient sur eux; selon lui, ils signeront ce que voudront la France et l'Angleterre. Il doute qu'il en soit de même à Paris. Les ministres n'oseraient y agir peut-être sans avoir expédié des courriers, consulté leurs Cours. Quelques jours perdus peuvent compliquer les choses à tel point qu'il devienne extrêmement difficile d'y porter remède et de s'entendre. J'ai en vain appuyé sur le mot *invinciblement* qui se trouve dans votre dépêche, je lui ai dit même *qu'il s'y trouvait;* lord Stuart sera chargé de faire valoir près de vous les raisons que m'a données le duc de Wellington. Je me hâte de vous en prévenir pour que vous soyez préparé à lui répondre. Je ne vous exprime moi-même aucune opinion personnelle. Je comprends dans votre proposition les avantages que vous me faites apercevoir; quelques-uns des arguments du duc de Wellington ne me paraissent pas non plus entièrement dénués de fondement. J'ajouterai seulement, pour vous rassurer, que, de quelque côté que vienne la concession sur ce point, de vous ou de l'Angleterre, vous ne trouverez pas moins le cabinet anglais disposé à agir avec vous de bon accord. Lord Aberdeen m'a dit qu'au moment de notre entrevue vous deviez avoir entre les mains une lettre du prince d'Orange au Roi. Il n'en connaissait pas le contenu [1].

---

[1] ‹ Anvers, le 9 octobre 1830.

« Sire,

« Me rappelant avec plaisir les relations dans lesquelles je me suis trouvé, dans d'autres temps, avec Votre Majesté, je saisis avec

Je regrette que Sa Majesté n'ait pas cru utile de faire publier dans le *Moniteur* le discours que j'ai adressé au Roi d'Angleterre. Ce discours a réussi ici ; plusieurs personnes m'ont parlé du bon effet que produirait sa publication dans le journal anglais ; j'avais voulu qu'elle vînt de celui de Paris, et je l'avais dit. Je crois aussi

empressement la circonstance du moment pour renouer des rapports directs avec Elle. Vous connaissez, Sire, les événements et les malheurs dont ma patrie est le théâtre et qui m'affligent au plus haut degré. Ces mêmes événements sont de nature à pouvoir compromettre les *intérêts* et la *tranquillité* des États *les plus voisins,* et pourraient rompre la paix dont jouit l'Europe. Étant appelé par le Roi, mon père, à gouverner, en son nom, les provinces belges, je m'adresse donc avec toute confiance à Votre Majesté pour la prier de vouloir seconder mes efforts pour maintenir la paix générale que la situation de ces provinces pourrait troubler. L'un des moyens les plus puissants serait un acte *public* et *patent* de la part de la France, par lequel elle donnerait à connaître sa *désapprobation* et son désaveu quant à tout ce que la perfidie des meneurs a suggéré pour faire paraître la France sous un aspect d'hostilité cachée à la *cause* que je *dois défendre.* Je crois savoir aussi que c'est la supposition, *erronée sans doute,* de la participation de la France aux troubles qui agitent ces provinces, qui doit avoir puissamment contribué à la décision que l'Empereur Nicolas vient de prendre par rapport à la non-reconnaissance du Gouvernement de Votre Majesté. Ceci étant le cas, je crois que l'acte public et patent que je réclame de votre part, Sire, écarterait en entier les soupçons de l'Empereur et me mettrait à même de faire tous mes efforts, comme beau-frère, pour engager Sa Majesté Impériale à revenir sur *une première résolution,* en prouvant par les actes du Gouvernement de Votre Majesté l'erreur qui l'a motivée. C'est le comte Albéric Duchâtel, un de mes anciens aides de camp, qui aura l'honneur de remettre à Votre Majesté cette lettre ; la confiance que j'ai en lui le met à même de répondre aux questions qu'il pourrait plaire à Votre Majesté de lui adresser.

« J'ai l'honneur d'être, etc.

« GUILLAUME, *prince d'Orange.* »

qu'elle servirait le Gouvernement du Roi, et mes paroles
ont été calculées dans ce but. Il y a plus, et je ne crains
pas de l'avouer, j'y attachais quelque intérêt personnel ; c'est la seule manière dont je pouvais répondre
aux diatribes misérables que quelques feuilles ont dirigées contre moi, et il me semble qu'il n'y a aucun
inconvénient à cette publication, et qu'elle est aussi
bonne à faire aujourd'hui qu'il y a huit jours.

Agréez, je vous prie, etc.

XII

TALLEYRAND AU COMTE MOLÉ

Londres, le 15 octobre 1830.

MONSIEUR LE COMTE,

Le cabinet anglais s'est plaint à moi que les réfugiés
espagnols se dirigeaient ostensiblement à travers la
France vers la frontière d'Espagne, qu'ils s'y rendaient
par étapes, et qu'ils étaient partout hébergés et secourus
sur la route. On a mandé qu'à Bordeaux un certain
nombre d'entre eux avaient été passés en revue par
l'aide de camp du général qui y commande pour le
Roi. Quoique je n'aie pas hésité à nier de pareils faits
et à repousser toute participation que l'on pourrait y
avoir attribuée au Gouvernement, je désirerais que

vous me missiez à même de donner à lord Aberdeen
des explications plus positives sur les mesures que le
Gouvernement a sans doute prises pour prévenir ces
manifestations hostiles et alarmantes pour quelques
puissances.

Ce n'est plus seulement, m'assure-t-on, deux bâtiments français qui se trouvent dans le Tage, il y en a
trois maintenant, une frégate et deux corvettes, et l'on
s'en étonne. L'on attend de nous un concours sincère
au maintien de la paix; il ne faut pas que des doutes
s'élèvent à cet égard; ils compliqueraient beaucoup
notre position et nos affaires.

Recevez, etc.

XIII

TALLEYRAND AU COMTE MOLÉ

Londres, 19 octobre 1830.

Monsieur le Comte,

Les nouvelles que nous avons de Portugal nous
représentent ce malheureux pays comme livré à un
redoublement de méfiances et de fureurs de don
Miguel. L'effet n'en sera pas cependant de retarder la
reconnaissance de son Gouvernement par les puis-

sances; c'est toujours un parti à peu près pris, et l'intérêt l'emporte sur toutes les autres considérations. Il y a même lieu de croire aujourd'hui que l'amnistie, exigée de don Miguel comme condition première, ne serait plus que pour ainsi dire promise et n'aurait son exécution qu'à une époque éloignée, que le Gouvernement anglais et don Miguel détermineraient de commun accord. Les convenances ne seraient donc même plus observées; ce matin, j'ai laissé entrevoir à lord Aberdeen le scandale véritable qui en serait la conséquence. Il m'a bien assuré que l'amnistie accompagnerait obligatoirement la reconnaissance, mais je suis peu porté à y ajouter foi.

Puisque vous vous occupez du Portugal et que j'ai moi-même appelé votre attention sur l'avantage que nous pourrions retirer pour l'introduction de nos vins de l'extinction des traités qui le liaient à l'Angleterre, je dois vous présenter quelques considérations que m'a suggérées un examen plus approfondi de la question.

Une nouvelle diminution de droits amènerait sans doute une augmentation de consommation; mais cette diminution ne peut être telle que le vin, cessant d'être une boisson de luxe, devienne une boisson d'usage, car il se présenterait aussitôt pour le fisc et l'agriculture une question que l'on peut appeler vitale. Le fisc perçoit sur la bière une taxe qui, sous ses différentes dénominations, ne s'élève annuellement à rien moins qu'à neuf millions sterling (**225,000,000** francs); celle sur les vins étrangers n'excède pas un million cinq cent mille livres sterling (**37,500,000** francs). Quel changement radical dans les habitudes du pays ne faudrait-il pas opérer pour rétablir une aussi énorme disproportion et couvrir les intérêts du fisc! Il ne pourrait donc s'agir que de l'introduction d'une faible quantité de plus de nos vins, par suite d'une faible diminution de droits. Les intérêts agricoles du pays ne permettraient pas une législation de douanes plus large et plus facile, et les propriétaires fonciers, tout-puissants en Angleterre, ne consentiraient jamais à sacrifier les produits nationaux tels que l'orge et le houblon à des produits étrangers. La question n'est donc pas entre les vins de France et les vins de Portugal, elle est entre la bière anglaise et tout vin étranger, et c'est sous ce point de vue que vous devez l'envisager avant de former votre opinion.

Le procès des quatre ministres occupe vivement ici l'attention publique et la presse. On loue la Chambre et l'administration de l'humanité qu'elles ont manifestée; mais l'on voit sans surprise que cet effort n'a pas d'effet. Le *Courrier* d'hier au soir semble, dans un assez long article, abandonner les prisonniers.

Recevez, etc.

XIV

TALLEYRAND AU COMTE MOLÉ

Londres, le 21 octobre 1830.

Monsieur le Comte,

Dans le nombre des explications que je vous ai données dans ma dernière lettre, sur la question d'une diminution de droits sur les vins français, j'ai omis une considération qu'il vous sera, je crois, utile d'avoir sous les yeux.

Il ne faudrait pas s'exagérer l'importance de l'exportation des vins de France en Angleterre.

Depuis la baisse des droits, elle s'élève à environ 2,000,000 de litres.

En supposant une nouvelle diminution assez forte pour faire doubler la consommation, ce ne serait encore que 2,000,000 de litres de plus.

Il faut convenir qu'il en résulterait un bien faible soulagement à l'encombrement des pays vignobles, et que l'effet en serait à peine sensible dans l'exportation générale des vins de France, qui approche de 100,000,000 de litres.

Je me suis appliqué à faire ces recherches, afin qu'il n'y ait point de surprise sur la valeur réelle de cette question.

Recevez, etc.

XV

TALLEYRAND AU COMTE MOLÉ

Londres, le 23 octobre 1838.

Monsieur le Comte,

M. de Vaudreuil arrive. Privé depuis quelque temps de vos communications, j'avais dû me renfermer dans mon premier langage. Je m'y suis tenu dans toutes les occasions où j'ai vu lord Aberdeen où le duc de Wellington, et j'ai dû, ce matin, m'expliquer dans les mêmes termes. L'arrivée de M. de Vaudreuil sera pour moi un motif de revenir sur ce sujet. Mais je ne dois pas vous laisser ignorer que toute mon insistance ne m'a, jusqu'à présent, conduit à aucun progrès. Le cabinet anglais persiste dans sa première résolution de ne pas accepter Paris pour siège des conférences. Il trouve ce terrain trop agité, et les ambassadeurs qui y sont accrédités trop peu préparés pour une solution *prompte* des grandes difficultés du moment. Il regrette le temps déjà écoulé, et, pressé de nouveau par le Roi des Pays-Bas, il lui en coûte d'ajourner encore sa réponse. Il désire que vous me fassiez promptement savoir quelle détermination vous opposez définitivement à cette résistance.

L'on a eu ici connaissance de la démarche d'un

M. Gendebien, qui est allé à Paris demander un prince français pour la Belgique. L'on a remarqué que, fidèle à la marche qu'il a adoptée, le Gouvernement du Roi n'avait point voulu l'écouter.

Il y a quelque agitation en Irlande. Un parti s'y prononce pour le rappel de l'acte d'*union,* un autre y réclame d'importantes modifications, telles que le rétablissement du Parlement irlandais. Le vice-roi a défendu par une proclamation toute réunion qui aurait pour but la discussion de ces questions. Je vous tiendrai au courant de tout ce qui se passera à cet égard.

Recevez, etc.

XVI

TALLEYRAND AU COMTE MOLÉ

Londres, le 25 octobre 1830.

Monsieur le Comte,

Je n'ai pas perdu un moment pour presser une décision conforme aux désirs que vous m'exprimez dans votre dépêche du 20 du courant. J'en ai conféré, hier encore, avec le duc de Wellington, qui a rendu la conversation commune avec l'ambassadeur d'Autriche et le ministre de Prusse. J'ai reproduit vos raisonnements;

je les ai étendus et développés; je crois n'avoir négligé aucun moyen de conviction.

Tous trois m'ont néanmoins répondu par un même langage; leur résistance s'est même plutôt accrue des derniers événements de Paris. Ils voient, dans notre persistance à y attirer les conférences, une sorte de volonté de concentrer la question belge dans ce qu'ils appellent le tourbillon révolutionnaire; c'est avec les journaux français à la main qu'ils soutiennent cette opinion. En cela, assurément, ils ne séparent pas assez le Gouvernement du Roi des influences fâcheuses contre lesquelles il lutte, mais leurs inquiétudes expliquent leur erreur.

Ces inquiétudes sont grandes, et ils les justifient par des faits dont vous saurez mieux que moi apprécier l'exactitude. Ils se disent informés que quelques officiers français qui combattent dans les rangs des Belges ne sont devenus l'objet d'aucune mesure de répression de la part du Gouvernement du Roi, et que, malgré les protestations fondées (car ils en conviennent) de repousser toutes les insinuations et toutes les sollicitations des Belges, et de s'abstenir de toute coopération directe ou indirecte au succès de leur cause, ces officiers, dont je ne doute pas qu'ils n'augmentent le nombre, sont conservés dans les cadres de l'armée française. Le nom de M. de Pontécoulant leur revient souvent à ce sujet. Ils trouvent que l'expédition des réfugiés espagnols n'a pas été prévenue par des moyens assez efficaces; ils remarquent parmi eux des noms français qui leur sont transmis d'Espagne et qui éveillent leurs soupçons. Je vous cacherais la vérité si je ne vous disais que les dispositions des cabinets et de leurs ministres envers nous ont subi quelque modification; que leurs alarmes sont bien plus vives; que leur propre sûreté leur semble mise en question. Le duc de Wellington a particulièrement remarqué que la marche du Gouvernement du Roi devait tendre à rassurer les diverses puissances contre cet état de fermentation de la France qui préoccupe l'Europe entière. Les ministres verraient une marche commune et par conséquent tranquillisante dans la concession qui serait faite aujourd'hui, si vous accédiez à leur proposition de placer le centre des conférences à Londres, où les cinq grandes puissances ont des hommes de toute leur confiance. Ils s'accordent à dire que ces conférences devraient être à La Haye; les engagements antérieurs de l'Europe les avaient conduits à cette idée, et en l'abandonnant ils consultent surtout l'urgence des circonstances, la nécessité de faire vite, condition qui, selon eux, ne peut être remplie qu'à Londres, où, répètent-ils encore, tout le monde est prêt, tandis que personne ne l'est ailleurs. Ils prétendent qu'on s'isolerait des autres puissances en insistant dans un sens opposé, qu'on perdrait un temps précieux, et que les semaines ou plutôt les jours qui changent l'état des choses en Belgique changent aussi les dispositions des cabinets.

Vous remarquerez, Monsieur le Comte, que je rapporte ce que j'ai entendu et que je m'abstiens de toute opinion personnelle. Le duc de Wellington m'a dit vous avoir écrit une lettre dans laquelle il vous donnait ses raisons pour persister. Je les ai vainement combattues; l'état de Paris préoccupe trop son esprit et celui des ministres accrédités ici; ils n'y veulent pas voir, au milieu de pareilles agitations, un lieu favorable à des conférences diplomatiques. Mais ces conférences qui, selon eux, ne peuvent être là, ne leur semblent pas moins urgentes autre part. Quelque célérité qu'aient les événements de Belgique, quelque arrangement qui se conclue entre le prince d'Orange et les Belges, le succès soit du Gouvernement provisoire, soit du prince, ne termine selon eux en aucune manière la question.

L'union des Pays-Bas est garantie par les grandes puissances; c'est là *l'état de choses reconnu;* il reste donc toujours à *reconnaître l'état de choses qui s'y substitue,* et alors reparaît inévitablement la grande question des forteresses. Dans des délibérations aussi délicates que celles qu'amèneraient ces difficultés, et quand il s'agit de faire, de toutes parts, des concessions, de revenir sur des engagements antérieurs, ils pensent que beaucoup de choses doivent être faites de vive voix, et que des conférences valent mieux que des notes ou tout autre instrument politique. Cette observation est juste.

Il restait au duc de Wellington et aux ministres une dernière raison qu'ils m'ont donnée hier séparément comme prépondérante. Ils m'ont fait observer que le

Parlement anglais allait s'assembler; que le Roi aurait
à s'exprimer sur la question belge, et que son langage
serait de la plus haute importance. S'il dit qu'il y a ou
qu'il n'y a pas des conférences ouvertes à Londres,
cette déclaration dans un sens ou dans l'autre produira
de la tranquillité ou de l'inquiétude, et cela partout.
Ils vont jusqu'à avancer que ce discours peut changer
la face des choses, et qu'on ne saurait trop lui préparer
un texte de communications rassurantes.

Ici, Monsieur le Comte, je vous prie de nouveau de
ne pas voir dans ces observations une opinion qui me
soit commune avec le cabinet anglais et les ministres
étrangers. Je n'ai cédé sur aucun point; j'ai cherché à
modifier des opinions qui m'ont paru arrêtées; mais
elles nous importent trop et indiquent une altération
trop marquée dans les premières dispositions des puissances pour que je ne vous les fasse pas connaître
telles que je les ai trouvées. Je vous expédie cette
dépêche par M. de Chenoise, auquel je recommande
une grande diligence; vous jugerez sans doute important de me le renvoyer avec une prompte et décisive
réponse. Le Parlement anglais s'ouvrira le 2 novembre.

Charles X a débarqué le 20 à Edimbourg. Il n'était
accompagné que de M. le duc de Bordeaux. Aucun
honneur ne leur a été rendu. M. le duc et madame la
duchesse d'Angoulême se dirigent *incognito,* par terre,
vers l'Écosse. Madame la duchesse de Berry est à
Londres avec Mademoiselle; elle habite une maison

contiguë à celle de l'ambassadeur de Naples, qui lui a donné avant-hier un dîner où assistait le duc de Wellington.

Sa présence dans la capitale n'a provoqué aucune démonstration publique d'aucun genre. Elle part demain pour Holyrood. Les rapports de Charles X et de sa famille avec la France sont moins actifs depuis quelque temps. Charles X ne paraît pas être dans des embarras d'argent, car à Édimbourg il a trois tables, une de six couverts, une de dix et une de seize. Ce sont là de bien petits détails pour une dépêche que je regarde comme si importante; mais je veux vous éviter l'ennui d'une seconde lettre.

Recevez, etc.

XVII

TALLEYRAND AU COMTE MOLÉ

Londres, le 29 octobre 1830.

Monsieur le Comte,

Le Roi est revenu, mardi **26**, de Brighton. Le lende-main il y a eu à la Cour grande réception; j'y ai assisté et j'ai présenté à Sa Majesté les personnes attachées à l'ambassade. En sortant de chez le Roi, j'ai été conduit chez la Reine par le maître des cérémonies, sir Robert Chester, et j'ai eu l'honneur de remettre à Sa Majesté mes lettres de créance et la lettre dont la Reine m'avait chargé pour elle. Sa Majesté m'a très gracieusement accueilli; elle m'a dit : « Je n'ai pas l'honneur de con-« naître la Reine ; tout ce que je sais d'elle me le fait « beaucoup regretter. Nous avons vu le Roi l'année « dernière, et il a laissé parmi nous une impression « qui ne s'effacera pas. » Sa Majesté m'a demandé ensuite comment les choses allaient en France. Je lui ai répondu : « Madame, le Roi est aimé, et quand on « est aimé, tout devient simple et facile, et personne « ne peut en juger mieux que Votre Majesté et son « auguste époux. » Je n'ai dit là qu'une vérité. Hier soir encore, au théâtre de Drury-Lane, où Leurs Majestés se sont rendues avec la famille royale, elles ont été l'objet des témoignages les plus marqués du respect et de l'affection de leurs sujets. *God save the King* et *Rule, Britannia* ont été chantés et répétés.

Je vous mandais dans ma dernière dépêche que les rapports de l'ancienne famille royale avec la France avaient en apparence perdu de leur activité. Depuis quelques jours il en est autrement ; l'on rencontre sur les trottoirs de Londres un grand nombre de gens à figure française, entre autres M. Dudon, qui, ne se réclamant pas de l'ambassade, doivent faire supposer à leur séjour ici quelque motif secret. L'argent ne paraît pas leur manquer. La police ne peut surveiller avec trop de soin les allures et les démarches des per-

sonnes qui reviennent de Londres à Paris. L'on m'a
assuré, et de lieux bien informés, qu'il s'était formé à
Paris une régence occulte qui communiquait par émis-
saires avec madame la duchesse de Berry et avec la Ven-
dée. Il est certain qu'il a été ouvert à Charles X, chez
le premier banquier d'Édimbourg, dont le nom est, je
crois, Forbes, un crédit illimité. Cette étrange générosité occupe et étonne beaucoup les Anglais. On
l'attribue à l'Empereur Nicolas, et je serais d'autant
moins éloigné d'y croire que je sais que ses dispositions nous sont peu favorables. Il se passionne sur les
affaires du dehors qui se mêlent dans son esprit à
celles de l'intérieur de son Empire. Dans plusieurs
circonstances il s'est exprimé sur l'époque actuelle en
des termes très peu pacifiques. Il ne voit que l'emploi
de la force pour arrêter l'envahissement des doctrines
de désordre. Ces préventions pourront bien ébranler
M. Pozzo, qui a cherché à donner aux idées de l'Empereur sur les événements de Paris une autre direction. M. de Matuchewitz, qui a parlé comme lui et agi
d'accord avec lui, n'est pas lui-même rassuré sur son
sort. Ce qu'il y a d'étrange à dire et qui est vrai néanmoins, c'est que M. de Metternich ne partage pas, à
présent, cette manière de voir de l'Empereur Nicolas ;
mais il y serait ramené facilement. Le cabinet prussien est divisé : le Prince royal et M. Ancillon poussent
à la guerre ; M. Guillaume de Humboldt, le frère du
savant que vous avez à Paris, et M. de Bernstorff voudraient qu'on l'évitât. C'est une époque critique que

les événements de Belgique ont bien compliquée. Ceux d'Espagne viennent encore ajouter aux embarras. M. de Zea-Bermudez n'a aucune nouvelle de son Gouvernement depuis plusieurs jours. Ses inquiétudes sont grandes.

J'attends pour demain ou dimanche la réponse à la dépêche que vous a portée M. de Chenoise.

Recevez, etc.

XVIII

TALLEYRAND AU COMTE MOLÉ

Londres, le 1er novembre 1830.

Monsieur le Comte,

Ma position devient des plus embarrassantes, et je ne dois pas vous le cacher. J'ai vainement compté hier et aujourd'hui sur le retour de M. de Chenoise. Nous sommes à la veille du discours du Roi d'Angleterre, et je n'ai aucune nouvelle officielle du parti pris en France relativement aux conférences. Ce que je sais, je le tiens uniquement de la confiance des principaux membres du corps diplomatique. J'avais cependant insisté dans mes dépêches précédentes sur l'importance qu'attachait le cabinet anglais à connaître les intentions définitives du Gouvernement du Roi avant l'ouverture solen-

nelle du nouveau Parlement par Sa Majesté Britannique.
Le rôle de l'ambassadeur de France eût été de donner
plutôt que de recevoir des informations en pareille
conjoncture. Il est résulté de l'incertitude forcée de
mes paroles et de mes démarches un déplacement de
position ; il m'est devenu difficile de retenir la direction de cette grande affaire qui nous était à peu près
dévolue dans le principe. Ces inconvénients m'ont
paru trop graves pour ne pas vous les faire connaître.

Les événements récents en Europe, l'attitude prise
par l'Irlande et l'agitation qui se manifeste sur quelques points de l'Angleterre, ont réagi ici sur les
esprits conservateurs. Les rangs des hommes intéressés au maintien de l'ordre actuel se resserrent. Le
duc de Wellington vient de se fortifier d'un rapprochement qui s'est opéré entre lui et les chefs du parti tory.
Le duc de Newcastle, le marquis d'Hertford lui apportent leurs voix. Plusieurs autres noms moins marquants
suivent leur exemple. Le parti whig lui-même montre
beaucoup moins d'exigence dans ses prétentions. L'on
dit que quelques concessions de principes et de personnes l'uniraient à l'administration actuelle qu'il ne
faudrait pas croire ébranlée. Il était naturel qu'un
nouveau règne et la convocation d'un nouveau Parlement missent du mouvement dans les esprits ; quelques
réunions populaires ont eu lieu ; les doctrines de
réforme y ont été reproduites, mais tout finit ici par
des pétitions. L'exercice de ce droit salutaire est la
limite que l'opposition n'a pas encore osé franchir. En

Irlande, les partisans du rappel de l'acte d'Union se sont récemment montrés plus à découvert ; mais leur chef, M. O'Connell, dans une altercation personnelle avec sir Henry Hardinge, vient de se déconsidérer, et son influence doit en souffrir.

Je vois, par les journaux français du 29, que vous avez su avant nous l'évacuation d'Anvers et le départ du prince d'Orange. Des bruits contradictoires l'envoient tour à tour à La Haye et l'amènent à Londres. S'il nous arrivait ici, le cabinet anglais s'en accommoderait peu.

Je vous adresse un extrait du *Times* qui contient quelques réflexions anticipées sur le discours que le Roi prononcera demain et que je vous expédierai immédiatement. Il eût été beaucoup plus positif, si l'on n'avait pas laissé le cabinet anglais dans l'incertitude. N'en concluez pas que sa disposition pour la paix soit changée. Elle ne l'est pas.

Recevez, etc.

XIX

TALLEYRAND AU COMTE MOLÉ

Londres, le 2 novembre 1830.

Monsieur le Comte,

Je vous envoie en courrier M. Neukomm. Il vous porte le discours prononcé aujourd'hui par S. M. le Roi d'Angleterre. J'étais présent à la séance royale ; les paroles du Roi ont été accueillies avec un profond respect et un vif intérêt.

Au sortir de Westminster-Hall, j'ai suivi la voiture du Roi jusqu'au palais. Sur mon passage j'ai été l'objet de démonstrations amicales et bienveillantes que je rapporte tout entières au Roi que j'ai l'honneur de représenter ici. Des cris de *Vive Louis-Philippe!* se sont fait entendre à plusieurs reprises, et notre cocarde nationale attirait l'attention générale.

Recevez, etc.

XX

TALLEYRAND
AU MINISTRE DES AFFAIRES ÉTRANGÈRES [1]

Londres, 5 novembre 1830.

MONSIEUR LE MINISTRE,

Conformément à l'autorisation qui m'a été donnée par le Roi et que m'a transmise M. le comte Molé sous la date du 31 octobre dernier, d'assister et de participer à toutes les conférences qui pourraient avoir lieu sur les affaires de la Belgique, je me suis rendu hier matin chez lord Aberdeen, où j'avais été convoqué en même temps que l'ambassadeur d'Autriche et les ministres de Prusse et de Russie. Nous avons eu une première conférence; le duc de Wellington, qui s'y trouvait, a pris la parole le premier et a exprimé les sentiments de tous les membres qui composaient la Conférence, en exposant que les puissances devaient s'occuper de chercher les moyens de conciliation et de persuasion les plus propres à arrêter l'effusion du sang dans la Belgique, à calmer l'extrême irritation des esprits et à y ramener l'ordre intérieur. Il lui a paru que l'humanité autant que la politique commandait de

[1] M. Molé avait donné sa démission le 2 novembre 1830; il était remplacé par le maréchal Maison.

premières mesures dirigées dans ce but, et qu'on l'atteindrait plus sûrement si l'on parvenait d'abord à obtenir des deux parties un armistice provisoire jusqu'à la conclusion des délibérations des puissances. Il y a eu accord unanime sur cette proposition, et il a été convenu que nous nous réunirions de nouveau dans la soirée pour aviser aux moyens de faire connaître à La Haye et à Bruxelles les vues des cinq grandes puissances représentées dans la Conférence.

M. de Falck, ambassadeur des Pays-Bas, assistait à la conférence du soir. Il a dû y être appelé conformément à l'article 4 du protocole adopté le 15 novembre 1818 à Aix-la-Chapelle et qui porte que, « dans le cas « où des réunions particulières soit entre les augustes « souverains eux-mêmes, soit entre leurs ministres et « plénipotentiaires respectifs, auraient pour objet les « affaires spécialement liées aux intérêts des autres « États de l'Europe, elles n'auront lieu qu'à la suite « d'une invitation formelle de la part de ceux de ces « États que lesdites affaires concerneraient, et sous la « réserve expresse de leur droit d'y participer directe- « ment ou par leurs plénipotentiaires ».

M. de Falck a accédé à la proposition de l'armistice que les cinq ministres ont signée ce matin même, et qu'il se charge de transmettre au Roi des Pays-Bas. Elle sera envoyée ce soir à Bruxelles par deux commissaires; et comme j'ai voulu que la France parût dans ce grand acte d'humanité, j'ai trouvé qu'il était convenable et utile que l'un de ces deux commissaires fût

Français, et j'ai fait désigner M. Bresson par les cinq plénipotentiaires. M. Cartwright, ministre d'Angleterre à Francfort, est l'autre commissaire choisi. Je m'empresse de vous adresser une expédition du protocole.

Cette proposition est utile sous tous les rapports, et l'on rendra justice aux intentions qui ont engagé à la faire, même quand elle n'aurait pas son entier effet.

Le discours du Roi d'Angleterre à l'ouverture du Parlement a donné lieu à d'intéressants débats.

L'opposition s'est plainte que le principe de la non-intervention dans les affaires de la Belgique n'y était pas assez explicitement établi. L'intervention active n'est pas assurément dans les intentions actuelles du cabinet anglais; l'intervention de conseils et d'avis est d'une nature qui n'a rien d'alarmant, et la garantie donnée par les cinq puissances à l'union de la Belgique et de la Hollande la rendait nécessaire au milieu des événements qui l'ont dissoute. L'opposition a également soulevé de nouveau la question de la réforme parlementaire à laquelle le discours du Roi n'avait point touché. Le duc de Wellington, contre l'attente générale, au lieu de chercher à l'éluder ou à l'ajourner, a déclaré qu'aussi longtemps qu'il resterait à la tête de l'administration, il ne consentirait jamais ni à une réforme radicale ni à une réforme partielle.

Ses amis n'avaient point prévu qu'il dût s'exprimer en des termes si explicites, et M. Peel, au moment même où le duc s'adressait à la Chambre des lords, répondait à des observations semblables dans la

Chambre des communes, avec plus de mesure et de réserve. Cette déclaration fait de la peine à ceux qui aiment l'administration actuelle.

Je n'ai rien à vous mander du château de Holyrood. Le consul de France à Édimbourg est mieux placé que moi pour vous tenir au courant de ce qui s'y passe. Je lui ai écrit de correspondre avec vous à ce sujet. Ici, madame la duchesse de Berry s'est trop montrée dans les promenades et dans les lieux de réunions publiques. On a trouvé que c'était mal comprendre sa position, et l'on y a vu quelque inconvenance. On annonce son départ pour Édimbourg pour la semaine prochaine. Le comte de Ludolf, ambassadeur de Naples, ne s'est peut-être pas assez rappelé que si madame la duchesse de Berry était fille de son souverain, la Reine des Français était sa sœur.

M. Dudon a laissé sa carte à l'ambassade de France. Je suppose que cet acte de présence a pour objet de se conserver le droit d'obtenir mon visa à son passeport, quand il jugera convenable de retourner en France.

Recevez, etc.

XXI

TALLEYRAND
AU MINISTRE DES AFFAIRES ÉTRANGÈRES

Londres, le 7 novembre 1830.

Monsieur le Ministre,

Depuis ma dernière lettre il ne s'est rien passé ici de nouveau.

Le prince d'Orange est arrivé dans cette ville; je ne l'ai point vu et j'ai évité de le voir; mais je crois savoir et je suis sûr qu'avant tout autre motif, c'est surtout pour n'être ni en Hollande ni en Belgique qu'il se trouve à Londres. Il a vu l'ambassadeur des Pays-Bas et quelques personnes marquantes de la ville. Sa contenance est embarrassée.

Une espèce d'envoyé du Gouvernement provisoire de la Belgique est ici depuis deux jours. Il est venu sonder le terrain et tâcher de connaître quel accueil la nomination d'un fils d'Eugène Beauharnais pourrait attendre des cabinets étrangers. Personne n'a voulu entendre de pareilles insinuations, et elles seront comme de raison sans résultat. Je n'en parle même que pour dire tout ce que je sais.

Recevez, etc.

P. S. — Vous trouverez ci-joint une lettre pour

la Reine et une pour M. Laffitte, président du conseil.

XXII

TALLEYRAND
AU MINISTRE DES AFFAIRES ÉTRANGÈRES

Londres, le 7 novembre 1830.

MONSIEUR LE MINISTRE,

Mardi doit avoir lieu à la Cité un grand dîner donné au Roi par le lord-maire et la grande municipalité de Londres. Tous les ambassadeurs sont invités à ce dîner et s'y trouveront. Le nombre des convives sera d'environ cinq cents personnes. La foule énorme que ce grand spectacle appelle donnera essor à toutes les passions qui agitent le peuple dans un sens ou dans l'autre.

Le Roi sera incontestablement très applaudi; mais on dit beaucoup que le peuple veut montrer ouvertement au duc de Wellington le mécontentement que lui a causé son discours contre toute idée de réformes mises en avant par l'opposition.

J'assisterai à ce dîner qui commence à quatre heures et finit à dix, et je vous manderai immédiatement tout ce qui s'y sera passé [1].

Recevez, etc.

[1] Talleyrand mettait en pratique les instructions qu'il avait données

XXIII

TALLEYRAND
AU MINISTRE DES AFFAIRES ÉTRANGÈRES

Londres, le 8 novembre 1830.

Monsieur le Ministre,

Je vous ai annoncé dans ma dépêche du 6 qu'un grand dîner, auquel le Roi devait assister, aurait lieu à la Cité, mardi 9 du courant. L'immense foule que cette fête devait réunir et les dispositions qu'on lui supposait ont donné de l'inquiétude aux ministres. Aujourd'hui M. Peel a écrit au lord-maire que le Roi et la Reine n'y assisteraient point, afin, dit-il, qu'on ne mette pas à profit la réunion d'un aussi grand nombre de personnes pour exciter au trouble et au désordre et mettre en danger les propriétés et la vie des sujets de

le 28 vendémiaire an XI (20 octobre 1802) au général Andréossy, nommé ambassadeur à Londres :

« Rendez-vous aussi populaire que possible, ne refusez jamais une invitation du chef de la Cité ou des riches négociants. Conformez-vous, autant que possible, aux usages de leur société et à leur manière de converser, car il est probable qu'il y aura toujours dans leurs fêtes ou assemblées où ils vous inviteront quelques membres du Gouvernement.

« En qualité de Français, vous pouvez, sans offenser personne, mettre de l'eau dans votre vin, tandis que les autres boiront le leur pur, et à ce moyen vous pourrez connaître leurs secrets sans exposer les vôtres... »

Sa Majesté. Le mécontentement se manifeste ouvertement contre le duc de Wellington, et cette désapprobation se rattache à la phrase qu'il a prononcée à la Chambre des pairs, où il a été si positif contre toute espèce de réforme parlementaire.

Le corps diplomatique est par suite de cette mesure dans l'incertitude s'il doit assister à ce dîner; nous nous réunissons ce soir pour prendre une décision. Mon avis sera que nous devons y assister.

Recevez, etc.

XXIV

TALLEYRAND
AU MINISTRE DES AFFAIRES ÉTRANGÈRES

Londres, le 10 novembre 1830.

MONSIEUR LE MINISTRE,

Le supplément d'instructions que vous avez la bonté de me donner dans votre lettre du 6 novembre me sera très utile, et je m'y conformerai exactement[1]. J'au-

---

[1] « J'ignore ce qui a pu retarder l'arrivée de M. de Chenoise. Mais comme je sais qu'il vous portait l'autorisation d'ouvrir les conférences et d'y prendre part, je n'ai rien de plus à vous mander à ce sujet, si ce n'est que le Roi attend avec impatience les détails que vous me transmettrez sur la marche des conférences. Je m'em-

rais pour faciliter les affaires préféré que le prince
d'Orange vînt d'Anvers à Londres au lieu de passer

presse d'ailleurs de vous adresser les instructions que vous désirez,
mais seulement en prenant les choses où elles sont et sans m'arrêter
à ce qui aurait été possible antérieurement et qui ne l'est plus
aujourd'hui.

« La nécessité de la séparation de la Belgique et de sa reconnaissance comme État indépendant résulte avec une telle évidence des
événements qui ont eu lieu, qu'elle n'est vraiment susceptible d'aucune objection sérieuse. Elle nous apparaît et doit apparaître à tous
comme un fait accompli sur lequel on ne saurait raisonnablement
tenter de revenir. Les voies de la conciliation à cet égard seraient
certainement impraticables, et toute autre voie deviendrait dans l'état
actuel des esprits en Belgique non moins contraire au vœu de l'humanité qu'elle le serait dans tous les cas à nos principes.

« Le prince d'Orange, placé à la tête du nouvel État belge, offre,
de toutes les combinaisons, celle qui est la plus conforme aux droits
de la maison de Nassau, au vœu des traités qui forment la base du
droit public européen, et enfin au maintien de la paix générale. Aussi
est-ce notre plus ardent désir de voir cette combinaison se réaliser.
Les obstacles que des circonstances récentes ont pu y mettre sont
loin, à ce que nous pensons, d'être insurmontables. Le prince, en
quittant la Hollande pour se rendre en Angleterre, et en recevant
du ministre du Roi l'expression de nos vœux en sa faveur, a lui-
même paru compter sur la majorité du Congrès belge ; et M. Bertin
de Vaux considère cette espérance comme assez fondée.

« Tels sont, Prince, les deux points sur lesquels vous pouvez vous
prononcer avec toute netteté, dès que vous le croirez convenable.

« Si, d'ailleurs, des obstacles que nous ne voulons pas prévoir
s'opposaient absolument à ce que le prince d'Orange régnât en Belgique, nous pensons que les Belges devraient être appelés à émettre
leurs vœux sur le choix du prince destiné à les gouverner.

« Mais sur ce nouveau point, vous voudrez bien, Prince, ne pas
prendre l'initiative, et attendre que la question qu'il soulève soit
entamée pour la traiter nous-mêmes. L'intention de Sa Majesté est,
en outre, que, sur la même question, vous ne preniez aucun engagement, même individuel, et que vous receviez *ad referendum* les

par La Haye. Ce voyage à La Haye, après ses déclarations aux Belges et l'espèce d'opposition qu'il avait

propositions qui vous seraient faites pour me les communiquer, et que je puisse ensuite dema der les ordres du Roi et vous les transmettre.

« Enfin vous devez écarter péremptoirement toutes les demandes qui pourraient vous être faites de confier, même momentanément, aucune des forteresses de la Belgique à des garnisons étrangères quelconques. La forteresse de Luxembourg est seule sous ce rapport dans un cas d'exception. Je n'ai pas besoin d'ajouter qu'à cet égard encore vous n'aurez aucune initiative à prendre.

« Au surplus, tout ce que je viens de vous mander, Prince, est entièrement confidentiel et secret, en ce sens du moins que personne ne devra savoir à Londres que je vous l'ai mandé. Telle est l'intention de Sa Majesté. Ces instructions, à la brièveté desquelles votre expérience saura suppléer, n'ont d'autre objet que de vous indiquer la direction à suivre dans vos communications avec le Gouvernement anglais. Ce but est d'arriver à un arrangement compatible avec l'équilibre de l'Europe, tel qu'il a été établi par les traités subsistants, de montrer en même temps la fidélité de la France à ses engagements et son entier désintéressement, malgré l'étendue des sacrifices qui lui sont imposés, de ne donner ainsi ni motif ni prétexte de guerre, et d'assurer la continuation de la paix générale.

« Sa Majesté désire que vous témoigniez, de sa part, au duc de Wellington qu'Elle a vu avec plaisir les explications qu'il a données sur ce sujet à la Chambre des pairs.

« Agréez, etc.

« P. S. — D'après une conversation que le Roi a eue avec lord Stuart, il paraîtrait que l'Angleterre ne serait pas éloignée de reconnaitre un autre prince que le prince d'Orange pour chef de la nation belge. Le Roi désire d'autant plus que les conférences commencent promptement, qu'il est question, à Bruxelles, comme nous venons de l'apprendre, d'élire M. de Mérode, ce qui pourrait rendre plus embarrassantes les négociations avec les Belges.

« Vous sentez, Prince, que ce dernier renseignement est pour vous seul. »

(*Maréchal Maison à Talleyrand.* — 6 novembre 1830.)

montrée à son père, fera croire aux esprits ombrageux
qu'il n'a pas été de bonne foi dans la manifestation des
sentiments qu'il avait dernièrement exprimés en Belgique.

Je ne prendrai l'initiative sur rien, et lorsque, sur
les questions décisives, il faudra avoir une opinion, je
ne ferai connaître la mienne qu'après avoir demandé
les ordres du Roi.

Je vous ai mandé dans ma dépêche du 5 novembre
le discours que tint le duc de Wellington à la Chambre
des pairs, dans lequel il se déclare opposé à toute
espèce de réforme. Cette déclaration déplut généralement, d'abord à son parti qu'elle entraînait, sans
aucune préparation, dans une discussion ouverte au
moment où il semblait si nécessaire d'ôter aux esprits
tout sujet d'irritation ou de mécontentement, puis au
parti modéré que la gravité des circonstances portait
à se rallier à son administration. Cette manifestation
si positive du duc de Wellington vint dans un moment
d'autant plus inopportun, que quatre jours après devait
avoir lieu à la Cité une fête où le Roi avait promis de
se rendre, et qui par la foule qu'elle devait réunir donnait au peuple un point de ralliement et l'occasion de
faire connaître son opinion sur le ministère.

Les ministres sentirent alors la position difficile dans
laquelle ils étaient placés et dans laquelle se serait
trouvé le Roi. Ils lui conseillèrent de ne point se rendre
à la fête de la Cité, et pour ôter tout motif de troubles,
ils suspendirent, chose inouïe dans les annales de la

Cité, l'installation du lord-maire et la cérémonie où il a l'habitude chaque année d'entrer en possession de ses pouvoirs.

Le mécontentement augmenta, l'inquiétude fut générale, et les fonds tombèrent d'une manière marquée. Le jour même il s'éleva dans les deux Chambres de vives discussions. L'opposition attaqua violemment le ministère ; elle insista sur ce qu'il avait compromis par cette mesure la popularité du Roi pour couvrir sa propre impopularité. Le duc de Wellington ne put éviter ce reproche, et dit que c'était en effet pour éviter au Roi le spectacle du désordre et de la confusion qu'un complot contre les ministres pourrait motiver, qu'il l'avait engagé à y renoncer.

Cette réponse fut loin de diminuer l'irritation. On pensait déjà à un changement de ministère, mais tous les efforts de l'opposition s'ajournèrent à la discussion qui doit avoir lieu le 16 sur la proposition de M. Brougham, dont l'objet est de traiter de la question de la réforme parlementaire.

Dans la soirée du même jour, le prince d'Orange fut invité par le Roi à un grand dîner, auquel assistaient les personnes les plus considérables. On remarqua que le duc de Wellington fut l'objet des attentions particulières du Roi ; tandis qu'au contraire, dans une autre partie du salon, les princes manifestaient leur mécontentement.

Le duc de Wellington, de son côté, déclara de nouveau qu'il était résolu à ne pas être le premier à battre en brèche la constitution du pays, et qu'il ne voulait pas que son nom fût attaché à des concessions qui, dans son opinion, en seraient la ruine.

On attend maintenant la discussion du 16. La Cité est tranquille; les esprits mécontents, mais nullement agités; les fonds remontent, parce que l'inquiétude cesse ou du moins qu'elle se reporte à une époque fixe, et les esprits travaillent seulement à s'expliquer le motif qui a pu déterminer le duc de Wellington à produire dans ce moment-ci une opinion aussi décisive.

En général on pense qu'il a prévu que s'il adoptait les idées de réforme, il s'aliénerait tout son parti et serait obligé pour se reconstituer une majorité de se jeter en entier dans le parti libéral. Il a préféré se rallier, par une opposition marquée à toute idée de réforme, les torys qui, lors de l'émancipation catholique, s'étaient séparés de lui; et se fondant sur la gravité des circonstances qui fait désirer à chacun de soutenir le pouvoir, il se croit assuré de la majorité. Son nom et la confiance qu'il inspire à la haute aristocratie du pays peuvent lui donner beaucoup de chances.

Telle est l'opinion générale. La discussion du 16 sera décisive, je vous tiendrai au courant de tout ce qu'elle aura d'intéressant, et des résultats qu'elle pourra amener.

Recevez, etc.

P. S. — D'après les ordres du Roi, j'ai pressé lord Aberdeen de faire continuer les conférences ; elles reprennent demain.

Il est positif, quoi qu'en disent les gazettes, que M. de Bourmont est en Angleterre.

XXV

TALLEYRAND AU MARÉCHAL MAISON

Londres, le 13 novembre 1830.

MONSIEUR LE MARÉCHAL,

Nous avons eu, ce matin, une conférence dans laquelle lord Aberdeen nous a dit que lord Stuart lui mandait que dans une conversation qu'il a eu l'honneur d'avoir avec le Roi, il lui avait laissé voir que son opinion était que le prince d'Orange à la tête de la Belgique simplifierait beaucoup de difficultés. Interrogé sur cela par ces Messieurs, je leur ai dit que toute discussion sur le fond des affaires de la Belgique était prématurée, et qu'il fallait avant tout savoir comment la proposition de l'armistice qui avait été faite [1] serait

---

[1] Voir protocole n° 1 de la Conférence de Londres du 4 novembre 1830 sur les affaires de Belgique. — Armistice.

Ce protocole est tout entier de la main de Talleyrand.

Le Gouvernement provisoire de Belgique venait d'adhérer à la proposition des cinq Cours le 10 novembre.

L'adhésion des Pays-Bas est du 17 novembre.

reçue, sans quoi, l'on bâtirait sur du sable. Ces Messieurs ont trouvé raisonnable l'assurance que je demandais, et la discussion a été remise au lendemain. Cette conférence indiquée a eu lieu aujourd'hui à deux heures. J'ai pu y communiquer les deux premières lettres de M. Bresson, dont j'ai l'honneur de vous envoyer la copie, quoique je suppose qu'il vous les ait envoyées directement de Bruxelles. Il est probable que demain nous aurons quelque chose de positif de la part du Gouvernement provisoire. Lord Aberdeen n'avait encore rien reçu de M. Cartwright; il a avec lui un courrier qu'il suppose devoir lui être expédié dans la journée. Les communications de Londres à Bruxelles sont très promptes, car nos deux envoyés n'ont été que quarante-deux heures à s'y rendre.

La conférence d'aujourd'hui s'est passée presque tout entière en conversation générale. Les formes à employer pour faire marcher cette grande affaire en ont été le sujet dans l'hypothèse de l'acceptation ou de la non-acceptation de l'armistice.

A la fin de la conférence, tous les ministres m'ont fait l'éloge du discours de M. le général Sébastiani, dans lequel il a parlé de celui qu'a prononcé le Roi d'Angleterre à l'ouverture des Chambres.

Le Gouvernement s'occupe ici de présenter au Parlement des réformes considérables. Depuis deux jours sa situation paraît s'améliorer dans les Chambres. D'après tout ce qui me revient, la minorité dans la discussion de la proposition de M. Brougham sera moins forte qu'on ne pouvait le supposer. Du reste, rien n'est positif à cet égard, parce que la Chambre nouvelle est composée de beaucoup de membres dont on ne connaît pas encore l'opinion.

Dans les différentes communications que j'ai eues ces jours derniers avec les ministres étrangers, j'ai appris confidentiellement quelques nouvelles du continent que très probablement vous savez et que je crois à tout hasard bien faire de vous répéter.

Les efforts de M. de Metternich contre le système français se renouvellent dans toute l'Allemagne. A Munich, à Dresde, il a fait des tentatives qui ont eu peu de succès. A Dresde, le Prince royal leur a donné de la publicité. M. de Schulenburg, ministre de Saxe à Vienne, avait été envoyé par M. de Metternich comme porteur d'une lettre pour le Prince Régent; dans cette lettre, l'Empereur exprimait son mécontentement sur la conduite et particulièrement sur la douceur que le Gouvernement saxon avait montrée lors des mouvements populaires qui avaient eu lieu à Dresde. M. de Metternich s'y plaint hautement des institutions trop libérales qu'on a données à la Saxe. Le jour même où cette lettre a été remise, le Prince Régent a ôté à M. de Schulenburg sa mission de Vienne. Outre sa lettre adressée au Prince Régent, M. de Schulenburg avait reçu une mission secrète de la Cour d'Autriche pour le vieux Roi, que l'Empereur engageait à ne plus faire de nouvelles concessions et à revenir sur celles qu'il avait déjà faites, annonçant que s'il en avait besoin, il était tout prêt à lui envoyer sur la frontière des troupes pour qu'il pût s'en servir et en finir avec les partisans du nouveau système. Tout cela a été complètement refusé. Il faut croire que M. de Metternich n'aura pas plus de succès en Russie, quoiqu'il tâche d'y faire arriver les mêmes idées que celles qui gouvernent le cabinet de Vienne.

Madame la duchesse de Berry est toujours à Londres.

Je ne suis pas sûr que les instructions qui ont été données à MM. Cartwright et Bresson vous aient été envoyées ; dans tous les cas, j'ai l'honneur de vous en envoyer une copie.

Recevez, etc.

XXVI

TALLEYRAND AU MARÉCHAL MAISON

Londres, le 13 novembre 1830.

MONSIEUR LE MARÉCHAL,

Je reçois dans l'instant un premier document de Bruxelles. J'ai l'honneur de le faire passer à Votre Excellence par une occasion sûre. La personne qui le porte à Paris est trop près de son départ pour que j'aie le temps d'y rien ajouter. Le courrier d'après-demain vous dira l'effet de ces lettres sur la Conférence, où je vais les porter. J'espère que les nouvelles qui d'ici à trente-six heures nous parviendront de Bruxelles nous montreront les affaires plus avancées. On est content ici des commissaires que nous y avons envoyés.

Les craintes qu'on pouvait avoir sur la situation parlementaire et ministérielle du duc de Wellington s'affaiblissent. Son autorité sur la Chambre paraît se raffermir et lui préparer le succès dans la lutte de la semaine prochaine.

Le blocus annoncé par un décret du Roi de Hollande en date du 7 est, comme Votre Excellence l'aura remarqué, antérieur à la connaissance qu'il a dû avoir, depuis, de l'armistice proposé par les cinq grandes puissances, et ne fait rien préjuger sur la réponse qu'il aura faite plus tard. Il prouve seulement qu'à cette époque il y avait en lui une grande exaspération.

Le Gouvernement anglais, en accédant au blocus, n'a fait autre chose que suivre le principe qui le dirige toujours en circonstance semblable. Il n'y a de notre part aucune conséquence à en tirer. Nous ne pouvons avoir encore la réponse du Roi de Hollande à la proposition de l'armistice, elle ne peut arriver au plus tôt que demain, et même qu'après-demain.

Je reçois, dans le moment, une nouvelle lettre de M. Bresson. J'ai l'honneur de vous en envoyer la copie. Cette lettre motivera probablement un supplément d'instruction dont l'objet sera de ne pas laisser de malentendu sur les limites qui doivent être fixées par l'armistice.

M. Van de Weyer, envoyé ici par le Gouvernement provisoire de Belgique, n'a aucune proposition formelle à faire. Il voit souvent le prince d'Orange, qui, suivant son expression, dit que, parmi les mauvais, c'est le moins mauvais.

Je prie Votre Excellence de m'envoyer le plus tôt possible M. de Bacourt. J'en ai besoin, car je suis exactement tout seul ici.

J'ai l'honneur, etc.

XXVII

TALLEYRAND AU MARÉCHAL MAISON

Londres, le 15 novembre 1830.

MONSIEUR LE MARÉCHAL,

Les dépêches que vous m'avez fait l'honneur de m'écrire sous les dates des 8 et 12 du courant me sont parvenues ce matin. Avant-hier, dans la soirée, MM. Cartwright et Bresson nous étaient revenus de Bruxelles, et ils nous ont remis la réponse du Gouvernement provisoire dont je vous envoie copie. Vous remarquerez que les expressions qui donnaient d'abord à ce document un caractère de manifeste ont successi-

vement disparu devant les observations de nos commissaires. Les stipulations du protocole sont donc acceptées par le Gouvernement belge. Quant à l'observation
qui suit l'article 2 de la réponse, le rapport qui nous a
été adressé par MM. Cartwright et Bresson vous en
fera connaître la portée exacte ; vous verrez qu'elle n'a
point été admise à titre de restriction ou de condition,
mais comme simple opinion du Gouvernement provisoire sur une démarcation qu'il prétend incertaine ;
incertitude que les traités, les cartes et les traditions
auront bientôt dissipée, quand on arrivera à la discussion des limites. Nous avons été satisfaits des démarches et du compte rendu de nos commissaires, et le duc
de Wellington le leur a exprimé au nom des divers
membres de la Conférence.

Aujourd'hui nous attendons la réponse du Roi des
Pays-Bas. M. Bresson a expédié le 11 à notre ministre
à La Haye un courrier pour lui transmettre celle du
Gouvernement belge. Si cette réponse est conforme à
nos désirs et à notre attente, MM. Cartwright et
Bresson repartiront sur-le-champ pour Bruxelles.
Mais les instructions qu'ils recevront ne porteront que
sur les limites. L'armistice est l'état de choses que nous
devons assurer d'abord, et le point de départ que nous
prendrons. Les autres affaires de la Belgique viendront
successivement. J'ai disposé les esprits de manière à
les arrêter sur cette idée première. La question du
Prince, provisoirement ajournée, ne sera entamée
qu'après cette solution obtenue.

Les instructions de M. Bresson lui prescrivaient de repartir pour Londres aussitôt qu'il serait mis en possession de la réponse du Gouvernement belge. Les ordres que vous lui avez expédiés et que vous me faites connaître ne l'auront plus trouvé à Bruxelles.

De grandes difficultés peuvent naître de la condition mixte du grand-duché de Luxembourg, et je me conformerai aux instructions que vous me transmettez à cet égard. Il ne vous aura pas échappé que le Gouvernement provisoire, dans son premier projet de réponse, avait cherché à soulever cette question, et que tout ce qui s'y rapportait en a été écarté. Elle se représentera plus tard sans doute, et elle réclamera toute notre attention et les plus grands ménagements.

La tranquillité est aujourd'hui entièrement rétablie à Londres. Les esprits sont dans l'attente du résultat de la motion que doit faire demain M. Brougham sur la réforme parlementaire. La Chambre des communes n'a pas été essayée encore ; les opinions d'environ quatre-vingts membres nouveaux ne sont pas connues avec certitude, et les calculs varient d'une heure à l'autre. Il eût mieux valu que la déclaration trop nette du duc de Wellington qui a amené cette crise ministérielle n'eût pas été faite, ou du moins qu'elle ne l'eût pas été aujourd'hui. Il serait possible qu'il se retirât s'il n'obtenait qu'une majorité faible. Ce serait pour nos affaires, pour le Roi d'Angleterre lui-même qui s'en est remis à lui et à M. Peel de la défense des intérêts de sa liste civile, un embarras nouveau et une complication inattendue qui arriverait fort mal à propos.

M. Ouvrard est l'agent principal des opérations à la baisse. Il trouve son appui à Londres dans la maison Ricardo. MM. de Rothschild n'y sont pour rien ; leur intérêt y est contraire. MM. Baring ne s'engagent point dans les spéculations hasardeuses de la Bourse. Je saurai par eux les opérations financières qui pourraient affecter notre propre crédit, et je vous les ferai connaître. On dit que M. de Vitrolles est dans les spéculations de M. Ouvrard.

Je vous offre mes remerciements de l'avis que vous me donnez sur le départ présumé du sieur Maubreuil pour Londres. J'en ai fait passer l'avis à la police.

Recevez, etc.

P. S. — Lord Aberdeen a des nouvelles de l'ambassadeur d'Angleterre à La Haye ; il avait reçu la communication de la réponse du Gouvernement belge au protocole. Le Gouvernement hollandais paraît avoir surmonté la première terreur qui l'avait porté à solliciter le secours des puissances. L'armée s'organise et se recrute. Il ne se montrera peut-être pas aussi facile qu'on pouvait s'y attendre sur la proposition de l'armistice. Il a vu dans l'observation qui suit l'article 2 de la réponse une prétention de limites qu'il n'est pas disposé à admettre [1].

---

[1] L'article 2 du protocole du 4 novembre avait tracé une première

Je vous engage à voir M. Fagel et à lui représenter combien il est important que nous ne rencontrions pas de difficultés du côté de la Hollande.

M. de Falck ne m'a pas fait savoir encore s'il avait reçu des dépêches de sa Cour.

XXVIII

TALLEYRAND AU MARÉCHAL MAISON

Londres, le 16 novembre 1830.

MONSIEUR LE MARÉCHAL,

Le duc de Wellington et ses collègues ont donné aujourd'hui leur démission, qui a été acceptée par le Roi. Une majorité de 29 voix sur 437 votants s'était déclarée hier soir contre eux, dans la Chambre des communes, sur une question relative à la liste civile. Il s'agissait de décider si elle serait référée à un comité spécial. L'administration s'y opposait comme contraire aux précédents établis.

Les ministres ont mieux aimé se retirer devant cette première manifestation des dispositions hostiles de la Chambre que d'attendre la discussion de la proposition de M. Brougham, leur défaite ne pouvant plus être dou-

ligne de démarcation qui mettait les Belges en possession de la citadelle d'Anvers, etc.

teuse. Le duc de Wellington, dans la Chambre des pairs, et sir Robert Peel, dans la Chambre des communes, ont annoncé que le ministère qui ne se croyait plus sûr de l'appui du Parlement donnait sa démission, mais qu'il conservait les affaires, afin de ne pas en interrompre le cours, jusqu'à ce que le Roi eût choisi son successeur. Cette communication a été reçue sans aucune manifestation de joie ou de regret. Lord Grey, lord Spencer ou le duc de Richmond seront, dit-on, chargés de former une nouvelle administration dont la couleur appartiendra au parti whig modéré.

La question de la régence a été soumise hier par le lord chancelier à la Chambre haute ; la duchesse de Kent sera seule régente, et la jeune princesse, reine à dix-huit ans. Suivant le projet, il n'y a point de conseil de régence. On est satisfait généralement de cette disposition.

La motion de M. Brougham sur la réforme parlementaire est remise au 25.

Nous avons eu aujourd'hui sur les affaires de Belgique une conférence où le duc de Wellington ne s'est point trouvé. L'ambassadeur des Pays-Bas nous a communiqué une modification aux limites du protocole de la part de son Gouvernement. Ces limites sont trop avantageuses à la Hollande et trop peu à la Belgique. Nos commissaires, qui repartent demain, seront autorisés à les mettre en avant, mais sans obligation de s'y tenir. Au reste, nous devons nous réunir avant leur départ pour convenir définitivement de leurs instructions, et je vous en écrirai demain avec plus de certitude.

Recevez, etc.

P. S. — On me dit, dans le moment, que lord Grey était chargé positivement de former le ministère.

Je vous prie, pour les choses importantes que vous auriez à me faire savoir comme pour celles que j'aurais à vous mander, de rétablir la voie télégraphique que j'ai sollicitée en vain depuis trois mois.

L'échec éprouvé par le ministère a fait baisser aujourd'hui les fonds de 1 1/2.

Comme M. Bresson peut être retenu plusieurs jours à Bruxelles, je vous prie de faire partir immédiatement M. de Bacourt.

XXIX

TALLEYRAND AU MARÉCHAL MAISON

Londres, le 18 novembre 1830.

Monsieur le Maréchal,

Les nouvelles combinaisons ministérielles ne sont pas encore arrivées à un dénouement. Ainsi que j'ai eu l'honneur de vous le mander dans ma dépêche précédente, lord Grey est seul chargé par le Roi de com-

poser l'administration. Ses pouvoirs s'étendent jusqu'aux grandes charges de la maison du Roi, dont les
titulaires actuels ont tous donné leur démission, à
l'exception du duc de Buckingham. Mais les éléments
qui se sont réunis pour renverser l'administration du
duc de Wellington, et qui doivent conséquemment
entrer dans la formation de la nouvelle, sont de nature
diverse et opposée. C'est un ministère de coalition
qu'il faut faire sortir de la situation du moment, et une
combinaison de ce genre est, on peut à peu près le
dire, nouvelle pour le pays.

Le duc de Wellington succombe sous une alliance
subite et inattendue, formée entre le parti *whig*, une
fraction du parti *whig-tory*, et le parti *canningite*.
Cette dernière désignation s'applique à ceux des amis
de M. Canning qui sont restés fidèles à ses principes et
à sa mémoire. Lord Grey représente la première
dénomination dans le cabinet. L'on suppose que le duc
de Richmond exigera que la seconde y soit représentée,
et lord Palmerston y sera l'expression de la troisième.
Mais une administration nouvelle ne se constitue pas
ici avant que les principes qui la dirigeront et les
mesures principales qu'elle défendra soient convenus
et bien arrêtés; de là des délais et des difficultés.

Pour n'en citer qu'une, il est évident que la chute du
duc de Wellington est surtout la conséquence de sa
déclaration trop explicite contre toute réforme parlementaire. L'on n'a pas cru que l'opinion publique pût
être aujourd'hui aussi directement heurtée sur ce point

sans quelque danger. Il faut donc croire qu'une réforme parlementaire partielle devra devenir l'une des mesures du nouveau cabinet. Or (et dans ce pays l'on capitule rarement avec les principes politiques que l'on a une fois professés, et l'on n'y pardonne guère une désertion de parti) l'un des principes de l'administration de M. Canning était une opposition prononcée, positive, à toute réforme parlementaire. Ses amis s'attacheront-ils à cette doctrine dans toute son exclusion? S'ils composent avec la nécessité des circonstances, ils reproduiront l'exemple du duc de Wellington et de sir Robert Peel dans la question de l'émancipation catholique. Leur conduite alors sépara d'eux leurs anciens et constants amis politiques; elle leur en amena, il est vrai, de nouveaux; mais ceux-ci viennent de prouver que leur fidélité n'était que conditionnelle.

Les fonds ont hier encore éprouvé une baisse de 1 pour 100. Ce pays, depuis la révolution de 1688, a été tellement accoutumé au gouvernement des torys; les intervalles de l'administration des whigs ont été si courts, et j'ajouterai, marqués par si peu de succès, que la confiance de la majorité des gens qui comptent par leur position et leurs intérêts ne va pas au-devant d'eux. Le *Times,* qui a été si longtemps l'organe de leur parti et qui se montre déjà disposé à les soutenir, contient ce matin, à l'article marqué *City,* c'est-à-dire à l'article qui rend compte des impressions du quartier de Londres où se font les opérations financières et commerciales, une réflexion remarquable que je vous

citerai tout entière : « Les sentiments ne sont pas très
« favorables à un ministère whig, en tant que whig,
« parce que les hommes de ce parti n'ont pas la répu-
« tation d'affaires à laquelle on attache ici un si grand
« prix; mais l'on ne voit pas trop quelle autre alter-
« native reste. Tous les gens pratiques sont d'opinion
« qu'un ministère ne pouvait être appelé au gouver-
« nail à une époque de plus grandes difficultés. »

Voilà où en est en ce moment la question ministérielle. Vous jugerez, Monsieur le Maréchal, que sa
solution peut encore se faire attendre.

Je désire que, dans la composition du ministère, il
y ait un homme de poids, parce que l'Europe en a
besoin, et le poids d'un homme d'État dans ce pays-ci
se compose de sa situation sociale, de ses services de
plusieurs genres envers son pays, de sa fortune et de
sa réputation au dehors. Lord Grey a plusieurs de ces
avantages. Ce que j'observe là renferme l'esprit de
plusieurs journaux du matin. Les noms qui sont aujour-
d'hui, à quatre heures du soir, dans la bouche de tout
le monde, c'est lord Grey, premier ministre; M. de
Lansdowne, ministre des affaires étrangères; lord Holland, président du Conseil; lord Palmerston remplça-
çant M. Peel; M. Grant, chancelier de l'Échiquier.
L'on n'est pas sûr de pouvoir s'entendre pour la nomination d'un chancelier. La charge serait alors provisoirement exercée par l'un des hauts officiers judi-
ciaires.

Je ne pense pas que nos rapports avec l'Angleterre

doivent être affectés matériellement par le changement survenu. Nous étions bien avec le ministère qui se retire; et, quand on est bien, il ne faut pas trop céder à la pensée du mieux. Je crois que dans sa politique extérieure l'administration nouvelle adoptera à peu près les principes de l'ancienne. Il peut y avoir pour nous un avantage : ce que nous ferons de concert avec elle, fût-ce même exactement ce que nous aurions fait avec l'autre, sera probablement vu avec plus de prédilection en France. L'on parle, pour remplacer lord Stuart à Paris, de lord Granville ou de M. Frédéric Lamb.

Vous trouverez jointe à cette dépêche copie d'une lettre (n° 1) adressée par les plénipotentiaires des cinq grandes puissances à nos commissaires MM. Cartwright et Bresson, de deux protocoles (n°ˢ 2 et 3) de notre conférence du 17 novembre, l'un patent et l'autre secret, et de la réponse de Sa Majesté le Roi des Pays-Bas au protocole du 4 novembre [1].

J'ai eu l'honneur de vous envoyer (dépêche n° 33) [2] copie de la réponse du Gouvernement provisoire belge à ce même protocole et du rapport de nos commissaires à leur retour à Londres. L'ambassadeur des Pays-Bas leur a remis des observations confidentielles sur les limites; je vous les adresse également, pour que

---

[1] Voir ces deux protocoles n°ˢ 2 et 3 de la Conférence de Londres du 16 novembre 1830 sur les affaires de Belgique. (*Collection de Clercq, — Recueil des traités de la France,* — t. III, p. 587.)

[2] Voir dépêche du 15 novembre 1830.

vous ayez sous les yeux l'ensemble des documents qui appartiennent à cette importante négociation. Vous remarquerez que dans le protocole patent, nous prenons pour point de départ une acceptation pure et simple des deux parties, sans nous arrêter ni aux observations du Roi des Pays-Bas, qui n'aurait pas mieux demandé que de susciter des difficultés, ni à celle du Gouvernement provisoire belge, qui est contradictoire et tombe d'elle-même. L'instruction, donnée à nos commissaires par le protocole secret, de chercher à obtenir la limite demandée par le Roi de Hollande, est une satisfaction qu'on lui donne; mais comme il y aura très certaine-ment des objections, c'est à la base du protocole du 4 novembre qu'ils devront revenir et s'attacher. Il ne s'agit pas effectivement d'une démarcation définitive; elle n'est pas plus préjugée par l'armistice que les autres questions qui naissent des événements de la Belgique. Il s'agit de prendre de part et d'autre une position provisoire. Le but de l'armistice est d'arrêter les désordres et les malheurs, et de donner aux passions le temps de se calmer. Lorsqu'on traitera de la sépara-tion des deux pays, l'on devra alors peser davantage les convenances des Gouvernements et les prédilections des peuples.

Nos commissaires ne sont point autorisés à laisser entrevoir, d'une manière officielle, au Gouvernement ou au Congrès belge, les désirs des puissances sur une constitution future ou le choix d'un souverain pour la Belgique. Comme individus, ils exprimeront avec

mesure leur opinion, et, dans des conversations particulières, ils parleront dans le sens de votre dépêche du
6 novembre, qui m'a fourni les moyens de donner une
instruction confidentielle à M. Bresson et dont son
collègue n'a point connaissance.

Relativement à la question du grand-duché de
Luxembourg, j'ai fait apercevoir à l'ambassadeur d'Autriche et au ministre de Prusse le danger qu'il y aurait
à appliquer au grand-duché, trop précipitamment et
sans des provocations flagrantes de la part des Belges,
la résolution de la Diète du 28 octobre dernier. Ils ont
compris mes raisonnements, et ils en écriront à leurs
Cours. D'un autre côté, nos commissaires devront au
besoin avertir les Belges du danger où ils se précipi-
teraient en intervenant dans l'administration intérieure
d'un État de la Confédération germanique, sur lequel
ils n'ont aucune espèce de droits à faire valoir. Ainsi,
je puis vous donner l'assurance que les instructions de
votre dépêche du 12 novembre [1] sont, sur cet objet,
remplies conformément à vos désirs.

[1] Voici ces instructions :

« 12 novembre 1830.

« PRINCE,

« Les événements du grand-duché de Luxembourg ont jeté dans
la question belge des complications qui doivent fixer notre attention,
et que vient encore d'augmenter une résolution votée par la Diète
germanique dans sa séance du 28 octobre, et à laquelle ont unanimement adhéré tous les États de la Confédération.

« Cette décision est une modification de l'article 26 de l'acte final
de Vienne, ou pour mieux dire une importante addition à cet article.

« L'article 26 a réglé que lorsque le Gouvernement d'un État

M. Bresson part ce soir. Il vous porte cette dépêche jusqu'à Calais. Je l'ai autorisé à y prendre Delcuze fils,

confédéré, dans lequel des troubles ou même une révolte effective ont éclaté, demande l'assistance de la Confédération, la Diète est tenue de lui faire porter les secours les plus prompts. Cette assemblée, d'ailleurs, n'en prendrait pas moins de semblables mesures, si le Gouvernement en question se trouvait dans l'impossibilité ou de réprimer la révolte par ses propres forces ou de réclamer l'assistance de la Diète.

« Or, cette assemblée prenant en considération les empêchements que la rapidité des événements, et la distance où plusieurs États confédérés se trouvent du siège de la Diète, pourraient mettre à ce que les secours de la Confédération arrivassent à temps sur les points où leur emploi serait nécessaire, a décidé qu'un État qui aurait besoin d'assistance pourra, même sans une résolution fédérale préalable, réclamer et obtenir des secours d'un ou de plusieurs États voisins. Il suffira qu'en pareil cas le Gouvernement qui accorde et celui qui reçoit le secours fassent ensuite à la Diète les notifications nécessaires pour qu'elle puisse prendre l'attitude conforme aux constitutions fédérales.

« Il m'a paru important, Prince, que vous eussiez avis de cette résolution, afin qu'appréciant le danger d'une action immédiate des Prussiens sur le grand-duché de Luxembourg, où vous savez que les Belges ont établi des troupes et organisé un centre d'administration, vous puissiez parler et agir dans le sens le plus propre à nous préserver de la réalisation d'une pareille éventualité, qui, si elle venait à se présenter, pourrait entraver de la manière la plus fâcheuse les vues de conciliation que les grandes puissances se sont proposées dans la question belge.

« Vous jugerez, en effet, qu'au moyen de cet arrêté de la Diète, un État de la Confédération peut faire marcher des troupes au secours de ses co-États, sans attendre l'avis ou l'autorisation de la Diète, qui se contenterait en pareil cas d'être informée du mouvement après son exécution. C'est un point sur lequel vous voudrez bien appeler l'attention des ministres anglais et des envoyés de Prusse et d'Autriche, en leur faisant envisager les graves conséquences que pourrait entraîner un mouvement rapide et inattendu de ce genre dans le grand-duché de Luxembourg. Vous direz qu'en général on

courrier surnuméraire, qui lui servira pour l'envoi de
ses dépêches de Bruxelles à la frontière de France.

n'a que trop lieu de croire qu'une détermination comme celle dont
il s'agit n'a pas été prise sans qu'on y ait au moins rattaché la
pensée que le cas d'en faire usage pouvait se présenter d'un instant
à l'autre; mais qu'une mesure de ce genre ne saurait être trop
mûrement réfléchie, et que nous aimons à penser que cette grave
considération ne sera pas perdue de vue.

« Vous vous efforcerez, Prince, d'obtenir que les ministres anglais
parlent aussi dans ce sens aux envoyés de Prusse et d'Autriche,
qu'il soit même enjoint le plus tôt possible au ministre d'Angleterre
à Berlin d'appuyer les représentations confidentielles que je charge
le baron Mortier de faire, sur le même sujet, au cabinet prussien.
Vous jugerez, d'ailleurs, bien que la question sorte tout à fait de
l'objet principal des conférences, si, d'après les dispositions d l'envoyé de Russie, vous n'auriez pas à lui faire une semblable communication et même à lui demander d'unir ses efforts aux vôtres
tant auprès du ministère anglais qu'auprès des envoyés de Prusse
et d'Autriche.

« Je viens également d'en entretenir M. de Werther, et j'ai vu
avec plaisir qu'il portait dans l'examen de cette délicate question un
louable esprit de conciliation et de prudence. J'aurais quelque lieu
de croire, d'après ce qu'il m'a dit, que si le cas auquel s'applique la
résolution de la Diète venait à se présenter par rapport au grand-
duché de Luxembourg, c'est-à-dire si le Roi des Pays-Bas réclamait
l'assistance de la Prusse pour le rétablissement de son autorité dans
ce pays, le cabinet de Berlin n'agirait qu'avec beaucoup de circonspection et avec assez de lenteur pour donner aux Belges le temps
de réfléchir sur leurs actes au sujet du Luxembourg, et de prévenir
ainsi les conséquences d'une pareille intervention. De mon côté, et
vous pourrez le dire confidentiellement à lord Aberdeen, j'ai invité
M. Bresson à profiter de ses communications avec les chefs du Gouvernement établi à Bruxelles, et avec les personnages influents du
nouvel ordre de choses, pour leur adresser des conseils en ce sens
et leur faire sentir la gravité des complications auxquelles ils s'ex-
poseraient si des hostilités venaient à éclater dans le grand duché de
Luxembourg entre eux et des troupes prussiennes, ou toutes autres
troupes de la Confédération germanique. »

6

M. Cartwright emmène un courrier de cabinet anglais pour les communications avec La Haye. M. Bresson sera dimanche, dans la matinée, à Bruxelles. Conformément à vos ordres, il correspondra avec vous. Il se mettra également en rapport avec la légation du Roi à La Haye. Aussitôt qu'il aura rempli sa mission, il reviendra à Londres. Les plénipotentiaires pensent qu'il ne serait pas convenable que les commissaires prolongeassent leur séjour en Belgique, dans un autre but que celui pour lequel ils y sont envoyés. Si vous désiriez donc avoir sur les lieux une personne qui pût vous transmettre des informations sur les mouvements des partis, vous ne devriez pas arrêter votre pensée sur M. Bresson; mais vous pourriez envoyer un agent secret, qui serait assez homme du monde, de voyage et de curiosité, pour que son apparition à Bruxelles n'étonnât pas trop.

Je vous redemande encore M. de Bacourt, qui me serait ici très utile.

Recevez, etc.

P. S. — Vous remarquerez que nous avons voulu laisser signer M. Falck dans le protocole *secret,* parce qu'il y est dit que si les observations du Roi de Hollande, qui certainement ne seraient pas acceptées, étaient *de plano* rejetées, cela n'arrêterait en aucune manière la négociation, parce qu'ils avaient le pouvoir de passer outre.

XXX

TALLEYRAND AU MARÉCHAL MAISON

Londres, le 19 novembre 1830.

MONSIEUR LE MARÉCHAL,

J'ai recommandé à M. Bresson de correspondre journalièrement avec vous; de cette manière vous serez exactement informé de la marche de sa mission. Vous aurez remarqué que dans la dépêche télégraphique de Lille, publiée à Paris, l'article concernant les limites était inexact. On y regarde comme décidée une question qui est encore indécise. Elle a été comprise par les Belges dans un sens qui leur est plus favorable que ne sont les cartes anciennes, tandis qu'elle n'a été reçue par les commissaires que comme simple observation. Le principe de l'armistice est que les troupes respectives devront se retirer derrière la ligne de frontières qui, avant la Révolution, séparait les Provinces-Unies des Pays-Bas de la Belgique. Cette base, seule fondée, est aussi la seule qui écarte toute difficulté, et nous en avons assuré l'adoption en remettant à nos commissaires des cartes antérieures à l'époque où la Belgique et la Hollande ont été réunies.

Je vous ai mandé dans ma dernière dépêche le nouveau protocole que nous avons arrêté dans la nuit

d'avant-hier et dans la conférence de la journée suivante. J'ai tâché de faire partager mon empressement
aux autres ministres. Il était motivé sur le désir que
j'avais que l'affaire fût assez engagée pour nous assurer
que les ministres nouveaux seraient obligés d'entrer
dans la voie que nous leur avions ouverte. Mon projet
est de leur demander, au moment où ils prendront leurs
portefeuilles, de recevoir comme bien préparé et bien
fait tout ce qui a été résolu dans les conférences sur la
Belgique et d'en faire eux-mêmes la déclaration dans
une des premières occasions qui se présentera. Cela
aura une grande influence sur les délibérations qui
seront prises subséquemment par les Belges. Je les
presserai beaucoup à cet égard, parce que je crois que
cela est essentiel.

Une des difficultés que nous rencontrons, c'est que
quelques personnes comptent trop les Belges et d'autres
trop le Roi de Hollande. C'est tout en cherchant à
favoriser les Belges, qu'entre ces deux intérêts nous
chercherons à marcher.

Le ministère est définitivement composé :

Lord Grey, *Premier Lord de la Trésorerie;*

Lord Palmerston, *Affaires étrangères;*

Lord Melbourne, *Intérieur;*

Lord Goderich, *Guerre et colonies;*

Lord Althorp, *Contrôle;*

Lord Lansdowne, *Président du Conseil;*

Lord Durham, *Sceau privé* (il est gendre de lord
Grey);

M. Brougham, *Chancelier;*

Lord Holland, *Chancelier à Lancastre;*

Duc de Richmond, *Grand maître de l'artillerie;*

Lord Auckland, *Commerce, sans entrée dans le Cabinet.*

Ces choix-là, et quelques autres que je ne sais pas encore, seront annoncés demain. Jamais ministère n'aura été composé plus vite; celui de M. Canning a duré vingt-quatre jours à se former; et comme j'ai eu l'honneur de vous le dire, il est composé des trois éléments qui ont renversé le ministère précédent.

J'aurai l'honneur de répondre, dans ma première dépêche, aux articles qui concernent la Grèce dans celle que j'ai reçue ce matin.

Recevez, etc.

XXXI

TALLEYRAND AU MARÉCHAL MAISON

Londres, le 20 novembre 1830.

Monsieur le Maréchal,

Les choses ici sont encore dans le même état. M. Brougham fait quelques difficultés pour accepter la chancellerie; le ministère sera, à ce que l'on dit, définitivement organisé dans la journée. Si cependant

quelque changement survenait, je vous le manderais
avant de fermer ma lettre.

Vous m'avez paru désirer savoir ce qui me revien-
drait ici des dispositions du cabinet de Berlin, pour
comparer ce qui m'arrive indirectement avec ce qui
vous est officiellement écrit. L'Autriche continue à
souffler la discorde en Allemagne; elle espère par là
obliger l'armée fédérale à se mettre en mouvement ou
au moins au complet; elle cherche un prétexte pour
porter son armée sur un point ou sur un autre.

M. de Metternich, loin de regretter de n'avoir pas
fait quelques sacrifices à l'esprit du temps, est fâché de
ne pas l'avoir comprimé davantage; il n'y renonce point
encore. La Russie serait bien près d'être dans la même
disposition; elle fait, et c'est sûr, des armements considérables. Le général Diebitsch se flatte d'en avoir le
commandement; il est toujours à Berlin, essayant, à
l'aide des intrigues autrichiennes, du Prince royal et de
M. Ancillon, de détruire le crédit de M. de Bernstorff
et d'entraîner le Roi à l'intervention armée que désirerait vivement, quoique secrètement, le Roi de Hollande. Dans cet état de choses, on se demande si le
changement arrivé ici dans le ministère rendra les
cours du Nord plus souples ou plus difficiles. Se croiront-elles capables d'engager la lutte avec un ministère
whig, qu'elles n'auront pas l'espoir d'entraîner; ou
bien se croiront-elles obligées de se préparer davantage? Deviendront-elles plus soupçonneuses, plus irri-
tables? Se croiront-elles enfin arrivées au point de

jouer le tout pour le tout? Je ne le crois pas; mais l'on ne sera sûr de rien avant le retour des courriers expédiés depuis vingt-quatre heures sur tous les points du globe.

Je suppose que vous vous êtes arrangé pour être instruit de la première impression qu'aura faite la nouvelle du changement du ministère anglais sur tous les cabinets.

Recevez, etc.

P. S. — M. Brougham a décidément accepté; ainsi il est Lord chancelier; le marquis de Wellesley remplace le duc de Buckingham comme Lord High Steward de la maison du Roi. Il est probable que c'est lord Granville qui remplacera lord Stuart; mais rien n'est encore fait à cet égard. C'est demain ou au plus tard après-demain que le nouveau ministère doit être présenté au Roi.

XXXII

TALLEYRAND AU MARÉCHAL MAISON

Londres, le 22 novembre 1830.

MONSIEUR LE MARÉCHAL,

Les anciens ministres anglais ont été appelés aujourd'hui chez le Roi pour y remettre le sceau de leurs

différentes secrétaireries d'État; ainsi demain les nouveaux ministres entrent en fonction.

J'ai reçu ce matin la dépêche du **16**, dans laquelle
vous traitez des différentes questions que doit naturellement soulever l'état actuel des choses en Belgique;
je l'ai lue avec une grande attention [1].

Dans les entretiens que nous avons eus ici au sujet

[1]   « 16 novembre 1830.

« Prince,

« Au moment où la Conférence de Londres, appelée à traiter à
fond la question si grave et si compliquée des Pays-Bas, va l'examiner sous ses différents aspects, il serait intéressant pour nous de
connaître les idées et les vues qu'a pu se former le cabinet anglais
sur les arrangements à proposer aux Belges pour l'organisation politique de leur nouvel État, et surtout sur ceux dont il serait possible
d'obtenir la ratification par les puissances. Ce problème déjà si
difficile en soi se complique encore de la nécessité dont il est pour
nous que ces arrangements, quels qu'ils soient, ne blessent en rien
nos intérêts actuels et futurs.

« Afin de vous mettre à portée d'aborder ce sujet dans vos entretiens avec le duc de Wellington et lord Aberdeen, je crois devoir
jeter ici quelques aperçus sur l'état actuel des choses en Belgique; je
parlerai d'abord de deux questions principales : celles de la *séparation* et de la *souveraineté*.

« Nous avons établi comme base de la négociation la séparation,
déjà presque entièrement effectuée, de la Belgique et de la Hollande ;
mais ici se rencontre déjà une grave difficulté. Le Roi des Pays-Bas
ne veut point de cette séparation, et pour le déterminer à y consentir,
il n'y a que l'emploi de la force ou la voie des négociations. Le premier moyen serait contraire au principe que nous-mêmes avons posé
et dont nous ne pourrions nous départir; il le serait sans doute aussi
aux intentions des puissances ; il ne doit pas être employé. D'un
autre côté, si on en vient à des négociations, le meilleur moyen d'en
assurer le succès serait de trouver quelques compensations à offrir
au Roi des Pays-Bas pour la perte des provinces belges ; mais je n'en
vois nulle part les éléments. Il faudrait au moins, à défaut de ce

des affaires de ce pays, tous les ministres qui composent
la Conférence ont été d'avis qu'il fallait ne s'occuper

moyen, rendre les cabinets unanimes dans leurs exigences envers le
Roi des Pays-Bas, et ce résultat paraît fort douteux.

« On ne pourrait guère se flatter de l'obtenir facilement qu'en
décidant les Belges à accepter le prince d'Orange pour Roi. Cette
élection paralyserait, dans l'intérieur des cabinets étrangers, le
parti qui pousse imprudemment à la guerre, et particulièrement en
Russie où le choix du prince d'Orange est, dit-on, le seul qui puisse
obtenir le suffrage de l'Empereur Nicolas. Le Roi des Pays-Bas y
serait, à la vérité, d'autant plus opposé, qu'outre son peu d'affection
pour le prince, il paraît persuadé que si les efforts qu'il fait pour
rendre impossible la conservation de la paix venaient à réussir, le
résultat de la guerre serait pour lui, d'abord le recouvrement de la
Belgique, et en outre une nouvelle acquisition de territoire aux
dépens de la France. Je n'examine point ce qu'il y a d'illusoire dans
un semblable calcul, c'est un fait que je me borne à signaler. Mais
je suis loin de le regarder comme l'obstacle le plus grave dans la
question qu'il s'agit de résoudre. Assurément si le prince d'Orange
était élu par les Belges, il serait aisé d'amener les puissances à
exiger d'un commun accord la ratification du Roi son père. Malheureusement, et bien que le prince eût conservé quelques espérances
quant au Congrès qui devait s'ouvrir à Bruxelles, la composition de
cette assemblée semble lui laisser peu de chances d'élection. La sta-
tistique du Congrès national belge offre plus d'un trait de ressem-
blance avec celle du Congrès de 1790, sous Vandernoot et van Eupen ;
aujourd'hui comme à cette époque, il se compose en grande partie
de l'aristocratie et du clergé du pays. On dit même que le clergé
forme plus d'un quart du nombre de ses membres ; ce qui paraîtrait
de nature à rendre fort difficile le choix d'un prince protestant. On
prétend même que les ecclésiastiques, repoussant la Maison de Nassau
tout entière, ne veulent ni du prince d'Orange, ni même de son fils,
que quelques personnes s'étaient flattées de pouvoir faire proclamer
sous la régence d'un Belge marquant, tel que le comte Félix de
Mérode, membre du Gouvernement provisoire, et auquel on suppose
assez d'influence pour être élu grand-duc héréditaire de Belgique,
peut-être même Roi.

« Cet état de choses qui, s'il écarte réellement le prince d'Orange

encore que de l'acceptation définitive de l'armistice. A
présent, tout l'avenir est trop vague dans leur esprit
et même son fils, rend l'accord des puissances déjà si difficile, semble
y créer de nouveaux obstacles par les limites étroites dans lesquelles
il circonscrit le choix de tout autre prince, car il ne serait guère
moins impossible d'obtenir celui d'un prince protestant quelconque ;
et dès lors il faudrait se renfermer dans le cercle peu nombreux des
princes catholiques. Je n'ai pas besoin de dire que, d'avance, le Roi
serait fermement et sincèrement décidé à n'accueillir l'expression
d'aucun vœu ni d'aucune demande en faveur d'un des princes, ses
fils. C'est une idée à laquelle il ne faut pas même s'arrêter, et il en
doit être de même pour les archiducs d'Autriche ou tout autre prince
des familles souveraines des grandes puissances. Il ne reste donc
que les familles de Naples, de Saxe et de Bavière où un choix pourrait être fait. La France n'y verrait pas d'objection, et il ne semble
pas qu'aucun autre Gouvernement eût à en élever. Mais la famille de
Naples n'est point assez populaire pour qu'on doive espérer de voir
les Belges porter leurs suffrages sur le prince Charles-Ferdinand,
qui est âgé de dix-neuf ans et dont on parle avec éloge. Il n'y aurait
donc qu'à choisir entre le prince Jean de Saxe, neveu du Roi Antoine,
le prince Othon de Bavière, qui a quinze ans, et le comte Félix de
Mérode, soit comme régent, soit comme grand-duc héréditaire.

« Cet aperçu n'est point satisfaisant, et néanmoins, en supposant
la question de la souveraineté résolue à la satisfaction commune des
grandes puissances, il en resterait encore une assez délicate à
aplanir ; je veux parler de l'arrangement de limites qu'il y aurait à
combiner entre la Belgique et la Hollande. Ici s'offrent naturellement des difficultés dans l'examen desquelles je crois devoir entrer.
La démarcation que la Conférence de Londres a tracée dans sa proposition d'armistice aux Belges, a pour eux le précieux avantage de
les mettre en possession de la citadelle d'Anvers, mais en même
temps le Roi des Pays-Bas doit conserver Maëstricht, Stephenswerdt
et Venloo, c'est-à-dire la ligne de la basse Meuse, qui couvre la Belgique contre une attaque du côté de l'Allemagne, et dont la population se rattache à la Belgique par ses mœurs, ses habitudes et ses
opinions, quoiqu'elle fît autrefois partie de la Hollande. Il paraîtrait
même que les villes de Breda, de Bois-le-Duc et du Brabant hollandais éprouvent les mêmes sympathies pour les Belges, et que c'est

pour qu'ils s'en occupent, et ce n'est qu'après avoir reçu de nos commissaires des renseignements positifs avec ces derniers plutôt qu'avec la Hollande qu'ils sont disposés à s'unir.

« Quant à la portion de la Belgique qui se trouve sur la rive droite de la Meuse et qui faisait autrefois partie des Pays-Bas autrichiens ou de la province de Liège, c'est-à-dire Rivemonde, Verviers, Luxembourg, etc., les habitants y sont entièrement Belges, et l'on a même lieu de croire qu'ils ont déjà envoyé leurs députés au Congrès de Bruxelles.

« Enfin la population de la partie la plus méridionale de la rive droite de la Meuse est encore plus belge que partout ailleurs. Ces contrées sont les duchés de Bouillon, de Luxembourg, les anciennes abbayes de Saint-Hubert, de Stavelot, de Malmedy, etc., et il ne faut pas perdre de vue que parmi ces contrées le grand-duché de Luxembourg a été incorporé à la Confédération germanique, et que la forteresse de Luxembourg est, à titre de place fédérale, occupée depuis quinze ans par une garnison prussienne. Or, il est aisé de concevoir les difficultés qui se présenteront soit pour réunir ces pays au nouvel État belge, soit pour les maintenir sous la domination du souverain de la Hollande, et y rétablir son autorité, partout annulée, excepté à Luxembourg où elle est nominalement conservée par la garnison prussienne. Il est d'ailleurs utile pour nous d'aviser d'avance à ces difficultés et à leur solution. Car une fois que le prince d'Orange ou tout autre prince à notre convenance serait reconnu souverain de la Belgique, nous devrions contribuer autant qu'il serait en nous à les aplanir dans l'intérêt de la paix, et nous aurions seulement à veiller, dans notre intérêt particulier, à ce que l'occupation prussienne fût restreinte, comme elle l'est déjà, à la seule forteresse de Luxembourg.

« La question la plus essentielle pour le moment est au surplus, comme je l'ai dit précédemment, celle du choix du souverain de la Belgique, et surtout de savoir si cette souveraineté pourra être déférée au prince d'Orange.

« Les considérations de diverse nature dans lesquelles je viens d'entrer sont, comme vous le voyez, purement hypothétiques. Mais j'ai cru devoir, Prince, vous présenter quelques données d'où vous pourriez partir pour sonder avec précaution, en évitant de trop

sur les différents partis qui se sont formés dans le
Congrès national, que nous aborderons les grandes
questions que vous traitez dans votre dépêche du 16.
Je trouverais au moins inutile de dire, dans les conférences, mon opinion avant que les autres ministres
soient disposés à me dire la leur. Dans les conversations, chacun se tâte et en reste là.

Nous attendons, mercredi **24**, des lettres de nos
commissaires. Le commissaire français vous écrira
directement, et lorsque nous aurons de ses nouvelles,
je presserai ici pour qu'on reprenne les conférences.
Nous y entrerons plus avant dans les affaires de la
Belgique; c'est alors que je pourrai me servir utilement
des excellents documents que vous m'avez envoyés.

Recevez, etc.

appuyer sur des sujets dont la discussion ne serait pas sans inconvénient, quelles peuvent être les idées et les vues du cabinet de
Londres sur les points les plus importants de la question belge et
sur les arrangements à faire pour en obtenir la solution. Toutes les
combinaisons auront certainement leurs difficultés; l'essentiel, s'il
n'est pas possible d'arriver à ce qu'il y aurait de mieux, est de parvenir à des arrangements qui, praticables en eux-mêmes, seront les
moins incompatibles avec le grand objet qu'on se propose, savoir le
maintien de la paix générale. Le Roi met beaucoup de prix à connaître ce que vous aurez appris de la manière dont on envisage à
Londres le moyen de parvenir à ce but important par la solution
des différents points qui se rattachent à la question principale des
Pays-Bas; et je vous prie de vouloir bien m'en informer le plus tôt
que vous pourrez. »

XXXIII

TALLEYRAND AU COMTE SÉBASTIANI

Londres, le 23 novembre 1830.

MONSIEUR LE COMTE,

Je n'entrerai pas dans des détails sur la séance du Parlement d'hier; le *Times* du 23 la rapporte en entier. Il est bon de lire avec attention le discours de lord Grey, qui indique la ligne que le nouveau ministère se propose de suivre; il donne des assurances de paix et principalement d'accord avec la France; il se plaît à regarder le Gouvernement des deux pays comme fondé sur le même principe. Ce discours a fait impression.

Les nouveaux ministres n'ont point encore reçu le corps diplomatique; il paraît que demain, après le lever du Roi, nous devons tous nous y rendre. Cette visite, quoiqu'elle entre dans le cérémonial, puisque nous nous y rendons tous ensemble en uniforme, peut avoir quelque importance, si nous avons reçu, comme c'est probable, des lettres de Belgique qui nous indiquent l'impression produite par l'arrivée des commissaires des cinq puissances.

J'ai aujourd'hui la possibilité de répondre à la lettre du 13 que vous m'avez fait l'honneur de m'écrire relativement à l'île de Samos [1].

---

[1] Les îles de Candie et de Samos avaient été laissées par la Confé-

Un des protocoles de la Conférence de Londres en date du 20 février 1830, communiqué à la Porte et accepté par elle, a statué que l'île de Samos serait replacée sous la souveraineté du Grand Seigneur, mais que, néanmoins, les trois Cours s'interposeraient auprès du Grand Turc, à titre d'obtenir dans l'intérêt des Samiotes une protection *contre les actes oppressifs et arbitraires,* et une sécurité complète. Une instruction jointe à ce protocole, qui en précise l'objet, recommande spécialement l'île de Samos à la sollicitude des représentants des trois Cours ; elle leur prescrit d'engager la Porte à faire jouir cette île d'une administration équitable et douce.

Il est à observer en outre que les protocoles qui ont établi l'indépendance de la Grèce renferment des clauses générales dont le bénéfice doit appartenir, de plein droit, aux habitants des territoires ou îles qui ont pris part à l'insurrection grecque, mais qui ne se trouvent pas dans les limites assignées à la Grèce indépendante. Ces clauses générales, dont l'observation

rence de Londres en dehors de la circonscription du nouvel État grec. L'île de Candie venait d'être cédée au vice-roi d'Égypte.

Le Gouvernement français, dans sa dépêche du 13 novembre, exprimait le regret de voir l'île de Samos replacée sous la domination de la Porte, les trois Cours s'étant bornées à stipuler une amnistie en faveur des habitants de cette île, sans leur assurer pour l'avenir d'autre garantie.

Il demandait à M. de Talleyrand de rouvrir une négociation pour que l'existence de Samos fût fixée sur les bases mêmes que le traité de Londres avait arrêtées pour celle de la Grèce, savoir : l'indépendance religieuse, civile et commerciale, moyennant tribut.

est placée sous la garantie de la France, de la Russie et de l'Angleterre, stipulent la liberté du culte, le droit d'émigration et la sûreté des biens ainsi que des personnes.

Il est évident que les clauses en question sont applicables à l'île de Samos, puisque cette île a pris part à l'insurrection grecque, et qu'elle est détachée maintenant du territoire de la Grèce. Tel est l'état des conventions relativement à Samos. Il en résulte que Samos ne saurait sous le *rapport du droit* être assimilée à la Grèce, ni même être placée dans la condition que le traité de Londres devait originairement accorder aux Grecs, puisque ce traité avait pour but de n'établir à leur égard que des relations de *suzeraineté* avec l'Empire ottoman; tandis que la *souveraineté* du Grand Seigneur est formellement établie pour l'île de Samos par les protocoles dont il a été fait mention plus haut. Mais sous le *rapport du fait,* il ne paraîtrait pas très difficile de procurer aux Samiotes un mode d'existence analogue à celui dont les Grecs devaient jouir en vertu du traité de Londres.

Il est à remarquer, d'abord, qu'avant la révolution grecque les Samiotes ont constamment exercé le droit de s'administrer librement eux-mêmes, sans que le Gouvernement pût s'ingérer directement ou indirectement, civilement ou militairement dans leur régime intérieur. Les Samiotes se bornaient à lui payer un tribut annuel qu'un officier de la Porte venait prélever.

Ainsi il ne s'agirait au fond, si l'on ne peut faire

entrer dans la Grèce indépendante Samos, que d'y rétablir l'ancien état de choses; car les Samiotes ne sauraient dans aucune hypothèse, ni désirer, ni obtenir plus de liberté pour tout ce qui concerne l'administration de leur île.

Les améliorations qui sembleraient nécessaires, et qui sont entrées dans les vues de la Russie, à la suite des protocoles du 20 février 1830, consistaient :

1° Dans la fixation d'un tribut annuel, équitable, une fois pour toutes;

2° Dans l'adoption du principe que dorénavant ce tribut serait acquitté par les Samiotes eux-mêmes à Constantinople;

3° Dans la liberté commerciale dont jouiraient les Samiotes, et dans le droit qui leur serait accordé de traverser le Bosphore sous un pavillon que leur donnerait le Gouvernement turc, ou en empruntant, comme cela s'est souvent pratiqué en Turquie, le pavillon d'une des grandes puissances. Peut-être pourrait-on les autoriser à prendre le pavillon ragusais.

Il me semble que, dans les renseignements que j'ai tirés des anciennes correspondances, vous trouverez de quoi donner des instructions à M. le général Guilleminot sur l'affaire des Samiotes, et qu'il lui est aisé, en faisant les mêmes demandes que le Gouvernement russe, d'obtenir pour le sort des Samiotes une grande amélioration. Il y a cependant lieu de croire que l'article du pavillon sera celui qui pourrait offrir quelques difficultés. Cependant, s'il était demandé, ainsi que les

autres améliorations, au Gouvernement turc en vertu
d'un nouveau protocole, ou bien s'il devenait l'objet
d'une négociation amicale, dans laquelle les trois Cours
réuniraient leurs efforts, on a lieu de croire que la
Porte ferait les concessions demandées et leur donnerait le caractère de la déférence qu'elle a constamment
témoignée aux trois puissances depuis la paix d'Andri-
nople.

M. le maréchal Bourmont s'est fait inscrire à l'hôtel
de l'ambassade de France ; son projet, à ce que l'on
m'a dit, était d'aller en Allemagne. Il n'a dit à personne
vers quelle partie de l'Allemagne il se dirigeait.

M. de Bacourt n'est point encore arrivé, et la légation est bien incomplète depuis le départ de M. Bresson
pour la Belgique, où il peut être retenu encore plusieurs
jours.

Recevez, etc.

P. S. — Lord Palmerston est parti pour se faire
réélire ; ce qui fait qu'il ne pourra recevoir le corps
diplomatique que vendredi 26.

XXXIV

TALLEYRAND AU COMTE SÉBASTIANI

Londres, le 27 novembre 1830.

Monsieur le Comte,

Je vous remercie d'avoir engagé M. de Flahaut à venir à Londres; il y est en relations habituelles avec le nouveau ministère, et sa présence ici m'a été fort utile à cet égard : son très bon esprit lui a fait tenir le langage qui pouvait le mieux nous servir.

Je vais répondre de suite aux questions générales qui m'ont été faites sur la politique extérieure que la France peut être amenée à suivre dans les circonstances actuelles. La France ne doit point songer à faire ce qu'on appelle des alliances; elle doit être bien avec tout le monde et seulement mieux avec quelques puissances, c'est-à-dire entretenir avec elles des rapports d'amitié qui s'expriment lorsque des événements politiques se présentent.

Ce genre de lien doit avoir aujourd'hui un principe différent de celui qu'il avait autrefois. Ce sont les progrès de la civilisation qui formeront désormais nos liens de parenté : nous devons donc chercher à nous rapprocher davantage des gouvernements où la civilisation est plus avancée; c'est là que sont nos vraies ambassades de famille. Ceci conduit naturellement à regarder l'Angleterre comme la puissance avec laquelle il nous convient d'entretenir le plus de relations ; je dois faire observer qu'il y a entre elle et nous des principes communs, et que c'est la seule puissance avec laquelle nous en ayons d'essentiels. Si dans quelques points nous avons des avantages sur l'Angleterre, dans d'autres aussi elle l'emporte sur nous ; il y a ainsi quelque profit de part et d'autre à une union plus étroite. Tous les motifs de rivalité sont, d'ailleurs, fort diminués par les pertes coloniales que nous avons faites.

L'Europe est certainement, en ce moment, dans un état de crise. Eh bien, l'Angleterre est la seule puissance qui, comme nous, veuille franchement la paix ; les autres puissances reconnaissent un droit divin quelconque, la France et l'Angleterre seules n'attachent plus là leur origine. Le principe de la non-intervention est adopté également par les deux pays ; j'ajouterai, et je le compte pour quelque chose, qu'il y a aujourd'hui une sorte de sympathie entre les deux peuples.

Mon opinion est que nous devons nous servir de tous ces points de rapprochement pour donner à l'Europe la tranquillité dont elle a besoin. Que quelques États soient ou ne soient pas disposés à la paix, il faut que la France et l'Angleterre déclarent qu'elles la veulent, et que cette volonté, émanée des deux pays les plus forts et les plus civilisés de l'Europe, s'y fasse entendre avec l'autorité que leur puissance leur donne.

Quelques-uns des cabinets qui marchent encore sous la bannière du droit divin ont, en ce moment, des velléités de coalition; ils peuvent s'entendre parce qu'ils ont un principe commun; ce principe s'affaiblit à la vérité dans quelques endroits, mais il existe toujours; aussi, lorsque ces cabinets-là se parlent, ils s'entendent bientôt. Ils soutiennent leur droit divin avec du canon; l'Angleterre et nous, nous soutiendrons l'opinion publique avec des principes; les principes se propagent partout, et le canon n'a qu'une portée dont la mesure est connue.

L'Europe se trouve donc partagée entre ces deux manières de gouverner : ce sont, aujourd'hui, celles qui la régissent. Les forces sont à peu près égales entre le principe qui fait mouvoir les armées russes et autrichiennes et le principe qui, agissant par l'opinion, est sûr de faire mouvoir des forces au moins égales. Ce dernier rencontrera de nombreux alliés dans les pays qui lui sont opposés, et son antagoniste ne compte guère parmi les siens que le faubourg Saint-Germain. S'il y a balance, il faut la faire pencher de notre côté, et le moyen d'y arriver, c'est d'attirer la Prusse vers des idées qui sont moins éloignées d'elle que des autres pays du Nord. C'est là, ce me semble, quelles doivent être les vues du cabinet de Londres et de celui de Paris.

J'ai développé cette pensée très longuement, hier, avec lord Grey, et, aujourd'hui, avec lord Palmerston; ils entrent, l'un et l'autre, dans cette manière de voir et donneront des instructions en conséquence au ministre qu'ils ont à Berlin. Il est très important pour nous d'avoir là des agents observateurs et entraînants.

Vous m'avez demandé, Monsieur le Comte, quel pouvait être, dans l'état actuel de la France, le système politique auquel elle devait s'attacher. J'ai essayé d'indiquer une réponse à cette question, sur laquelle il y aurait plutôt un livre à faire qu'une lettre; le livre pourrait être mauvais, et la lettre n'est probablement pas trop bonne.

Je veux suivre maintenant mon idée et appliquer les principes que je viens d'émettre aux négociations dans lesquelles nous sommes engagés en ce moment. Je suis convaincu que c'est avec l'Angleterre que la France doit chercher à agir, et je crois que la disposition du nouveau cabinet anglais nous donnera beaucoup de facilités à cet égard. J'ai vu ce matin, avec un grand plaisir, à quel point le ministère anglais était satisfait de la nouvelle démarche qui avait été faite en envoyant à Bruxelles M. de Langsdorff. L'esprit de cette mission a été très bien développé dans une lettre écrite par M. Pozzo à M. Matuchewitz; il y rend compte avec beaucoup d'éloges d'une conversation qu'il avait eue et qui avait précédé cet envoi.

Nos conférences sur les affaires de la Belgique ont été interrompues par le changement de ministère. Lord Palmerston a été obligé de se rendre à Cambridge pour son élection; il n'en est revenu que ce matin, et c'est immédiatement après son arrivée que je l'ai vu.

Mon entretien avec lui a été assez long, parce que j'ai cru devoir reprendre ce qui s'était passé sous l'ancien ministère, et lui faire connaître l'esprit qui avait présidé aux précédents protocoles. Il a retardé le moment de notre première conférence jusqu'à dimanche ; il veut se donner ce temps pour lire toutes les pièces qui concernent cette grande affaire.

Je suis fondé à croire que si les Belges ne sont pas absolument fous, nous arriverons à ce que nous désirons : il est fort difficile d'employer la véritable influence sur les personnes qui dirigent le mouvement en Belgique, car il paraît démontré ici que ce sont les prêtres qui animent le peuple, et qui dominent sourdement les délibérations du Congrès. Dans mes conversations séparées avec lord Grey et lord Palmerston, j'ai cru voir que si on ne réussissait pas pour le prince d'Orange, on pourrait penser à l'archiduc Charles ; j'ai rejeté cette idée en leur disant qu'un prince de la Maison d'Autriche en Belgique aurait trop l'air d'une restauration, et qu'ils devaient se souvenir d'une chose que j'avais oubliée, il y a quinze ans : c'est que M. Fox avait dit et imprimé que la pire des révolutions était une restauration.

Je n'ai jusqu'à présent prononcé aucun nom, quoique celui du prince Charles de Bavière me soit venu souvent à la bouche ; car il est catholique, il a quarante ans et il est homme d'esprit et de courage. Cette idée, du reste, n'est venue ici à personne, et si le Gouvernement français l'adoptait, il pourrait s'en faire tout le mérite vis-à-vis de la Maison de Bavière.

Pour vous rendre un compte complet de tout ce dont j'ai été chargé durant ma mission, je dois vous parler de la Grèce. Rien n'a été proposé à ce sujet par aucune des puissances; l'affaire de la Belgique a absorbé l'attention et l'intérêt de tout le monde : je ne crois pas qu'aucun ministre y ait pensé; pas un seul des beaux noms de la Grèce n'a été prononcé dans une de nos conférences.

Quant à Alger, j'ai évité d'en parler; j'aimerais bien que nos journaux en fissent autant; il est bon qu'on s'accoutume à notre occupation, et le silence en est le meilleur moyen. Je crois que l'opinion a changé sur cette question en Angleterre, et que nous n'éprouverons pas d'insurmontables difficultés lorsqu'il s'agira de la traiter.

On a connu ce matin ici le jugement rendu par la Cour de Paris dans l'affaire de M. de Kergorlay; il est généralement blâmé, et l'on s'étonne de la légèreté des peines qui ont été appliquées.

Recevez, etc.

XXXV

Londres, le 28 novembre 1830.

MONSIEUR LE COMTE,

Au moment où le Gouvernement s'occupe de l'importante question du grand-duché de Luxembourg, j'ai pensé qu'il devait lui être utile de s'entourer de tous les renseignements propres à éclaircir cette affaire. Je vous adresse en conséquence ceux que ma mémoire m'a fournis et ceux qu'il est possible de se procurer à Londres.

Les articles 53, 54, 56, 62, 63, 67, 68, 69, 70, 71 de l'acte du Congrès de Vienne du 9 juin 1815 conclu entre l'Autriche, l'Espagne, la France, la Grande-Bretagne, le Portugal, la Prusse, la Russie et la Suède [1], ainsi que les articles 1, 2 et 11 de l'acte sur la constitution fédérative de l'Allemagne du 8 juin 1815, acte qui sous le n° 9 se trouve annexé au traité principal de Vienne, dont ci-après copie, forment la base de l'existence politique du grand-duché de Luxembourg dans ses rapports avec la Confédération germanique, avec

---

[1] Voir l'acte final du Congrès de Vienne, *Collection de Clercq*, t. II, p. 567.

le royaume des Pays-Bas et avec le reste de l'Europe[1].
L'acte du Congrès de Vienne du 9 juin 1815, ainsi
que l'acte sur la constitution fédérative de l'Allemagne
du 8 juin 1815, ayant été garantis par toute l'Europe,
aucune puissance ne saurait se refuser à contribuer à
leur maintien.

D'après les articles cités, le *grand-duché de Luxembourg* sous la souveraineté de S. M. le Roi des Pays-
Bas, *comme grand-duc de Luxembourg, forme partie
intégrante de la Confédération germanique.* Cette réunion
est perpétuelle et indissoluble; *il existe une garantie
mutuelle entre les membres de la Confédération, d'après
laquelle il y a droit et obligation entre eux de s'entre-
secourir, tant pour le cas où la sûreté et l'indépendance de
leurs possessions seraient menacées par des attaques pro-
venant du dehors, que pour celui où ces attaques auraient
lieu par suite de soulèvements dans l'intérieur.*

Dans les articles 25 et 26 de l'acte final des Conférences ministérielles tenues à Vienne pour compléter
et consolider l'organisation de la Confédération germanique, signé à Vienne le 16 mai 1820, et déclaré
loi fondamentale de la Confédération par la résolution de la Diète germanique du 8 juin 1820, le
mode dans lequel ce secours sera accordé a été déterminé plus spécialement. Copie de ces deux articles se
trouve ci-jointe; il ne peut donc pas y avoir de doutes
ni sur le droit, ni même sur l'obligation de la Confédé-

[1] Voir l'acte pour la constitution fédérative de l'Allemagne
(Vienne), *Collection de Clercq*, t. II, p. 556.

ration germanique de secourir le grand-duc de Luxembourg, un de ses membres, qui réclame ce secours
dans l'intérêt de la sûreté intérieure et extérieure du
grand-duché, dont l'indépendance est menacée par des
attaques du dehors et où l'autorité du souverain est
méconnue dans l'intérieur.

Mais il y a plus ; même abstraction faite et des droits
et des intérêts du grand-duc et du grand-duché de
Luxembourg, la Confédération aurait le droit d'intervenir dans les affaires du grand-duché, puisqu'*il s'agit
de la sûreté extérieure et intérieure de l'Allemagne, de
l'indépendance et de l'inviolabilité des États confédérés
dont le maintien est le but de la Confédération* [1].

Une intervention de la part de la Confédération dans
les affaires du grand-duché ne saurait, par ces raisons,
nullement être envisagée comme une intervention
dans les affaires de la Belgique, pas plus qu'une intervention éventuelle de la Confédération dans les affaires
du Hanovre pourrait être envisagée comme telle dans
les affaires de l'Angleterre. Mais tout au contraire
les Belges, en s'immisçant dans les affaires du grand-
duché, interviennent par là même dans celles de la
Confédération germanique et provoquent par conséquent de légitimes représailles de la part de toute
la Confédération.

---

[1] On écrivait du Département à Talleyrand, le 25 novembre 1830 :
« La Confédération germanique aussi semble se disposer à prendre une attitude militaire. La Diète a ordonné que les contingents

Le grand-duché de Luxembourg n'a, sous le rapport du droit public et du droit des gens, rien de commun avec la Belgique que le souverain ; une connexité très précaire et accidentelle qui, d'après l'article 67, pourrait cesser d'un moment à l'autre. Sa réunion avec la Confédération germanique, par contre, est perpétuelle et indissoluble. La souveraineté du grand-duché est garantie par l'article 69 au Roi des Pays-Bas et à ses successeurs et ne saurait passer en d'autres mains, ni sans ni avec le consentement de Sa Majesté, puisque la succession éventuelle dans le grand-duché est garantie à la Maison de Nassau, après l'extinction de la Maison d'Orange-Nassau, par les articles 70 et 71 de l'acte du Congrès de Vienne.

Rien n'a pu être changé dans tous ces rapports par aucune mesure d'administration intérieure que S. M. le Roi des Pays-Bas aura pu prendre de son propre chef ou de concert avec les États-Généraux. Le grand-duché pourra avoir été assimilé sous les rapports de l'administration financière, judiciaire et autres aux provinces belges, toujours son existence politique restait-elle très distincte de celle des provinces belges et du royaume des Pays-Bas, et rien ne pouvait être changé par là dans la nature des droits et obligations

---

fédéraux fussent mis sur le pied de disponibilité, et nous apprenons que les villes hanséatiques s'occupent de compléter le leur. Il est vrai que la décision de la Diète a pour objet avoué la répression des troubles qui viendraient à éclater de nouveau en Allemagne ; mais cette mesure ne tend pas moins à la réunion d'une armée fédérale. »

de la Confédération germanique relativement à ce pays.

Recevez, etc.

XXXVI

TALLEYRAND AU COMTE SÉBASTIANI

Londres, le 29 novembre 1830.

Monsieur le Comte,

J'apprends dans le moment, par un courrier qui arrive de La Haye, que la levée du blocus du port d'Anvers, sur laquelle le Roi des Pays-Bas avait d'abord fait des difficultés, vient d'être ordonnée, et qu'elle durera tout le temps de la cessation des hostilités. Il faut croire que cela sera utile aux commissaires chargés de négocier l'armistice.

Recevez, etc.

P. S. — Lord Granville a été nommé hier soir ambassadeur à Paris, et a reçu l'ordre de se rendre dans quinze jours à son nouveau poste. Il est venu ce matin m'en faire part.

Je dois vous dire ici que cinquante membres de l'opposition nouvelle se sont réunis, il y a quelques

jours, chez M. Peel, pour l'engager à être leur chef, et
que M. Peel leur a répondu que les circonstances
étaient trop fortes pour entraver le Gouvernement dans
sa marche; qu'ainsi il n'acceptait point la proposition
qu'ils venaient de lui faire. Je vous engage à lire le
Courrier anglais du lundi soir 29, vous y trouverez les
mesures prises par le Gouvernement pour arrêter les
émeutes qui ont eu lieu dans quelques comtés.

XXXVII

TALLEYRAND AU COMTE SÉBASTIANI

Londres, le 30 novembre 1830.

Monsieur le Comte,

Je partage les regrets que vous m'exprimiez dans
votre dernière dépêche sur la résolution adoptée par le
Congrès belge, qui exclut à jamais la Maison de Nassau
du trône de la Belgique [1]. Nous avons néanmoins lieu de
nous féliciter que la démarche faite par le Gouverne-

---

[1] Dans la séance du 24 novembre, le Congrès belge avait déclaré
la Maison de Nassau à jamais exclue du trône de la Belgique. Cette
résolution avait été prise à une majorité de 161 voix contre 28. La
révolution belge avait été surtout l'œuvre du parti catholique ; c'est
le catholicisme qui faisait exclure des princes protestants.

C'est ce qui s'était passé, dans un sens opposé, en Angleterre,
lors de la révolution de 1688, où la réforme avait fait exclure des
princes catholiques.

ment ait précédé la déclaration du Congrès. Cette démarche produira sans doute le meilleur effet sur les différents cabinets de l'Europe; ils devront y reconnaître la preuve de notre ferme désir de maintenir la paix et de repousser toutes les insinuations qui nous ont été faites par le Gouvernement belge.

C'est sous ce point de vue que j'ai toujours considéré la mission de M. de Langsdorff; l'intérêt de la Maison de Nassau, qui en semblait le but, ne m'a paru que secondaire. Aussi je ne pense pas que nous devions trop nous effrayer de l'exclusion prononcée contre cette famille. L'essentiel pour nous est de convaincre l'Angleterre et les autres puissances de notre bonne foi dans toute cette question. Je suis porté à croire que le cabinet anglais lui-même, malgré la présence du prince d'Orange ici, consentirait à abandonner ses intérêts en Belgique; la grande affaire est d'obtenir des garanties sûres de l'exécution des traités et du maintien des frontières, et de s'entendre complètement avec nous pour conserver la paix.

Le Gouvernement anglais croit avoir besoin dans ce moment-ci de quelqu'un à Francfort pour l'instruire de tout ce qui se passe en Allemagne. M. Cartwright, avant de se rendre en Belgique, avait été nommé pour cette mission; il vient de recevoir l'ordre d'y aller immédiatement. Il sera remplacé à Bruxelles par lord Ponsonby, beau-frère de lord Grey, et ancien ministre d'Angleterre à Rio-Janeiro : il y va et part ce soir pour agir conjointement avec M. Bresson, dont on est ici fort content. Lord Ponsonby sera porteur des instructions ci-jointes. Comme M. Bresson vous a sûrement envoyé la note verbale du Gouvernement provisoire, je ne la joins pas ici ; vous voudrez bien vous la faire représenter en lisant cette lettre ; la note verbale vous donnera l'explication des instructions que porte lord Ponsonby. Il est probable que cette note finira la question de l'armistice, et le caractère du commissaire anglais qui y va donnera une force très utile aux observations qui seront faites par M. Bresson et par lui. L'objet de l'envoi de lord Ponsonby pour une mission de cette espèce est uniquement de prouver aux Belges que le ministère actuel adopte sur les affaires de la Belgique la même manière de voir que ses prédécesseurs.

Le prince Lieven est arrivé hier au soir ; il a assisté à la conférence que nous avons eue aujourd'hui, et il a été du même avis que nous ; il a signé les instructions envoyées aux commissaires.

Avant la conférence il avait vu en particulier lord Palmerston, qui lui a parlé des armements de la Russie et demandé quel pouvait en être l'objet [1]. Il a répondu

---

[1] Un ukase venait d'ordonner la réunion de plusieurs corps d'armée sur les frontières occidentales de la Russie.

Le 29 octobre, M. de Nesselrode avait transmis aux agents du Gouvernement russe à l'extérieur la circulaire que nous donnons ici :

« Saint-Pétersbourg, le 29 octobre 1830.

« MONSIEUR,

« Dans un moment où les événements survenus aux Pays-Bas et sur plusieurs points de l'Allemagne semblent plus que jamais mena-

que l'on exagérait les armements de la Russie ; que
ceux qui avaient été faits n'avaient été ordonnés que
cer le repos du reste de l'Europe et compromettre l'ordre de choses
que les transactions des années 1814, 15 et 19 ont consacré, il est
du devoir de tous les gouvernements, et plus particulièrement de
ceux qui ont créé et garanti cet ordre de choses, d'aviser aux moyens
de le maintenir inviolable et de le préserver de toute atteinte. A cet
égard, un parfait accord de vues et d'intentions s'est établi entre
les Cours alliées. Elles se sont en commun et chacune pour sa part
pénétrées des obligations qu'elles ont à remplir au milieu des graves
circonstances du moment.

« Dans les mesures qu'elles réclament, Sa Majesté l'Empereur a
cru devoir mettre d'autant plus d'activité que les distances qui nous
séparent du théâtre des événements, et que nos troupes auraient à
franchir en cas de besoin, nous font doublement un devoir de prévoir les chances que l'avenir peut amener. Mais pour prévenir les
fausses interprétations que ces mesures pouvaient occasionner,
Sa Majesté Impériale a jugé qu'il serait utile de leur donner une
entière publicité. Tel est le but de l'article qui a paru dans la feuille
ci-jointe du *Journal de Saint-Pétersbourg*. Il annonce qu'une partie
de l'armée russe et celle du royaume de Pologne vont être mises sur
le pied de guerre, et que les corps les plus éloignés de la frontière
ont reçu ordre de s'en rapprocher.

« Si ces mesures, que les circonstances du moment semblent
devoir pleinement justifier, avaient encore besoin de quelques explications, il sera aisé aux missions impériales de les puiser dans la
présente circulaire. Les préparatifs qui viennent d'être ordonnés
n'ont d'autre but que le maintien de la paix générale et celui de
l'ordre de choses que les transactions européennes ont consacré. Nous
espérons encore que l'annonce seule de ces dispositions suffira pour
atteindre ce but conservateur, auquel l'Empereur et ses augustes
alliés ont voué une si vive sollicitude. Dans tous les cas, et si nos
troupes devaient s'ébranler pour se porter au delà des frontières de
l'Empire, ce ne serait que par suite d'un concert avec les souverains
qui partagent avec Sa Majesté Impériale les soins et les obligations
que lesdites transactions leur ont imposés.

« Recevez, etc.

                                            « NESSELRODE. »

pour être prêts dans le cas où la guerre pourrait s'allumer, mais que la Russie n'agirait jamais et ne ferait aucune espèce de mouvement hostile que *d'accord avec les cinq puissances, la France comprise*. Cette assurance a été donnée à lord Palmerston de la manière la plus nette, et lui a paru sincère.

L'armistice une fois signé, je crois que nous pouvons nous regarder comme sûrs que la paix ne sera pas troublée.

Recevez, etc.

XXXVIII

TALLEYRAND AU COMTE SÉBASTIANI

Londres, le 1er décembre 1830.

Monsieur le Comte,

Je me suis rendu ce matin au lever du Roi, pour remettre la lettre de S. M. la Reine des Français, qui m'avait été envoyée. Sa Majesté Britannique m'a parlé du Roi dans des termes qui exprimaient une franche amitié, et m'a témoigné son profond respect pour la Reine, qu'il connaît moins.

J'ai rencontré tous les ministres au lever du Roi; le marquis de Lansdowne m'a dit qu'au conseil du matin lord Palmerston avait rapporté la conversation qu'il

avait eue avec le prince Lieven, et que le conseil s'était
montré fort satisfait des assurances qui avaient été
données par l'ambassadeur de Russie. J'ai pu juger
par la manière dont le marquis de Lansdowne s'est
exprimé, de la fidélité du compte que je vous ai rendu
de cette conversation dans ma lettre d'hier.

J'ai entretenu ensuite lord Grey, qui m'a annoncé
avoir eu de son côté une entrevue avec le prince de
Lieven, dans laquelle lord Grey a fait part à cet
ambassadeur des inquiétudes qu'inspiraient les développements de forces de la Russie, qu'ils donnaient lieu
de croire à des intentions hostiles, au moment où on
devait au contraire chercher à tranquilliser les esprits.
Le prince de Lieven a répondu que la Russie se trouvait engagée par les traités à soutenir le Roi des Pays-
Bas, dans le cas où il réclamerait ses secours; que les
événements de la Belgique avaient paru pouvoir amener
ce cas, et que telle était la cause des armements de la
Russie, mais qu'il pouvait assurer en même temps que
son Gouvernement se prêterait, d'accord avec les
cinq puissances, à tout ce qui tendrait au maintien de
la paix.

Lord Grey m'a dit que ces assurances lui avaient
paru sincères, et qu'il avait, en outre, l'espoir que ses
observations seraient connues du Gouvernement russe,
quoique le prince Lieven ne le lui ait pas dit formellement.

Lord Palmerston désirerait vivement qu'on s'occu-
pât le plus promptement possible de la question du

grand-duché de Luxembourg. Il pense, et à cet égard
je partage son opinion, qu'il serait très utile de dégager les affaires de la Belgique de tous les embarras
qui s'y rattachent, et qu'en déterminant tout de suite
ce qui concerne le grand-duché de Luxembourg, on
satisferait la Prusse qu'il est si nécessaire d'appeler à
nous.

Si vous avez l'intention, Monsieur le Comte, de traiter
à Paris l'affaire du grand-duché de Luxembourg, je
vous engage à l'entamer immédiatement. Si le Roi
jugeait plus convenable de m'en confier la direction,
il faudrait que Sa Majesté ne tardât pas à m'envoyer
ses instructions. Vous ne négligerez pas non plus d'y
joindre une carte explicative, sur laquelle seraient fixés
les points des frontières qu'on aurait arrêtés.

Le prince de Metternich vient d'envoyer à Londres,
pour y prendre part à nos conférences, le baron de
Wessenberg, dernièrement nommé ministre d'Autriche en Hollande [1]. Il a sans doute jugé que ce diplomate aura acquis, pendant son séjour à La Haye, des
notions qui le rendront un utile collègue pour le prince
Esterhazy [2].

---

[1] Talleyrand disait du baron de Wessenberg, qui avait représenté
l'Autriche au Congrès de Vienne :
« Il croit tout savoir parce que pendant quarante ans il a écouté et
retenu tous les commérages de l'Europe. »
[2] Sébastiani écrivait à Londres le 25 novembre :
« L'Autriche se rapproche de plus en plus de la Prusse, et principalement de la Russie, et n'est vraisemblablement pas sans influence
sur les dispositions personnelles de l'Empereur Nicolas. Les tenta-

Madame la duchesse de Berry a quitté Londres aujourd'hui pour se rendre en Écosse.

Recevez, etc.

P. S. — Au moment où je finissais cette lettre, je viens de voir le prince Lieven ; voici la substance de la conversation que j'ai eue avec lui : — « Permettez-moi, mon prince, de vous demander quel est l'objet des armements que vous faites et qui inquiètent toute l'Europe. — Les armements, m'a-t-il dit, que nous avons faits, ont été occasionnés par la première demande de notre allié le Roi des Pays-Bas, et ils n'ont eu pour objet que de montrer des forces qui seraient réunies, si les circonstances l'exigeaient. Mais je puis vous dire *avec autorité, parce que j'en ai le pouvoir,* que nos troupes n'agiront et ne pourraient agir que d'accord avec les cinq puissances; sans leur aveu elles ne passeront pas les frontières; je vous le déclare, et vous pouvez le déclarer à votre Gouvernement. J'ai dit la même chose, m'a-t-il ajouté, à lord Grey et à lord Palmerston.» — J'ai pu lui répondre que je savais que lord Grey lui avait indiqué que des forces aussi considérables devaient donner des inquiétudes et en donnaient à la France; que ces inquiétudes, le Gouverne-

tives pour s'assurer de la Bavière et du Wurtemberg ont d'ailleurs complètement échoué, et son crédit dans le sein de la Diète paraît s'affaiblir de jour en jour. Son influence en Allemagne a passé presque tout entière à la Prusse. »

ment russe devait chercher à les faire cesser, tandis
que le retard des lettres de créance de l'ambassadeur
de Russie à Paris ne pouvait que les augmenter. J'ai
ajouté qu'il connaissait trop bien l'Europe pour n'avoir
pas remarqué qu'il y avait aujourd'hui dans les peuples
une susceptibilité qui avait besoin d'être ménagée, et
que la manière la plus sûre d'y parvenir était de détruire tous les motifs d'inquiétude. — « Je suis certain,
m'a-t-il dit, que l'ambassadeur de Russie à Paris
recevra incessamment les lettres de créance dont vous
me parlez, si déjà elles ne sont pas arrivées ; mais du
reste, mon prince, je suis bien aise d'avoir trouvé cette
occasion de vous faire personnellement la déclaration
tranquillisante que je viens de vous donner. »

XXXIX

TALLEYRAND AU COMTE SÉBASTIANI

Londres, le 2 décembre 1830.

Monsieur le Comte,

Vous avez dû remarquer dans les deux dernières
dépêches que j'ai eu l'honneur de vous adresser et qui
étaient principalement relatives aux explications données par le prince de Lieven, qu'il n'a pas été question

de la position particulière de la France. Nous devons désormais éviter de traiter ce sujet ; la France a repris sa place parmi les grandes puissances, et elle ne peut pas tolérer qu'on élève le moindre doute à cet égard. En conservant le caractère politique que nous ont imprimé les événements du mois de juillet, nous n'en restons pas moins libres de prendre une part égale à celle des autres puissances dans les négociations de la Belgique. Il est de notre devoir de maintenir le principe de la non-intervention, mais ce principe peut se concilier avec celui du maintien des traités et des frontières. J'étais bien aise de vous soumettre cette observation, parce que si, comme je n'en doute pas, vous l'adoptez, elle contribuera puissamment à fortifier notre position politique envers les autres États.

Nos difficultés ne peuvent venir aujourd'hui que de la Belgique ; les Belges, après être convenus des limites, élèvent des prétentions qui ne sont point soutenables ; ils ont tort sur le droit comme sur le fait dans leurs assertions relativement à la ligne qui séparait, avant l'époque du traité du 30 mai 1814, les possessions du prince souverain des Provinces-Unies de celles qui ont été jointes à son territoire pour former le royaume des Pays-Bas. Les instructions données à lord Ponsonby sont d'accord avec ce que j'ai l'honneur de vous dire sur ce sujet : il soutiendra comme nous que les Belges faussent la ligne par la manière dont ils la présentent.

Je dois vous dire ici que l'Angleterre est décidée sur

l'indépendance de la Belgique [1], que lord Ponsonby, qui est parti ce matin, ne doit élever aucune difficulté à cet égard. Il est chargé de renouveler les assurances de la non-intervention, mais comme nous cependant son Gouvernement n'applique pas ce principe à des difficultés de limites qui seraient violées ou d'un côté ou de l'autre.

Lord Palmerston a reçu de M. Cartwright une dépêche qui ne diffère en rien de celle de M. Bresson dont j'ai l'honneur de vous envoyer une copie.

Recevez, etc.

XL

TALLEYRAND AU COMTE SÉBASTIANI

Londres, le 3 décembre 1830.

Monsieur le Comte,

Le maréchal Maison m'a transmis le 10 novembre dernier les extraits de deux traités qui ont été conclus le 8 et le 11 août de cette année entre la France et les

---

[1] Le 19 novembre, le général Sébastiani, rappelant à Talleyrand les dépêches antérieures, écrivait :

« Nous continuons à regarder comme un fait irrévocable la séparation de la Belgique et de la Hollande, et nous désirons sincèrement que la souveraineté du nouvel Etat belge puisse être déférée

régences de Tunis et de Tripoli ; il m'invitait à en donner connaissance au Gouvernement anglais. J'ai écrit à ce sujet à lord Palmerston la lettre dont j'ai l'honneur de vous envoyer une copie.

Recevez, etc.

XLI

TALLEYRAND AU COMTE SÉBASTIANI

Londres, le 5 décembre 1830.

Monsieur le Comte,

J'ai reçu la dépêche que vous m'avez fait l'honneur de m'adresser sous la date du 2 de ce mois [1]. Vous savez

soit au prince d'Orange, soit à son fils, soit enfin à tout autre membre de la Maison de Nassau.

« Le Roi, comme vous le savez déjà, et Sa Majesté m'a ordonné de vous le répéter expressément, n'accueillerait l'expression d'aucun vœu, d'aucune demande en faveur d'un de ses fils ; et cette exclusion doit être commune aux archiducs d'Autriche comme à tout autre prince des grandes Maisons souveraines. »

[1] Dans cette dépêche, le comte Sébastiani donnait des explications sur la demande faite par le ministère, à la Chambre des députés, dans la séance du 1er décembre, d'une levée de quatre-vingt mille hommes et des fonds nécessaires pour organiser cette levée. Les armements effectués dans toute l'Europe faisaient une loi à la France de s'armer elle-même. « Si l'on pouvait, si l'on devait même voir dans les armements de l'Autriche, de la Prusse, de la Confédération germanique, de la Sardaigne, de tous les pays enfin

déjà que j'avais prévenu vos intentions en provoquant une réunion de la Conférence. Vous aurez vu, par le protocole qui vous a été envoyé, que les mesures les plus convenables ont été prises. Vous pouvez être assuré que rien ne sera négligé pour donner à nos conférences toute l'activité possible ; je sens comme vous l'importance de leurs résolutions.

J'ai lu avec une grande satisfaction les explications que vous avez cru devoir me donner au sujet des communications faites par le Gouvernement à la Chambre des députés. Ces explications me seront utiles, et j'en avais déjà donné une partie à lord Palmerston, à qui j'avais dit que la non-intervention que nous deman-

---

qui sont limitrophes de la France, de simples précautions inspirées par de fausses idées sur l'esprit de notre Révolution, il n'en était pas de même des armements de la Russie ; il était impossible de comprendre de pareilles précautions de la part d'une puissance placée à huit cents lieues de nous. »

M. de Nesselrode venait de déclarer à M. de Bourgoing que la Russie ne pourrait se trouver dans le cas d'entreprendre une guerre contre la France qu'autant que nos armées sortiraient de notre territoire ; le général Sébastiani venait de charger M. de Bourgoing de déclarer à M. de Nesselrode que la France se regarderait comme en paix avec la Russie tant que les armées de l'Empereur Nicolas n'entreraient sur le territoire de la Prusse ni d'aucun autre État allemand.

C'est dans cette même dépêche du 2 décembre qu'il est fait mention du prince Léopold comme candidat au trône de Belgique : « Le choix du nouveau souverain qui devra régner sur les Belges sera évidemment le point le plus délicat de cette affaire ; nous avons pensé qu'il pourrait être question du prince Léopold, qui naguère avait réuni l'assentiment des grandes puissances pour monter sur le trône de la Grèce ; nous serions encore prêts à nous associer aux suffrages qui pourraient se porter sur lui. »

dions ne devait pas être comprise dans toute sa généralité, et que les circonstances fournissaient à beaucoup
d'exceptions [1].

J'ai été porté à faire cette observation parce qu'il
m'est démontré que le cabinet anglais, quoiqu'il partage notre opinion sur le principe de la non-intervention et quoiqu'il soit décidé à ne pas prêter un écu à des
gouvernements intervenants, ne se laisserait néanmoins pas entraîner à la guerre dans le cas où quelque
puissance ferait passer ses frontières à ses troupes.
Les ministres anglais comprennent la non-intervention
dans un sens plus limité que nous. Cela n'empêche pas
que dans le public anglais le discours de M. Laffitte
n'ait eu beaucoup de succès.

Vous aurez été informé comme je viens de l'être
moi-même par M. Bresson, des lenteurs que le Roi

[1] Le cabinet de Paris comprenait de la même manière le principe
de non-intervention.

« Le principe de non-intervention ne saurait être compris que
dans le sens de la raison et expliqué par la bonne foi. Nous avons
surtout voulu l'opposer au principe contraire consacré par la Sainte-
Alliance. Mais comme tout autre principe il a ses bornes, et certes
nous n'avons pas voulu par là encourager les peuples à renverser
leurs gouvernements, assurés qu'ils seraient de la protection de nos
armes. Son application doit être inséparable des intérêts directs et
essentiels de la nation qui le professe. Ainsi nous ne saurions vouloir empêcher un souverain de réduire par la force des armes la
portion de ses États qui aurait secoué son autorité. Notre principe ne
s'étend nullement à un cas semblable. Nous ne prétendons même pas
en soutenir rigoureusement l'application à des pays éloignés de la
France. Mais dans les affaires de la Belgique, il s'agit de notre
propre sûreté, et nous ne pouvons pas souffrir que les troupes d'une
puissance étrangère quelconque y pénètrent. »

des Pays-Bas apporte dans l'exécution des conditions
de l'armistice. Il serait convenable de voir le général
Fagel et de lui faire comprendre que son souverain
agirait sagement en se montrant conciliant; qu'il
devrait réfléchir aux conséquences funestes que la
guerre aurait pour lui et pour le reste de l'Europe. Je
pense que cette démarche près du général Fagel pourrait produire quelque effet sur l'esprit du Roi des Pays-
Bas. De mon côté, j'ai fait valoir ce matin les mêmes
arguments près de lord Palmerston et de M. Falck. Je
ne veux pas trop appuyer sur ce point dans la Conférence, je craindrais de rencontrer parmi quelques-uns
de ses membres des dispositions plus favorables pour
le Roi des Pays-Bas que pour notre opinion.

Je n'aurai à vous parler du choix qui peut être fait
pour la souveraineté de la Belgique qu'après que
l'envoyé du Gouvernement provisoire vers vous, vous
aura vu et que vous m'aurez fait connaître les idées
auxquelles vous vous attachez davantage. Ici le nom
de l'archiduc Charles est celui qui est le plus souvent
répété. Je crois être sûr qu'un émissaire expédié de
Belgique, en traversant Francfort, a fait viser par la
légation autrichienne dans cette ville son passeport
pour Vienne, où il se rendait, dit-on, afin d'y sonder
les dispositions de l'archiduc.

Recevez, etc.

XLII

TALLEYRAND AU COMTE SÉBASTIANI

Londres, le 7 décembre 1830.

Monsieur le Comte,

Je réponds à votre lettre du 3 de ce mois dans laquelle vous me proposez d'envoyer quelqu'un à Bruxelles pour y remplacer M. Bresson dans le cas où sa présence me serait absolument nécessaire ici. Je pense qu'il est plus convenable que M. Bresson reste à Bruxelles jusqu'au moment où les bases de l'armistice auront été définitivement arrêtées et jusqu'à ce qu'on connaisse le vœu du Congrès national relativement au choix d'un souverain. J'ai vu avec plaisir que vous aviez été satisfait de la manière dont M. Bresson a conduit la négociation qui lui était confiée ; les membres de la Conférence partagent tous votre satisfaction à ce sujet ; ils me l'ont exprimée à diverses reprises, et particulièrement à l'occasion de la réponse qu'il a faite aux deux notes du Gouvernement provisoire. Je m'arrangerai pour n'avoir pas besoin de lui pendant le court séjour qu'il a encore à faire à Bruxelles, et où, je le répète, personne ne pourrait mieux faire que lui. Il faudrait beaucoup de temps pour qu'un autre commissaire acquît

au même degré la confiance des membres qui composent la Conférence.

Je viens de lire la lettre de M. Falck au Roi des
Pays-Bas ; elle est bien dans l'esprit qui a guidé cette
démarche à la Conférence. Il exprime l'impression
qu'ont produite sur la Conférence les difficultés faites
par le Roi des Pays-Bas au sujet de la levée du
blocus. Cette lettre sera jeudi à La Haye, il croit en
avoir réponse le 12.

Le Roi d'Angleterre a donné hier un dîner pour
célébrer le jour de naissance du prince d'Orange,
qui est toujours ici et qui continue à se bercer de quelques espérances.

Recevez, etc.

XLIII

TALLEYRAND AU COMTE SÉBASTIANI

Londres, le 10 décembre 1830.

Monsieur le Comte,

Nous avons eu aujourd'hui une conférence dont j'ai
l'honneur de vous envoyer le protocole : je me borne à
vous en recommander la lecture qui vous mettra au
courant du point où nous en sommes dans notre négociation. Nous n'aurons aucun parti à prendre jusqu'à

ce qu'on ait connu l'effet que ce dernier protocole produira sur l'esprit du Roi des Pays-Bas. Vous remarquerez que tout en conservant beaucoup d'égards dans la rédaction, on n'en est pas moins très positif.

J'avais parlé à lord Palmerston de votre proposition d'envoyer une autre personne pour remplacer M. Bresson à Bruxelles. Il pense que sa présence y est absolument nécessaire, et qu'il n'y a aucun inconvénient à ce qu'il s'y trouve avec lord Ponsonby, malgré le caractère plus élevé de ce dernier. Il a du reste consulté la Conférence à ce sujet, et tous les membres sont tombés d'accord sur l'utilité de la prolongation du séjour de M. Bresson en Belgique jusqu'à la conclusion définitive de l'armistice. Ils seraient fâchés que vous prissiez une autre disposition à cet égard. C'est donc seulement alors que je presserai son retour ici, pour qu'il vienne y rendre compte de sa mission à la Conférence.

Recevez, etc.

XLIV

TALLEYRAND AU COMTE SÉBASTIANI

Londres, le 12 décembre 1830.

Monsieur le Comte,

Je ne vous ai pas encore entretenu de l'agitation qui existe depuis quelque temps dans l'intérieur de

l'Angleterre : j'ai voulu rassembler tous les matériaux
nécessaires pour m'en faire à moi-même une opinion
que je crois être exacte. Ce qui ajoute de l'importance
pour nous à cette agitation, c'est qu'on a voulu la rattacher aux incendies qui ont désolé dernièrement quelques provinces de la France, et je crois utile de démentir
une pareille assertion.

Une espèce de système d'incendies qui avait commencé dans le comté de Kent s'est étendu depuis aux
comtés du Midi et jusqu'au centre du royaume. Le feu
a été dirigé presque exclusivement sur le produit des
fermes, sur les meules de blé et de foin. Les propriétaires semblèrent d'abord disposés à attribuer ces atta-
taques criminelles à des individus étrangers aux localités et même au pays : cette opinion singulière n'existe
plus, ou du moins est fort affaiblie. On a remarqué
dans les discours de quelques pairs des insinuations
indiquant que leur esprit en était frappé. Les gens
craintifs voient bien aisément sous la forme d'un
incendie une révolution qui se passe dans un pays
voisin.

Actuellement on parle moins d'étrangers depuis qu'il
s'est mêlé aux incendies un esprit de désordre et de
violence ouverte parmi les paysans laboureurs. Cette
violence s'est dirigée d'abord sur les machines aratoi-
res, particulièrement sur celles qui épargnent le travail
de la main des hommes ; ils les ont brûlées partout où
ils les ont trouvées ; plusieurs fermiers, dans l'espoir
d'échapper aux incendies, se sont eux-mêmes empressés

d'en faire le sacrifice. Mais les paysans soulevés ne se sont pas arrêtés là ; ils ont essayé d'attaquer quelques châteaux. Des rencontres ont eu lieu entre eux et les propriétaires soutenus par la force civile et militaire ; ils ont été repoussés, il est vrai, jusqu'à présent, mais il y a eu du sang répandu, et en ce moment un nombre considérable de ces gens se trouve enfermé dans les prisons des comtés.

Ce qu'on reproche ici généralement aux fermiers, c'est d'avoir cédé aux menaces des paysans sur plusieurs points et d'avoir accordé dans ce moment une augmentation de salaire : en cédant, à la vérité, ils ont fait une espèce de protestation dans laquelle ils disaient qu'il leur était impossible d'acquitter ces salaires à un tel prix, en payant les impôts qui pèsent sur eux et de plus la dîme au clergé. Les paysans ont compris leurs plaintes et y ont répondu en intimidant dans quelques endroits le clergé et en le forçant à une réduction sur la dîme. En supposant que cette réduction soit confirmée par une loi, elle ne suffirait pas aux besoins des paysans. On va même jusqu'à dire que la totalité de la dîme distribuée sur tous les salaires ne tirerait pas cette classe de la misère.

Cette affaire a un côté plus sérieux, c'est le refus positif et même motivé d'un grand nombre de fermiers et bourgeois des villes de devenir constables, officiers de paix dans les causes que ces tumultes amènent. Il y en a qui avouent leurs craintes, d'autres établissent leur refus sur ce qu'ils regardent les demandes du peuple

comme justes et disent qu'il faut se hâter d'y satisfaire.

On n'a pas déployé beaucoup de fermeté contre ces
violences dans le premier moment; mais comment
espérer de la fermeté de la part de fermiers dont les
propriétés et même la vie étaient à la discrétion d'une
multitude d'hommes violemment agités? Les propriétaires n'étaient pas encore directement attaqués, beaucoup d'entre eux étaient absents.

C'est sous le dernier ministère que ces troubles ont
commencé, et on ne peut le soupçonner d'être resté
indifférent aux rapports qui lui sont parvenus immédiatement sur l'état du pays; comme on s'accorde à dire
que l'état général de la population n'était pas en somme
plus inquiétant qu'il ne l'a été depuis quelques années,
il n'est pas étonnant que le Gouvernement n'ait pas
prévu toute l'étendue du mal qui s'est montré ensuite.
D'ailleurs, le ministère devait nécessairement agir
d'après des rapports transmis des localités par les
magistrats et les principaux propriétaires, qui d'abord
n'avaient pas paru très effrayés; ce n'est que quand les
incendies se sont multipliés et étendus en plusieurs
comtés que la masse des propriétaires a senti le danger
qu'elle courait et s'est réunie.

On enrôle maintenant une espèce de milice ou de
garde urbaine qu'on doit mobiliser, la police est en
grand mouvement pour rechercher les incendiaires,
trois ont été récemment arrêtés. On a donné des ordres
pour transporter le peu de troupes régulières dispo-

nibles partout où le besoin s'en fait le plus sentir. Les seigneurs et les propriétaires entourent leurs campagnes de tous les moyens de défense possibles. Le Gouvernement a nommé des commissions spéciales pour se rendre sur les lieux et pour faire connaître paternellement au peuple l'énormité du délit qu'il commet et la peine qu'il s'expose à encourir.

Ce qui rend cette mesure indispensable, c'est qu'on assure que beaucoup de ces hommes turbulents ne savent pas le danger qu'ils courent. Les commissions n'ont d'autre pouvoir que celui de hâter le jugement des accusés; elles ne peuvent d'ailleurs dispenser d'aucune des formes de la justice ordinaire. Le Gouvernement n'a point demandé au Parlement un pouvoir extraordinaire, autant peut-être pour ne pas augmenter l'alarme que par conviction de son inutilité.

On est porté à croire que les incendies qui ont eu lieu dans quelques provinces de l'ouest de la France et ceux qui se sont déclarés ici ont une origine commune, mais rien, jusqu'à ce jour, ne donne à cette conjecture aucun fondement réel. Il paraît qu'elle appartient uniquement à l'imagination de quelques personnes pressées de trouver une cause à ce grand désordre. D'autres personnes, et il y en a un assez grand nombre parmi les légistes philosophes, disent qu'il y a dans le crime quelque chose d'épidémique, et qu'on s'y porte quelquefois par esprit même d'imitation. Je suis porté à croire que ces incendies tiennent tout simplement au système suivi par le peuple pour intimider les fermiers et arriver plus promptement à son but, qui est une augmentation de salaire.

Mon opinion est que c'est la misère de la population rurale qui l'a portée à la violence, surtout dans les provinces du Midi et de l'Ouest. Dans ces endroits, on attribue généralement cette misère à la direction vicieuse qu'on a donnée à la loi des pauvres. L'abus qu'on a fait de cette loi est trop remarquable pour que je n'en parle pas ici.

Avant la Réforme, une partie des revenus du clergé étaient employés en Angleterre, comme dans les autres pays catholiques, en aumônes aux pauvres; c'était même là la principale ressource des indigents. Lorsque l'on a confisqué les biens du clergé, une forte partie est tombée entre les mains des grands seigneurs, et l'on a suppléé aux aumônes par une taxe sur les terres et sur les maisons à laquelle on a donné le nom de loi des pauvres. Cette loi, qui date du règne d'Élisabeth et qui est l'œuvre de Bacon et de Cecil, porte l'empreinte de la sage prévoyance qui marqua les actes de ce règne : ces grands hommes ne sont certainement pas responsables de l'étrange abus qu'on en a fait après eux.

On a imposé plus tard aux paroisses l'obligation absurde de pourvoir à l'existence de tous leurs pauvres; on transforma ainsi ce qui devait rester précaire en quelque chose de certain; et que devient la charité quand elle cesse d'être précaire? Elle devient un encouragement à la mendicité. La morale publique est surtout dans la prévoyance. Quelle peut être la tendance d'une mesure qui dispense le peuple de son propre avenir?

L'abus dont je parle a conduit à un autre, auquel raisonnablement on peut attribuer en très grande partie la misère qui se montre sous une forme si menaçante aujourd'hui.

Le nombre des bras excédant presque partout le besoin, les fermiers dans beaucoup d'endroits en avaient profité pour réduire le salaire de leurs ouvriers au-dessous de ce qu'il leur fallait indispensablement pour vivre, et ils rejetaient sur les paroisses le soin de leur fournir comme pauvres le surplus qui leur était nécessaire. Le complément des salaires sortait donc du fonds des pauvres, de manière que tous les ouvriers qui recevaient une part sur ce fonds contribuaient au payement d'un travail fait dans l'intérêt des fermiers seuls, ce qui était fort injuste, car ceux qui emploient des hommes à leur service sont obligés de leur payer de quoi exister : quelquefois cette manière d'exister est misérable parce qu'elle dépend des proportions qui s'établissent entre l'offre et la demande, mais il faut toujours que l'ouvrier ait de quoi exister et, lorsqu'il est marié, de quoi entretenir sa famille, qui est destinée un jour à le remplacer dans son travail. Le salaire des hommes qui ont une famille règle celui de ceux qui n'en ont pas, et il sort de là un encouragement à la prudence et à cet empire que l'on doit exercer sur soi-même pour éviter des mariages prématurés et la création d'une famille qui rend l'existence toujours difficile.

On profita de l'arrangement dont nous avons parlé plus haut pour faire deux catégories d'ouvriers, dont l'une de gens mariés et l'autre de ceux qui ne le sont pas, et le maximum du salaire fut fixé à ce qu'il faut strictement à un homme seul pour exister. Ajoutons que le secours paroissial se mesure sur le nombre d'enfants dans chaque famille, ce qui est donner une véritable prime pour en provoquer la multiplication au milieu de la misère.

C'est par là qu'on est parvenu, à ce que je crois, à bouleverser dans toutes les têtes les rapports qui doivent exister entre ceux qui ont et ceux qui n'ont pas.

Si je puis aller à la campagne pendant les fêtes de Noël, comme c'est l'usage dans ce pays, je profiterai de ce loisir pour vous donner de nouveaux détails, que les affaires de la Belgique ne me laissent pas le temps d'écrire aujourd'hui.

Recevez, etc.

XLV

TALLEYRAND AU COMTE SÉBASTIANI

Londres, le 13 décembre 1830.

Monsieur le Comte,

Je vous renvoie le courrier qui m'a apporté votre dépêche du 8 de ce mois [1]. Je vous écris aujourd'hui seulement dans la crainte qu'au milieu des circonstances actuelles mon silence ne vous cause quelque inquiétude, car l'absence des ministres anglais qui sont

[1] Dans cette dépêche du 8 décembre, le général Sébastiani renouvelait l'expression du refus déjà opposé à tout projet tendant à réunir la Belgique à la France. « Notre réponse à l'envoyé belge sera nette et précise; nous déclarerons que notre intention est de ne point nous séparer des grandes puissances dont les représentants s'occupent à Londres, avec nous, de terminer par les voies de la conciliation les affaires de la Belgique, et nous refuserons la réunion de ce pays à la France aussi bien que la couronne offerte à M. le duc de Nemours.

« Il est sage, d'un autre côté, comme vous l'observez fort bien, mon prince, que la France ne prenne point l'initiative sur la proposition d'un souverain pour la Belgique. Le Roi verrait avec assez de plaisir que le choix tombât sur le fils de l'archiduc Charles. Telles sont les dispositions personnelles de Sa Majesté; mais celles de son conseil y sont entièrement opposées, et il est unanime sur cette importante question : il pense qu'il ne convient pas de ramener, même par ses branches cadettes, la maison d'Autriche dans les Pays-Bas, et on ne saurait se le dissimuler, nous rencontrerions à cet égard dans les Chambres et dans la nation française une opposition insurmontable. Aucune des cinq grandes puissances ne doit être appelée à régner par un de ses princes dans cette partie de l'Europe. »

à la campagne a suspendu nos conférences et ne me
laisse par conséquent rien d'intéressant à vous dire sur
la marche de nos affaires.

Dans ma dépêche du 28 septembre (n° 5), j'avais
demandé à M. le comte Molé de faire rétablir un
moyen d'informations qui avait toujours été employé
dans les relations du ministère avec l'ambassade de
France à Londres. Je veux parler de la voie télégraphique par laquelle on avait l'habitude de transmettre
les nouvelles importantes qui pouvaient se réduire à
quelques lignes. Si vous voulez vous faire représenter
ma dépêche, Monsieur le Comte, vous y trouverez les
raisons qui m'ont fait adresser cette demande. Je dois
ajouter à leur appui que les événements qui se passent
dans le Nord et le grand procès qui va se juger à Paris
rendent plus que jamais nécessaires de promptes communications entre le Gouvernement et moi, et réciproquement. Vous sentirez combien il me sera utile de
pouvoir rectifier les bruits mensongers que la malveillance et la cupidité chercheront à accréditer au sujet du
procès des ministres, et d'autre part l'importance pour
moi d'être informé promptement de tout ce qui pourrait
avoir de l'influence sur les négociations que je suis
appelé à suivre ici.

Il suffira de rappeler les ordres donnés antérieurement, et j'espère avoir bientôt une réponse satisfaisante
de vous sur ce point.

Recevez, etc.

XLVI

TALLEYRAND AU COMTE SÉBASTIANI

Londres, le 14 décembre 1830.

Monsieur le Comte,

J'ai vu lord Palmerston qui est revenu de la campagne, et j'ai eu avec lui une longue conversation sur la politique générale de l'Europe. Il connaissait comme moi le succès de la négociation de lord Ponsonby et de M. Bresson, ainsi que les entraves que le Roi des Pays-Bas apporte à l'exécution des conditions de l'armistice. Il sent la nécessité de mettre un terme à cet état de choses, et je l'ai engagé à employer avec le Roi de Hollande un langage sévère, tel que l'Angleterre est en position de le faire, et qui nous tire enfin de notre embarrassante incertitude.

Lord Palmerston m'a dans cette conférence parlé de l'état inquiétant du Piémont, et j'en ai profité pour lui expliquer ce que la plus ancienne politique de la France l'autoriserait à faire dans le cas où des troubles se manifesteraient dans ce pays et où l'Autriche voudrait essayer de les réprimer par la force des armes. Je lui ai dit que la position géographique de ce pays était telle qu'il était probable que la France ne pourrait jamais consentir à le voir occupé par les armées

autrichiennes sous quelque prétexte que ce fût; que
depuis plus d'un siècle et demi il avait été reconnu
que le Piémont, placé entre nous et l'Autriche, devait
se maintenir dans une neutralité parfaite, et que la
France ne voudrait certainement pas s'écarter aujour-
d'hui d'un principe admis à toutes les époques, et
récemment encore au Congrès de Vienne. Je lui ai
rappelé les discussions qui s'étaient élevées à ce Congrès au sujet de la souveraineté du Piémont, que l'Autriche aurait voulu faire passer au duc de Modène à
l'extinction de la famille régnante actuelle, et qu'il avait
été au contraire positivement décidé que la branche de
Carignan serait appelée au trône.

Lord Palmerston m'a promis qu'il chargerait l'ambassadeur d'Angleterre à Vienne de faire valoir ces
observations près du Gouvernement autrichien, et je
pense qu'il serait utile de donner des instructions dans
ce sens au maréchal Maison. Je vous engage, Monsieur
le Comte, à vous faire représenter la correspondance
des plénipotentiaires français au Congrès de Vienne à
ce sujet et les instructions qui leur avaient été données; elles doivent être, ce me semble, en tout point
d'accord avec ce que j'ai dit plus haut.

Nous venons d'avoir une conférence dans laquelle
nous avons peu avancé les affaires de la Belgique, parce
que l'instrument signé que nous attendions de Bruxelles
n'est point encore arrivé aujourd'hui 14, à six heures
du soir. Nous avons profité cependant de cette réunion
pour presser le Roi des Pays-Bas d'envoyer deux com

missaires pour la démarcation des limites derrière
lesquelles les deux armées doivent se retirer, aux termes
de notre protocole du 17 novembre. M. Falck a été
chargé d'écrire la lettre qui exprime au Gouvernement
hollandais le désir de la Conférence. Vous voyez qu'on
a supposé, et c'est notre opinion à tous, que le Roi se
rendra au vœu formel qui lui a été exprimé par le dernier protocole. Nous nous réunirons au moment où
arrivera le courrier que nous attendons de Bruxelles.
Ce que j'ai pu remarquer de la part de la Conférence,
c'est un grand désir de terminer l'affaire de la Belgique.

Dans une nouvelle conversation que j'ai eue avec
lord Palmerston, j'ai pu lui parler des vues ultérieures
de l'Angleterre sur le choix qu'il fallait inspirer aux
Belges lorsqu'ils en seront à nommer leur souverain.
Il n'a été question entre nous que d'exclusions, c'est-à-
dire de notre part, celles de l'archiduc Charles, du duc
de Leuchtenberg et du prince Charles de Bavière. L'An
gleterre croit que les puissances seraient un peu
effrayées de M. le duc de Nemours, mais je pense qu'on
arriverait fort aisément au prince Léopold épousant
une princesse de la Maison de France. Je vous écrirai
bientôt plus pertinemment sur cette question.

Recevez, etc.

XLVII

TALLEYRAND AU COMTE SÉBASTIANI

Londres, le 17 décembre 1830.

Monsieur le Comte,

L'ambassadeur des Pays-Bas a annoncé qu'il était malade. Je pensais qu'il voulait faire servir cette indisposition à retarder les travaux de la Conférence, et je viens d'apprendre une détermination de son souverain qui me confirme dans l'opinion que ce prince cherche tous les moyens d'entraver nos résolutions. M. Falck a reçu l'avis qu'après la réception du protocole de notre cinquième conférence, le Roi de Hollande avait désigné pour se rendre à Londres M. Zuylen de Nyeveldt en qualité de second plénipotentiaire, afin d'y porter de nouvelles instructions. Il est évident que cette nomination n'est qu'une mesure dilatoire, car personne n'est plus capable que M. Falck de suivre les affaires du Roi ici.

D'ailleurs, toutes les réticences de M. Falck dans ces derniers temps et surtout aujourd'hui ne prouvent que trop qu'il est embarrassé et que son Gouvernement n'est pas de bonne foi.

Après avoir mûrement réfléchi sur cet incident, j'ai pensé qu'il n'y avait qu'un moyen de mettre un terme

à nos incertitudes, c'était de demander la prompte
déclaration de l'indépendance de la Belgique. Je me
crois fondé à faire cette demande, parce que dès le
principe de nos négociations il a été convenu que pendant que la France emploierait son influence pour
décider les Belges à signer un armistice, l'Angleterre
emploierait la sienne pour amener le Roi de Hollande
à prendre le même parti. Nous avons pleinement
réussi; les Belges consentent à tout, et nous leur
devons le prix de la condescendance qu'ils nous ont
témoignée.

Le cabinet anglais, malgré tous ses efforts, qui ont
été très sincères, n'a pu obtenir à la Cour de La Haye la
déclaration positive que nous devions naturellement
attendre. Le caractère du Roi de Hollande est un
obstacle à tout; mais cet obstacle, il faut le surmonter,
et je ne connais pas d'autre moyen d'y parvenir que
de faire déclarer demain par la Conférence l'indépendance de la Belgique.

Mon projet est donc d'en parler avant la conférence
à lord Palmerston et d'en faire ensuite la proposition
formelle aux commissaires des cinq puissances. Si
j'obtiens cela demain, et je l'espère, nous aurons fait
un grand pas.

Il est possible qu'après ma conférence avec lord
Palmerston, je l'engage à faire la proposition lui-
même. Il serait préférable qu'elle vînt de lui, parce
qu'elle aurait plus d'influence sur le Roi des Pays-Bas.
Du reste, je jugerai ce qui conviendra le mieux et,

après la conférence, je vous expédierai le courrier que vous m'avez envoyé.

Recevez, etc.

P. S. — Je joins ici une lettre du prince Léopold que vous voudrez bien remettre à la Reine.

XLVIII

TALLEYRAND AU COMTE SÉBASTIANI

Londres, le 20 décembre 1830.

MONSIEUR LE COMTE,

Je vous annonçais dans ma dernière dépêche le renvoi pour le lendemain de votre courrier, mais la marche et la longueur de nos conférences ne m'ont pas permis de remplir cette intention, et c'est aujourd'hui seulement que je suis en état de vous faire connaître un important résultat de nos délibérations.

La Conférence s'est réunie chaque jour, et l'une de nos séances s'est prolongée pendant plus de sept heures. Vous ne vous étonnerez pas d'aussi longues discussions, quand vous saurez que le plénipotentiaire anglais et moi étions seuls décidés sur la question de l'indépendance de la Belgique, et qu'il fallait amener les quatre autres plénipotentiaires à partager notre opinion. Mais j'attachais trop de prix à remplir les intentions du Roi pour ne pas presser autant que je le pouvais une résolution qu'il nous était si utile de faire prendre.

Je vous envoie le protocole de notre conférence qui vient d'être signé dans le moment; vous remarquerez qu'il renferme tout ce que raisonnablement nous pouvions désirer. J'espère que le Roi en sera satisfait. La signature de l'ambassadeur de Russie m'était bien précieuse à avoir, et vous l'y verrez [1].

Recevez, etc.

XLIX

TALLEYRAND AU COMTE SÉBASTIANI

Londres, le 21 décembre 1830.

MONSIEUR LE COMTE,

J'étais pressé hier par le désir de faire partir le courrier qui vous portait le protocole de notre conférence; aujourd'hui je puis mieux apprécier l'importance de la résolution qui a été adoptée, et il m'est déjà possible de vous annoncer qu'elle a produit un grand effet parmi les personnages influents de ce pays qui

[1] Voir protocole de la conférence tenue au Foreign Office le 20 décembre 1830, *Collection de Clercq*, t. III, p. 589.

en ont eu connaissance. On la regarde sinon comme
une garantie du maintien de la paix, du moins comme
enlevant aux partisans de la guerre un puissant moyen
d'agiter les esprits. Je partage assez cette opinion, et je
persiste à croire que, même dans les circonstances
actuelles de l'Europe, la reconnaissance par les cinq
grandes puissances, de la Belgique comme État indépendant, doit avoir pour nous un utile résultat.

Les événements survenus en Pologne [1] m'ont rappelé
ce que bien jeune encore j'avais éprouvé avec toute la
France, lors du premier partage de ce pays. Il est
impossible d'oublier l'impression qu'il produisit dans le
siècle dernier : la politique de la France en fut flétrie,
et jamais le duc d'Aiguillon, ministre des affaires étrangères, et le cardinal de Rohan, ambassadeur à Vienne,
ne se sont relevés de la honte d'avoir ignoré les négociations qui précédèrent ce grand acte d'injustice et de
spoliation.

Plus tard, l'occasion la plus favorable se présenta
pour rétablir le royaume de Pologne : l'Empereur
Napoléon pouvait rendre à ce pays son indépendance,
si importante pour l'équilibre européen. Il ne le voulut
pas, et ce n'est pas à vous, Monsieur le Comte, que

---

[1] « Je reçois à l'instant et par estafette une lettre de Berlin.
M. Mortier m'annonce dans le *post-scriptum* de cette lettre que le
Roi de Prusse a reçu la nouvelle d'une insurrection qui a éclaté à
Varsovie le 29 du mois dernier.

« Quatre généraux ont été massacrés, parmi lesquels se trouvait
le ministre de la guerre. »
(*Sébastiani à Talleyrand. —* 8 décembre 1830.)

j'aurai besoin de rappeler la grande faute qui fut commise alors.

En 1814, les chances de la guerre nous avaient amenés au point de ne plus pourvoir qu'à notre propre existence, et nous dûmes garder le silence lorsque se consomma l'asservissement de la Pologne [1].

Aujourd'hui que notre voix a repris son importance dans les conseils de l'Europe, il ne peut plus en être de même. Je crois que sans troubler la paix, il vous serait possible, avec l'appui de l'Angleterre, de faire, en choisissant bien le moment d'offrir notre médiation, tourner les derniers événements de Pologne à l'avantage de l'Europe. Il n'est personne maintenant qui ne comprenne que le royaume de Pologne, fortement constitué, formerait la meilleure barrière contre les envahissements menaçants de la Russie; il se présente bien des moyens qui tendraient à faire obtenir ce résultat, et si l'Angleterre voulait entrer franchement dans nos vues, je pense qu'on trouverait dans le grand-duché de Posen, en Galicie, dans les provinces polonaises de la Russie, en Finlande, peut-être même en Suède et en Turquie, des moyens puissants d'action contre la Russie. Il me semble qu'il serait possible d'atteindre le but dont je parle sans faire la guerre; le cabinet de Saint-Pétersbourg, bien conseillé, céderait peut-être avec le temps à des démarches habilement combinées.

---

[1] Voir la lettre de Talleyrand à lord Castlereagh, 28 septembre 1815, sur la question polonaise. — *La mission de Talleyrand à Londres en* 1792. Librairie Plon, 1889.

Tout ceci exigerait beaucoup de développements, Monsieur le Comte, et j'ai voulu seulement présenter quelques réflexions auxquelles je donnerais plus de suite, si vos idées à cet égard se trouvaient d'accord avec les miennes.

J'attends avec impatience le résultat de vos conférences avec M. Van de Weyer.

Les nouvelles qui arrivent dans ce moment de l'Irlande paraissent donner quelque inquiétude au Gouvernement anglais; on craint que les troubles de ce pays ne prennent un caractère plus sérieux. Je me tiendrai au courant de ce qui s'y passe.

Recevez, etc.

L

TALLEYRAND AU COMTE SÉBASTIANI

Londres, le 26 décembre 1830.

MONSIEUR LE COMTE,

Je dois vous offrir l'expression de ma vive reconnaissance pour la lettre que vous m'avez écrite le **22** au soir et qui est arrivée fort à propos pour calmer mes inquiétudes. L'état de Paris, tel qu'il était décrit par les journaux, avait répandu l'alarme à Londres, et je puis ajouter que cela m'a fourni l'occasion de reconnaître l'intérêt sympathique que nous porte la grande majorité des habitants de l'Angleterre. Aussi a-t-on accueilli généralement avec satisfaction la nouvelle que la tranquillité était rétablie dans notre capitale. En vous priant, Monsieur le Comte, de vouloir bien continuer à me tenir au courant de ce qui intéresse le service du Roi et le succès de mes négociations ici, je ne saurais assez vous remercier de l'exactitude et du soin que vous avez mis à remplir jusqu'ici mes désirs sur ce point.

J'ai l'honneur de vous envoyer la copie d'un nouveau protocole relatif au duché de Luxembourg; il a été arrêté dans la séance d'aujourd'hui. Nos commissaires à Bruxelles avaient écrit qu'ils n'espéraient pas pouvoir traiter avec succès simultanément les limites de la Belgique et la fixation de la souveraineté du duché de Luxembourg. La Conférence leur a donné le pouvoir nécessaire de ne s'occuper du duché de Luxembourg que dans un temps opportun, sans le mêler à la question des limites de la Belgique. Nous devons nous réunir encore demain pour la rédaction d'une lettre adressée au Roi des Pays-Bas, dont il faut absolument rompre toutes les résistances à la levée du blocus; cela est senti par tous les plénipotentiaires, et la lettre sera pleine d'égards, mais surtout pleine de force.

Avant notre conférence sur les affaires de la Belgique, l'ambassadeur de Russie, lord Palmerston et moi, avions eu une conférence sur les affaires de la Grèce. J'y ai, comme j'étais autorisé par mes instructions, proposé une augmentation de territoire pour le royaume de la Grèce. Après quelques débats fondés sur les limites acceptées aux anciennes Conférences par notre ancien ministère et même par la Turquie, cette augmentation a été convenue; demain, à une seconde conférence, nous verrons jusqu'où nous pourrons porter les limites de ce nouveau royaume.

J'aurai l'honneur de vous écrire après les deux conférences que nous devons avoir.

Acceptez, etc.

LI

TALLEYRAND AU COMTE SÉBASTIANI

Londres, le 28 décembre 1830.

Monsieur le Comte,

Le courrier Lombardi, chargé de votre dépêche du 25 de ce mois, est arrivé ici seulement ce matin à huit heures. Je désirerais qu'il fût vérifié si c'est dans votre secrétariat qu'a été surchargée la feuille de départ dont ce courrier était porteur.

Je ne crois pas qu'on puisse encore publier la déclaration de la Conférence de Londres relative à l'indépendance de la Belgique. Vous savez déjà que nos commissaires à Bruxelles ont suspendu la remise de cette déclaration au Gouvernement provisoire, dans la

crainte qu'elle ne produisît un mauvais effet si elle se
trouvait jointe à celle sur le grand-duché de Luxembourg. La Conférence, qui a senti la justesse de cette
observation, a fait un nouveau protocole par lequel elle
autorise ses commissaires à Bruxelles à ne traiter la
question du Luxembourg que quand le moment leur
semblerait opportun [1]. Vous voyez que nous avions

[1] Le 26 décembre, la Conférence adressait les deux lettres ci-
après à ses commissaires à Bruxelles.

« Londres, 26 décembre 1830.

(Confidentielle à lord Ponsonby et à M. Bresson.)

« MESSIEURS,

« Nous sommes dans le cas de vous prevenir que la Diète de la
Confédération germanique a fait auprès de la Conférence de Londres, par la note ci-jointe, une démarche à l'effet de demander
aux plénipotentiaires des cinq Cours s'ils ont trouvé, ou s'ils s'occupent à combiner les moyens de rendre superflue en tout ou partie
une intervention plus positive de la part de la Diète dans le grand-
duché de Luxembourg.

« Vous savez, Messieurs, que la Conférence de Londres s'est déjà
prononcée par son protocole du 17 novembre sur les relations du
grand-duché, que les droits de la Confédération germanique sur ce
pays ont été formellement reconnus par les cinq Cours ; qu'en conséquence, aucune d'elles ne pourrait envisager comme intervention
étrangère l'intervention de la Diète germanique dans le grand-duché
de Luxembourg, et qu'en s'occupant de ses intérêts, ce seraient, au
contraire, les autorités existantes en Belgique qui s'immisceraient
dans les affaires intérieures d'un autre État. Nous vous invitons
donc à saisir la première occasion favorable pour représenter ces
vérités au Gouvernement provisoire belge de la manière que vous
jugerez la plus utile pour les lui faire apprécier et pour appeler son
attention sur les mesures incontestablement légitimes que la Diète
de la Confédération germanique serait forcée de prendre, si vos
démarches ne produisaient pas l'effet que nous nous plaisons à
espérer.

« Nous ne manquerons pas d'adresser les mêmes représentations

prévu ici, où les choses se font quelquefois à la hâte,
l'embarras que la déclaration sur le duché de Luxembourg pouvait entraîner, en la mêlant, comme on
l'avait fait, au protocole où se trouve l'indépendance
de la Belgique. En général, il paraît ici plus dans
l'ordre que l'impression des pièces relatives aux affaires
de la Belgique vienne des publications faites à
Bruxelles.

J'ai l'honneur de vous envoyer quatre numéros d'un

aux députés belges dont vous demanderez l'envoi. Mais nous désirons
que de votre côté vous nous instruisiez du résultat des soins que
votre prudence aura dirigés.

« Agréez, Messieurs, l'assurance de notre considération très dis-
tinguée.

« ESTERHAZY, TALLEYRAND, PALMERSTON, LIEVEN, BULOW. »

« Londres, 26 décembre 1830.
« MESSIEURS,

« Le protocole du 17 novembre, n° 3, porte ce qui suit :

« Le grand-duché de Luxembourg fait partie de la Confédération
« germanique, sous la souveraineté de la Maison d'Orange-Nassau,
« en vertu de stipulations différentes de celles du traité de Paris et
« des traités subséquents qui ont créé le royaume des Pays-Bas. Il
« ne saurait, par conséquent, être compris aujourd'hui dans aucun
« des arrangements qui ont ou qui auront rapport à la Belgique ; et
« nulle exception ne sera admise à ce principe. »

« Il nous a paru que nous ne nous étions pas suffisamment con-
formés à ce même principe dans la dépêche que nous vous avons
adressée le 20 de ce mois, dépêche où une question qui regarde le
grand-duché de Luxembourg se trouvait liée à des arrangements qui
avaient la Belgique pour objet.

« En conséquence, nous annulons ladite dépêche, et nous y sub-
stituons celle que vous recevez sous la date de ce jour.

« Agréez, Messieurs, l'assurance de notre considération très dis-
tinguée.

« ESTERHAZY, TALLEYRAND, PALMERSTON, LIEVEN, BULOW. »

journal de La Haye, qui paraît être rédigé sous l'influence du Gouvernement hollandais. Si les articles
que renferment ces journaux sur la question de l'armistice sont l'expression de l'opinion du Gouvernement, la Conférence y a répondu hier dans le protocole,
dont une copie aura été remise au Roi de Hollande :
ce protocole est conçu dans des termes qui ne peuvent
laisser aucun doute à ce souverain sur l'intention de
la Conférence d'ordonner la délimitation des frontières
sans sa participation, s'il élève encore de nouvelles
difficultés. Il serait peut-être bien de faire appuyer cette
communication par le chargé d'affaires de France à
La Haye.

Je vous envoie aussi une copie de la protestation
que l'ambassadeur de Hollande a transmise à chacun
des membres de la Conférence. J'ai pensé qu'il n'était
pas convenable d'y répondre; la plupart de mes collègues agiront de même.

Vous trouverez également une copie du protocole
dont je viens de vous parler plus haut et de la lettre
qui y était jointe. Lord Palmerston y a ajouté une
lettre pour l'ambassadeur d'Angleterre à La Haye, dans
laquelle il établit que le Roi de Hollande, en se refusant
à l'exécution de l'armistice par la non-levée du blocus,
s'exposerait à voir les limites de ses États déterminées
sans sa participation.

Je croirais que le prince Léopold, à qui j'ai remis ce
matin les deux lettres que vous m'avez envoyées pour
lui, serait le souverain de la Belgique le plus agréable

à l'Angleterre : tout ce qui me revient me confirme dans cette opinion, et les Anglais pensent que la Russie, une fois détachée de l'idée d'y établir le prince d'Orange, arriverait aisément au prince Léopold [1].

Je dois répondre à l'article de votre lettre relatif au duché de Bouillon, et vous observer à cet égard qu'il n'a jamais été question de considérer cette portion de territoire comme faisant partie du duché de Luxembourg. Quand la discussion sur ce point se présentera, c'est là ce que j'établirai.

M. Van de Weyer n'est pas encore arrivé.

Je joins ici deux lettres du prince Léopold, en réponse à celles de S. M. la Reine et de Madame Adélaïde, que vous m'aviez adressées ce matin.

Vous savez sûrement que, le jour de la fête de saint Georges, le corps diplomatique ayant été reçu par l'Empereur, celui-ci affecta de parler très gracieusement à

[1] La veille même, le 25 décembre, le général Sébastiani écrivait à Londres :

« La Russie montre une opposition presque insurmontable au prince Léopold de Saxe-Cobourg. Ce prince est en outre peu populaire en France, et Madame la princesse Adélaïde lui écrit par ce courrier pour le détourner du projet qu'il avait de faire en ce moment une apparition à Paris; nous ne partageons pourtant en aucune manière la répugnance de la Russie pour lui, et, loin d'être disposés à affaiblir ses chances, nous cherchons à ménager celles qu'il peut avoir. Mais si notre opinion est parfaitement arrêtée sur les candidats que nous ne saurions consentir à voir appelés au trône de Belgique, elle l'est beaucoup moins sur ceux dont nous pourrions favoriser l'élection, aussi bien que sur le degré d'appui que nous devrions leur prêter. Car, comme je vous l'ai déjà dit, mon prince, on ne saurait adopter l'idée d'imposer un souverain à la Belgique. »

tous les ministres étrangers; arrivé à M. Bourgoing, il
lui dit fort sèchement : « Quant à vous, monsieur, je
« n'ai rien à vous dire; car je n'ignore pas que ce qui
« vient de se passer en Pologne a eu sa source en
« France. »

J'ai pris pour demain rendez-vous avec lord Palmerston, pour lui parler de la noble médiation dont
votre lettre de ce matin renferme le projet[1].

Recevez, etc.

LII

TALLEYRAND AU COMTE SÉBASTIANI

Londres, le 28 décembre 1830.

MONSIEUR LE COMTE,

Nous avons eu ce matin notre seconde conférence
sur la Grèce. Le vicomte Palmerston y a fait la lecture
des derniers protocoles qui avaient été arrêtés dans les
conférences auxquelles mon prédécesseur avait pris
part, et qui, par le refus du prince Léopold, n'avaient

-----

[1] « J'ai des nouvelles de Pétersbourg du 11 de ce mois et de
Varsovie du 13. L'Empereur Nicolas a dirigé cent vingt mille hommes sur la Pologne pour y comprimer par la force l'insurrection qui
ne s'est d'ailleurs étendue ni aux troupes ni aux peuples de la
Lithuanie, de la Podolie et de la Volhynie; tout nous fait craindre
pour les Polonais de nouveaux malheurs dont nous ne saurions

eu aucun résultat. L'agrandissement du territoire de la Grèce a été convenu entre nous; cela fait, j'ai cherché à établir que, puisqu'on voulait faire des changements aux derniers protocoles auxquels la Porte avait donné son acquiescement, il valait mieux proposer la ligne la plus convenable à la Grèce que de changer pour une amélioration trop peu importante, et que la ligne du golfe de Volo à celui d'Arta me semblait la plus convenable. Lord Palmerston a soutenu très bien cette proposition, qu'il a fait valoir par de fortes raisons tirées de toutes les correspondances. La Russie ne manifeste plus le même intérêt pour la Grèce depuis qu'elle a rétabli ses anciennes relations avec la Porte Ottomane, ce qui rend ses plénipotentiaires extrêmement circonspects et peu disposés à rien prendre sur eux-mêmes.

Dans cet état de choses, nous sommes convenus que l'Angleterre chargerait M. Dawkins de dire confidentiellement au comte Capo d'Istria que la frontière de la Grèce peut être améliorée, et le prierait de ne point divulguer l'intention des trois Cours, mais de chercher quelque prétexte plausible pour ne pas ordonner l'évacuation, comme cela était convenu, des points de l'Acarnanie et de l'Étolie qui se trouveraient occupés

prévoir ni le terme ni l'étendue. Si l'Angleterre voulait accueillir la pensée d'une médiation avec la France pour intervenir auprès de l'Empereur Nicolas et prévenir de si grands désastres, nous nous empresserions de nous réunir à elle afin d'atteindre un but aussi honorable et que conseillent également la politique et l'humanité. »

(*Sébastiani à Talleyrand.* — 25 décembre 1830.)

par les Grecs. Pendant que cette démarche se fera, les plénipotentiaires russes demanderont à leur Gouvernement l'autorisation de signer les actes nécessaires pour obtenir l'amélioration des limites de la Grèce par une convention faite de gré à gré, moyennant une somme d'argent quelconque. Cette somme serait prise sur l'emprunt qui doit être garanti par les trois puissances.

Vous remarquerez, en vous faisant représenter toutes les pièces de cette affaire, qu'il existe, joint au protocole du 3 février 1830, un traité tout rédigé, mais non signé, et dont tous les articles, aux termes du protocole, sont convenus. Si l'on adoptait les clauses de ce traité, il faudrait nécessairement y introduire un article sur les frontières qui serait rédigé dans les termes les plus généraux.

Si l'on parvient à obtenir ces changements de la Porte Ottomane, les commissaires démarcateurs auraient les mêmes fonctions à remplir. Il serait alors important que le commissaire français s'y rendît promptement et prît part à tout le travail qui doit être fait, pour que les Grecs sussent bien que la France défend leurs intérêts.

Je vous prie de me confirmer les ordres qui ont été donnés à mon prédécesseur, ou de m'en donner de nouveaux, si vous aviez quelque autre projet sur le choix d'un souverain de la Grèce; mais si vous persistez, comme il me paraît que les autres puissances sont portées à le faire, à nommer un des fils du Roi de Bavière, il serait important que l'administration du pays fût laissée au comte Capo d'Istria ; il faudrait même le prier, sa santé étant très faible, de présenter un plan de régence.

Vous voudrez bien vous rappeler que le Gouvernement s'est engagé, par un acte fait le 3 mai 1830, à garantir l'emprunt de 60 millions, convenu par l'article 4 du protocole du 20 février 1830. J'ai besoin de vos ordres à cet égard.

Recevez, etc.

P. S. — Il est probable que lord Granville ne partira pas avant vendredi ; c'est la maladie de son homme d'affaires qui est cause de ce retard.

LIII

TALLEYRAND AU COMTE SÉBASTIANI

Londres, le 30 décembre 1830.

MONSIEUR LE COMTE,

Dans ma dernière dépêche, portant par erreur le n° 58, et qui doit avoir le n° 59, j'ai eu l'honneur de vous entretenir du résultat de ma dernière conférence sur les affaires de la Grèce avec lord Palmerston et le prince Lieven. Les conversations que j'ai eues depuis sur ce sujet avec les ministres anglais m'ont démontré

que le choix de leur Gouvernement, comme souverain
du nouvel État grec, était fixé sur le prince Othon de
Bavière. Ce n'est donc plus comme un projet, mais
comme un point à peu près arrêté, que nous devons
considérer cette résolution du Cabinet de Londres :
mon prédécesseur avait été, du reste, autorisé à y donner son adhésion. Dans une correspondance qui avait
eu lieu avec le roi de Bavière, on en était venu jusqu'à
demander quel revenu personnel il ferait à son fils,
pour qu'à son début en Grèce il ne se trouvât pas à
charge au pays.

M. Van de Weyer n'est pas encore ici ; il est probable
que c'est le temps qui aura retardé son arrivée. Je vous
écrirai dès que je l'aurai vu. On dit qu'il vient avec un
M. Behr, sur lequel je n'ai aucun renseignement.
M. de Celles, qui doit être à Paris, vous dira qui il est.

Je viens de parler de nouveau, avec lord Palmerston,
du souverain de la Belgique ; je lui ai dit qu'il paraissait
que la Russie ferait quelques difficultés au choix du
prince Léopold. Il m'a répondu que, d'après les renseignements qu'il avait, il pensait que la Russie n'était
point particulièrement opposée au choix du prince
Léopold, mais qu'elle n'était point tout à fait décidée à
l'abandon du prince d'Orange. Elle est entretenue
dans ses espérances, à cet égard, par quelques pétitions
d'Anvers, de Gand et de Liège, favorables à la Maison
de Nassau. Je suis fondé à croire que l'Angleterre pré-
fère à toute autre combinaison celle du prince Léopold, marié à une princesse de France ; et, si vous

n'avez pas d'objections, c'est dans cette direction que
je resterai. La levée de la milice dans les trois royaumes, que
vous avez vue annoncée dans les journaux anglais, a
pour objet le rétablissement de l'ordre. On dit que si
toute cette milice était réunie, ce qui probablement
n'arrivera jamais, elle formerait environ quarante mille
hommes.

Recevez, etc.

LIV

TALLEYRAND AU COMTE SÉBASTIANI

Londres, le 3 janvier 1831.

MONSIEUR LE COMTE,

L'ambassadeur de Russie a reçu de son Gouvernement des dépêches qui, sans renfermer l'autorisation
de signer l'acte qui prononcerait l'indépendance de la
Belgique, supposent cependant que les circonstances
ont pu être telles qu'il ait été porté à cette résolution.
Mais il lui est défendu expressément, s'il était question
d'un souverain pour la Belgique, de consentir à un
autre choix qu'à celui d'un prince de la Maison de
Nassau. Ceci, comme vous voyez, complique encore
notre question.

Comme le choix d'un souverain sera probablement agité à une de nos premières conférences, j'ai dû chercher dans mon esprit quelle était la conduite à tenir, et je me suis décidé à proposer aux trois autres puissances de ne point s'arrêter au refus que fera la Russie et de passer outre ; car il n'est pas nécessaire que les reconnaissances arrivent simultanément, et la Belgique sera un royaume lorsque la France, l'Angleterre, l'Autriche et la Prusse l'auront reconnue pour tel. Lord Palmerston a adopté mon opinion et la soutient. Je lui en ai parlé hier, et il a trouvé qu'il n'y avait pas autre chose à faire.

Les plénipotentiaires hollandais, MM. Falck et Zuylen van Nyeveldt, ont vu, ce matin, lord Palmerston : ils lui ont dit qu'ils avaient une communication à faire à la Conférence, et que cette communication, comme je vous l'ai mandé avant-hier, porterait sur les points suivants : le premier serait la fixation des limites entre les deux pays. Ils proposent les mêmes limites qui existaient en 1794 ; vous jugerez sur vos cartes de la différence qu'il y a entre la Hollande de cette époque et celle de 1814. Ils proposeront aussi des échanges d'enclaves, et ils veulent garder des moyens de communication avec Maëstricht.

Le second point est la division de la dette. Selon les Hollandais, chacune des deux parties reprendrait sa dette telle qu'elle existait avant la réunion, avec sa portion de l'accroissement depuis l'union.

Le troisième article, plus favorable à la Belgique, lui

donne la liberté du commerce avec les colonies hollandaises, et elle serait traitée plus avantageusement que les nations les plus favorisées.

Par le quatrième, la navigation de l'Escaut serait reconnue libre.

Le Roi de Hollande voudrait faire considérer ces deux derniers articles comme une concession assez importante pour la Belgique, pour qu'il pût lui proposer de se charger d'une partie plus considérable de la dette. Il voudrait, de plus, remettre la levée du blocus d'Anvers jusqu'au 20 du mois de janvier.

Ce dernier article doit, dans mon opinion, précéder la discussion de tous les autres, et la Conférence en consentant à ce que demande la Hollande ferait un pas rétrograde qui ne me paraît pas convenable. Je serai soutenu sur ce point par lord Palmerston.

Je viens de voir M. Van de Weyer, il m'a paru fort satisfait de la manière dont il avait été reçu à Paris. Notre conversation, dans laquelle je suis resté fort en arrière, a d'abord commencé par des remerciements de sa part sur la reconnaissance de l'indépendance de la Belgique. Il regarde comme un grand succès cette reconnaissance obtenue au bout de quatre mois de lutte. Il m'a dit que dans ce nouvel état de choses l'affaire la plus importante pour nous, et celle qui simplifierait le plus tous les embarras qui existaient encore, était le choix d'un souverain. Je lui ai répondu que je ne doutais pas que ce choix ne fût fait par les Belges avec prudence et tel que les puissances voisines n'en fussent pas inquiètes et que les puissances éloignées n'en fussent pas étonnées. Il m'a prononcé les noms du prince Léopold et du prince de Naples, l'un ou l'autre épousant une princesse de France. Je lui ai dit qu'ils ne devaient attendre, à cet égard, aucune direction de notre part ; que l'affaire était trop importante et trop délicate pour eux pour qu'une influence étrangère même amicale pût y paraître ; que, du reste, je serais charmé de le voir souvent, et que si je hasardais quelque chose dans nos conversations, ce serait pour l'avertir des obstacles qu'il pourrait rencontrer. Je l'ai engagé, lui et ses collègues, MM. Villain XIV, de Behr et Vallez, à dîner demain chez moi. Ils auront, dans la matinée, remis leurs pouvoirs à lord Palmerston.

Recevez, etc.

LV

TALLEYRAND AU COMTE SÉBASTIANI

Londres, le 3 janvier 1831.

MONSIEUR LE COMTE,

Je crois utile de vous engager à adresser quelques instructions à l'ambassadeur de France à Constantinople au sujet des résolutions adoptées dans notre dernière conférence sur les affaires de la Grèce. Il sera bon, à ce que je crois, que M. le comte Guilleminot se concerte avec sir Robert Gordon sur les meilleurs moyens à employer pour faire consentir la Porte à l'augmentation de territoire proposée pour la Grèce ; et comme sir Robert Gordon recevra des ordres pressants de son Gouvernement et que son opinion antérieure lui a donné la réputation d'être favorable à la Turquie, il me semble qu'il convient de lui laisser employer son influence personnelle et de s'entendre avec lui.

Ce sera la manière d'agir le plus efficacement près de la Porte, de laquelle on n'obtiendrait peut-être pas facilement la ligne que nous demandons.

Recevez, etc.

LVI

TALLEYRAND AU COMTE SÉBASTIANI

Londres, le 7 janvier 1831, onze heures du soir.

MONSIEUR LE COMTE,

J'ai eu hier une longue conférence avec lord Grey sur le contenu de votre dépêche du 3 janvier [1].

---

[1] « Les Belges deviennent chaque jour plus pressants ; ils prétendent qu'ils ne peuvent plus rester dans la position incertaine où ils

Lord Grey, après m'avoir écouté sur tous les sujets
que renfermait votre lettre, m'a répondu avec un ton
assez positif : « M. le duc de Nemours ou la réunion
« à la France sont une seule et même chose, et cette
« chose-là entraînerait inévitablement la guerre. » J'ai
fait valoir avec la force que donne la conviction, la conduite franche du Gouvernement français dans toutes
les affaires de la Belgique. Lord Grey en est convenu ;
il m'a dit qu'il était le premier à rendre justice à la
franchise et à la loyauté de la France dans toute cette
grande affaire ; que son opinion pour la paix était une
opinion très décidée et très connue, mais qu'il lui était
impossible de me dire que l'une des deux choses qui
étaient proposées n'amènerait pas la guerre. Alors j'ai
pu lui faire le tableau du danger que courraient tous
les Gouvernements si la guerre éclatait. Il en a été
frappé et m'a témoigné qu'il était de la même opinion
que moi, mais que les moyens qui jusqu'à présent

se trouvent ; et ils insistent pour la réunion à la France, ou pour le
choix du duc de Nemours comme souverain. Le Gouvernement provisoire, le Comité diplomatique, les membres les plus influents du Congrès me préviennent de concert qu'avant huit jours des pétitions qui
comprendront la Belgique entière demanderont la réunion malgré
leurs efforts, produits, non de leur conviction, mais de ceux que
nous faisons, nous, pour les retenir. Le Roi persiste dans son refus
sur les deux propositions, il l'a exprimé à M. Gendebien lui-même,
à qui je viens de le répéter de la façon la plus formelle. Mais je ne
suis pas sans inquiétude sur ce qui peut arriver. Les Belges sont
profondément convaincus qu'ils ne sauraient être une nation indépendante et séparée de la France. La France partage cette conviction ; elle blâmera hautement notre politique... »

(*Sébastiani à Talleyrand.* — 3 janvier 1830.)

étaient proposés par les Belges ne pouvaient pas donner de sécurité.

Nous en sommes restés là, parce qu'il a ajourné la suite de cette conversation après le retour de lord Palmerston et la conférence que nous devions avoir.

Lord Palmerston est revenu aujourd'hui. Nous avons eu une conférence qui a commencé à une heure et qui a fini fort tard. Ce n'est pas qu'il ait été décidé rien d'important, mais c'est l'embarras exprimé par chacun de différentes manières qui nous a fait passer ce matin pres de quatre heures ensemble. On a ouvert la séance par donner connaissance de lettres de Bruxelles et de lettres de La Haye; elles ne sont satisfaisantes ni les unes ni les autres. Le but de la Conférence était d'arrêter les hostilités, et les hostilités, malgré les obstacles qu'elle y a apportés, continuent de part et d'autre. Le Roi de Hollande déclare que le blocus d'Anvers ne sera levé que lorsque les conditions qu'il met à la séparation auront été agréées : d'un autre côté, les Belges se battent aux environs de Maëstricht, et à Bruxelles on s'occupe de faire un Roi qui vraisemblablement n'aura l'assentiment de personne, s'il ne doit monter sur le trône qu'entouré de conseillers qui par leurs noms ou leurs relations n'inspirent aucune confiance aux différents cabinets de l'Europe. Nous n'avons pas encore la nouvelle de la détermination qui aura été prise, mais au départ du dernier courrier il était annoncé comme probable que le choix tomberait sur le jeune prince Othon de Bavière, qui déjà était destiné au trône de la

Grèce, et comme il n'a que quinze ans, c'est M. de Mérode qui devrait être placé auprès de lui comme faisant les fonctions de régent.

Ce grand parti aura été pris avec une légèreté qui paraît extraordinaire à tout le monde, car premièrement on ne sait pas si le Roi de Bavière y consentirait; secondement, un royaume nouveau placé dans les mains d'un enfant ne paraît pas très vraisemblable; troisièmement, une royauté nouvelle qui commence par une régence est susceptible d'être entourée d'intrigues; quatrièmement, M. de Mérode a eu en France des relations qui, probablement à tort, inquiéteraient quelques puissances.

La lecture des dépêches de Belgique étant terminée, chacun est resté dans le silence, et il n'a été rompu que parce qu'un membre a dit : « Il faut attendre la nouvelle positive de ce qu'on ne regardait encore que comme une chose probable. »

Les propositions que les Hollandais devaient faire et dont je vous ai parlé dans ma dernière lettre ont été officiellement remises à la Conférence. L'envoi en a été fait par M. Zuylen seul, parce que M. Falck était malade. Une copie me sera envoyée demain, je vous la transmettrai par le courrier.

L'objet le plus important des demandes du Roi de Hollande est, sous le prétexte des besoins de Maëstricht, de prendre quelques lieues entre Venloo et Viset; la largeur serait peu considérable. Venloo, Ruremonde y seraient compris. La disposition des membres de la

Conférence serait plutôt favorable aux vœux du Roi de Hollande, et cette limite ne leur paraît pas avoir des inconvénients réels. Vous pourrez la reconnaître plus exactement par les détails que je vous donnerai dans une prochaine dépêche.

Les refus du Roi de Hollande et la rupture de l'armistice par les Belges ont produit une impression pénible sur la Conférence ; elle en a été assez offensée pour que chacun de ses membres trouvât plus prudent de remettre à demain à faire connaître son opinion sur les mesures qu'il y aurait à prendre à l'égard des deux parties contendantes. J'aurai soin de vous rendre compte de la discussion qui aura lieu demain et des discours qui en seront la suite.

La conversation que je devais avoir avec lord Palmerston après la conférence d'aujourd'hui n'a produit aucun résultat, parce que personne n'était préparé à la nouvelle inopinée qui était donnée à Bruxelles sur le choix du prince souverain de la Belgique.

Recevez, etc.

LVII

TALLEYRAND AU COMTE SÉBASTIANI

Londres, le 9 janvier 1831.

Monsieur le Comte,

Je dois revenir encore sur le mauvais effet qu'a produit ici la nouvelle que le Congrès national de Bruxelles aurait fixé son choix sur le prince Othon de Bavière, comme souverain de la Belgique. Cette nouvelle, si elle se confirmait, aurait les conséquences les plus fâcheuses; leur explication exige quelques développements.

Le Roi des Français, dès qu'il est parvenu au trône, s'est décidé à n'apporter que franchise et loyauté dans toutes ses relations diplomatiques ; c'est la base de mes instructions sur laquelle j'ai particulièrement insisté dans mes discours comme dans mes négociations, depuis mon arrivée ici. Je suis arrivé à convaincre de cette vérité les deux cabinets anglais qui se sont succédé, et je pense que c'est le but vers lequel nous devions tendre. Maintenant je dois vous dire que la résolution adoptée par le Congrès belge, si elle était confirmée, altérerait un peu l'opinion que le ministère anglais s'était faite de notre politique extérieure dans le cas où il croirait que nous y avons la plus légère part. Pour

détruire l'effet que cela faisait ici, j'ai dû chercher à
avoir des explications à ce sujet avec lord Grey, lord
Palmerston et même lord Holland ; ils ne m'ont pas
dissimulé que dans le conseil de cabinet qui s'était
réuni avant-hier, il en avait été parlé avec inquiétude,
et ils sont d'accord que la combinaison qui appellerait
au trône de la Belgique le prince Othon de Bavière,
fiancé à une princesse de France, ne pourrait pas être
soutenue par eux devant le Parlement ; qu'il y avait
une apparence d'intrigue de notre part dans cette
combinaison qui leur semblait difficile à justifier, mais
qu'ils savaient bien qu'il n'y avait pas d'intrigue de
notre part et que nous étions parfaitement étrangers à
cette combinaison.

Ces explications m'ont mené à faire les déclarations
les plus franches et les plus nettes sur les rapports que
le cabinet du Roi a tenus dans toute sa conduite politique. Du reste, le prince de Bavière n'est plus aujour-
d'hui dans les projets mobiles des Belges, et il sortira
quelque autre combinaison des deux messages que
nous allons avoir, l'un à Paris et l'autre à Londres. Dix
noms différents ont été prononcés dans les dernières
réunions. Je vous prie de me tenir au courant de ce
qui sera dit par les deux commissaires belges que vous
verrez à Paris, et je vous écrirai chaque jour un mot
sur ce que ceux qui sont destinés à venir ici auront
dit ou fait.

Recevez, etc.

LVIII

TALLEYRAND AU COMTE SÉBASTIANI

Londres, le 12 janvier 1831.

Monsieur le Comte,

Dans une de mes précédentes dépêches j'ai eu l'honneur de vous parler de plusieurs pétitions adressées au Congrès à Bruxelles par des habitants de Gand, Anvers et Liège, en faveur de M. le prince d'Orange. Ces pétitions, signées par un grand nombre de personnes assez importantes, à ce qu'il paraît, ont produit sur les esprits du ministère anglais et des membres de la Conférence une impression que je dois vous faire connaître. Les espérances ont commencé à renaître, elles ont fait ici beaucoup de progrès : on verrait incontestablement avec plus de plaisir qu'aucune autre personne le prince d'Orange appelé à la souveraineté de la Belgique, d'abord parce que les plénipotentiaires aiment la Maison de Nassau, et que plusieurs d'entre eux sont toujours embarrassés de la concession qu'ils ont faite en prononçant l'indépendance de la Belgique, sur laquelle cependant aucun ne pense à revenir, ce qui vous sera démontré par la lecture du dernier protocole que je vous ai envoyé. Les plénipotentiaires croient aussi que toutes les difficultés possibles s'élèveront de la part du

Roi de Hollande, si un prince étranger était appelé en Belgique, tandis qu'avec le prince d'Orange on finirait tout facilement et promptement, sans blesser les intérêts de personne. Ils ajoutent que le calme en Europe en serait la suite [1].

Je me suis servi des dernières lettres de M. Bresson pour leur montrer à quel point leurs espérances me paraissaient chimériques, et j'ai pu rappeler dans cette circonstance tout ce que le Roi avait fait pour la cause du prince d'Orange. J'ai été jusqu'à dire que le Gouvernement français s'était compromis à cet effet. D'autre part, on ne peut se dissimuler que le parti orangiste est encore nombreux en Belgique, et que ses adhérents formeraient en ce moment une dangereuse opposition contre un prince étranger; c'est l'opinion de l'internonce venu de Belgique à Londres, et dont les renseignements ont quelque valeur. Il me paraît que pour satisfaire les personnes timides il faut encore courir cette chance, qui du reste aura dans un sens ou dans un autre un prompt résultat.

L'Angleterre ne croit pas qu'il soit facile de forcer les bouches de l'Escaut; elle dit que cela ne pourrait se faire que par une expédition combinée et assez forte; quand je dis assez forte, c'est au moins six frégates. Il m'a paru qu'elle répugnerait à ce que ce moyen fût

[1] Dans la pensée du cabinet anglais, le choix d'un prince de la Maison d'Orange offrait l'avantage de réunir le Luxembourg à la Belgique et de supprimer de ce fait toutes les difficultés de la question luxembourgeoise.

employé : cependant je crois qu'elle y arriverait si, ce qu'on regarde ici comme impossible, le Roi de Hollande ne se rendait pas au dernier protocole que vous avez sous les yeux.

Je reçois dans le moment votre lettre du 10, qui soulève toutes les objections contre M. le prince d'Orange. Je ferai ce soir un dernier effort, mais je crois que nous serons obligés d'attendre le succès ou la non-réussite de cette combinaison.

Recevez, etc.

LIX

TALLEYRAND AU COMTE SÉBASTIANI

Londres, le 13 janvier 1831.

Monsieur le Comte,

Je veux vous répondre d'une manière plus étendue que je ne l'ai fait hier à la partie de votre lettre du 10 relative à la fermeture prolongée de l'Escaut. Je comprends parfaitement les embarras que vous cause l'entêtement du Roi Guillaume et les complications que pourront amener les plaintes du commerce français aux Chambres.

D'autre part, je dois vous rappeler la position du cabinet anglais qui lui impose de grands ménagements

envers le Parlement. Ce cabinet serait peut-être appelé
à prendre une résolution énergique contre le Roi de
Hollande, mais ce ne serait qu'après avoir épuisé tous
les moyens qu'exigent une ancienne alliance et des
rapports commerciaux habituels et importants.

Vous avez maintenant entre les mains notre protocole du 9; les termes dans lesquels il est rédigé ont
dû vous prouver qu'on n'a pas perdu son temps ici et
qu'on ne ménage pas la Hollande. Les plénipotentiaires
n'ont pas consenti à employer de telles expressions
sans être bien résolus de voir exécuter les conditions
qui sont imposées.

Je vous le répète, Monsieur le Comte, on procède
ici avec une lenteur rendue nécessaire par les circonstances parlementaires. Nous ne devons pas moins
compter, à ce que je crois, sur le ministère anglais, qui
témoigne la plus grande confiance pour le Gouvernement français, et pour vous en particulier, dont il saisit
chaque occasion de reconnaître la franchise et la
loyauté.

Je ne doute pas que vous serez content de lord
Granville ; les comptes qu'il rendra seront exacts et
bienveillants.

Il me serait utile d'avoir fréquemment des nouvelles
du consul de France à Varsovie; elles serviraient à
démentir les faux bruits qui circulent toujours dans
un pays où le commerce fait aborder tant de bâtiments.

On voudrait bien ici voir finir les affaires de la

Grèce ; cela mettrait la Turquie en état d'entrer dans
les affaires que pourront nécessiter les événements du
Nord.

Nous n'avons pas de conférence aujourd'hui. J'en
profite pour aller faire ma cour au Roi à Brighton.

Recevez, etc.

P. S. — Je reçois à l'instant le numéro du 10 janvier du journal français *le Temps :* il contient un
article sur la Belgique que je vous engage à lire : il
peint la Belgique telle qu'elle est et telle que je la vois.

LX

TALLEYRAND AU COMTE SÉBASTIANI

Londres, le 16 janvier 1831.

MONSIEUR LE COMTE,

Je suis revenu de Brighton beaucoup plus tôt qu'il
ne le fallait pour la Conférence, attendu que le prince
de Lieven est malade et que M. Matuchewitz et lord
Palmerston sont à la campagne : je crois cependant
qu'elle pourra avoir lieu demain. Il est impossible de
presser plus que je le fais, mais, comme je vous l'ai
mandé, je suis le seul qui presse.

L'Angleterre croit, puisqu'il le faut, aux nouvelles

qu'elle a de Belgique; rien ne me prouve qu'elle ne s'abuse pas à cet égard; mais, sous peine de la mécontenter beaucoup, c'est une épreuve qu'il faut encore subir.

A force de chercher et d'essayer de tout, je suis conduit à une idée qui peut-être ne satisfaisant personne, réussirait mieux que les autres : à celle-là du moins il n'y aurait point d'intrigues. Ce serait la formation d'un Gouvernement fédéral en Belgique, analogue à celui de la Suisse, c'est-à-dire avec une *neutralité reconnue;* cela n'est contraire à rien de ce qui constitue précisément ce pays, où la langue, la religion et les mœurs sont différentes dans ses diverses parties.

On y est apostolique, grand seigneur, protestant et commerçant. En faisant d'Anvers et d'Ostende deux villes hanséatiques, on placerait la Belgique comme elle a été autrefois, et elle ne s'est pas assez bien trouvée de toutes les formes de gouvernement par lesquelles elle a passé, pour qu'il ne se présente pas à l'esprit un retour vers le temps où elle a été plus heureuse. Il serait aisé dans cette organisation de ménager les intérêts de la France, et en regardant dans l'avenir, si on est amené à quelque guerre, la Belgique serait plus près de se réunir à nous que dans tout autre système. Si l'on était réduit à cette combinaison, il faudrait que vous eussiez la bonté de me faire connaître vos idées sur son exécution [1].

---

[1] « Votre projet d'un Gouvernement fédéral et de la création de quelques villes libres, telles que Anvers et Ostende, protégées par

Dans mon voyage à Brighton, j'ai pu et dû recueillir
tous les vœux que le Roi et la Reine font pour la famille
royale de France : c'est avec un grand intérêt et beaucoup de détails qu'on m'en a parlé. La fermeté du Roi,
son habileté, la santé de M. le duc d'Orléans, celle de
madame la princesse Clémentine, ont été le sujet de
mes conversations avec Leurs Majestés. La vie simple
qu'on mène à Brighton doit faire croire à la vérité des
sentiments que l'on y exprime.

Recevez, etc.

LXI

TALLEYRAND AU COMTE SÉBASTIANI

Londres, le 17 janvier 1831.

Monsieur le Comte,

Nous n'avons point eu encore aujourd'hui de conférence. J'ai vu ce matin lord Grey pendant très long-

un système de neutralité, sous la garantie des grandes puissances,
est une pensée profonde dont le Roi a été frappé, il veut y réfléchir ;
et je pourrai dans quelques jours vous faire connaître le résultat de ses
méditations sur un sujet aussi important. J'aperçois de grands avantages dans ce système, mais il me reste des doutes sur l'adhésion de
la Russie, de l'Autriche et de la Prusse à une combinaison de cette
nature. Un pays plat, où il n'existe aucune des divisions naturelles
qui se trouvent en Suisse et en Hollande, paraît peu propre à recevoir une organisation fédérative. »

(Sébastiani à Talleyrand. — 17 janvier 1831.)

temps, j'ai pu m'expliquer avec lui d'une manière très nette ; j'y étais autorisé et par la lettre que vous m'avez fait l'honneur de m'écrire le 14 de ce mois et par des renseignements que je me suis procurés ici, qui m'ont prouvé que les affaires de M. le prince d'Orange n'étaient pas en aussi bon état que le Gouvernement anglais aime à se le persuader. J'ai dit à lord Grey que les lenteurs avaient changé la disposition des esprits ; que le parti du prince d'Orange était moins fort qu'on ne le pensait, que les catholiques n'en voulaient point et n'en voudraient jamais, que ceux qui désiraient la réunion à la France étaient contre lui, que suivre la direction dans laquelle on était aujourd'hui, c'était s'exposer à tous les malheurs d'une guerre civile ; qu'une guerre civile en Belgique touche de trop près la France pour ne pas finir par compliquer toutes les questions ; qu'il fallait enfin en venir au choix d'un souverain, et que ce souverain ne pouvait être qu'un catholique et choisi parmi les princes Jean de Saxe, Othon de Bavière ou Ferdinand de Naples.

Lord Grey m'a alors répondu qu'ils avaient tenu à voir le prince d'Orange poursuivre ses chances jusqu'à leur terme, afin qu'une fois perdu la Russie n'eût plus à nous l'opposer et se décidât à marcher avec nous. Que, quant au prince de Bavière, il ne savait pas pourquoi nous ne préférions pas le prince Charles, frère du Roi. Parce que, lui ai-je dit, il s'est prononcé violemment contre la dernière révolution de France, et que nous ne voulons pas avoir près de nous un souverain

disposé à prendre part à tout ce que la politique anti-
française pourrait concevoir. — Mais le prince Othon
de Bavière est trop jeune, reprit lord Grey; il faudrait
commencer une dynastie par une Régence, et quels
seraient les Régents? Quelques-uns de ces hommes
turbulents dont nous avons tant à nous plaindre. —
Pourquoi donc ne pas choisir le prince de Naples? ai-je
dit ; il n'a pas cet inconvénient, puisqu'il a dix-huit ans.
— Il n'en a que dix-sept, m'a-t-il répondu, et d'ailleurs
il vous tient de trop près pour ne pas nous embarrasser
devant le Parlement. J'ai fait remarquer à lord Grey
que ce n'était pas un inconvénient réel; qu'une pareille
objection aurait pu être faite lorsqu'il était question du
prince Léopold, et qu'elle ne m'avait point arrêté. Que
du reste notre intention était de nous entendre avec
l'Angleterre, mais qu'il nous fallait sortir de l'état dangereux dans lequel la Belgique plaçait l'Europe en
général et la France en particulier ; que bien certainement le choix fait par eux et par nous serait adopté, et
qu'il fallait, pour y arriver, se faire des concessions
réciproques.

Les motifs que vous mettez en avant pour repousser
les princes de Naples et de Bavière, lui ai-je dit en
terminant, ne me paraissent pas suffisants, et si l'Europe
est embarrassée pour de tels motifs, ce n'est pas à nous
qu'on en adressera des reproches.

Il m'est resté de cette longue conversation que, les
espérances du prince d'Orange évanouies, le choix
s'établirait entre les trois Maisons que j'ai désignées

plus haut. Mes efforts porteront sur le prince de Naples ;
mais, pour conserver ma position vis-à-vis des membres
de la Conférence, je dois laisser épuiser la combinaison du prince d'Orange.

En sortant de chez lord Grey, je suis passé chez lord
Palmerston, qui m'a montré différentes lettres écrites
par lord Ponsonby de Bruxelles. On n'y connaissait
pas encore l'effet que doit produire l'espèce de proclamation adressée par le prince d'Orange à ses amis, en
sorte que les nouvelles de Bruxelles étaient de peu d'intérêt.

Il m'a communiqué aussi les lettres qu'il avait de sir
Charles Bagot. Notre protocole du 9 avait été remis au
Roi de Hollande, sa réponse ne devait être connue
que le lendemain, mais l'opinion de sir Charles Bagot
est que le Roi se décidera à faire ce que la Conférence
exige de lui. Il ne fera de difficultés, à ce qu'il pense,
que sur le pavillon belge, qu'il voudrait bien ne pas
reconnaître. Je ne croirai à tout cela que quand je le
verrai.

Lord Palmerston m'a également montré les instructions envoyées à l'ambassadeur d'Angleterre à Pétersbourg ; elles sont parfaitement d'accord avec celles que
vous avez données à M. de Mortemart [1], telles qu'elles
ont été rapportées par lord Granville à lord Palmerston. Il désire vivement qu'il y ait une action simultanée

---

[1] Il était recommandé à M. de Mortemart de faire avec dignité tous
ses efforts pour rétablir entre la France et la Russie les excellentes
relations qui existaient avant l'avènement du Roi Louis-Philippe.

entre la France, la Russie et l'Angleterre pour fixer les limites de la Grèce.

Nous aurons une conférence demain.

Recevez, etc.

P. S. — Je vous envoie copie d'une lettre de lord Cowley à lord Palmerston. Vous trouverez quelques légères différences entre son récit et celui de notre ambassadeur à Vienne. Ce qu'a reçu aujourd'hui le prince Esterhazy est d'accord avec le récit de lord Cowley.

Je vous envoie pour lord Granville une lettre que lord Palmerston me prie de lui faire remettre.

LXII

TALLEYRAND AU COMTE SÉBASTIANI

Londres, le 19 janvier 1831.

Monsieur le Comte,

En vous envoyant hier le protocole de la séance du jour, j'ai à peine eu le temps de vous indiquer quelques-unes des considérations qui ont motivé les résolutions qu'il renferme. Il avait été proposé par quelques membres de la Conférence d'employer l'armée prussienne pour arrêter la marche des Belges contre Maës-

tricht; je m'y suis fortement opposé et j'ai fait prévaloir l'opinion du blocus des ports belges. J'ai trouvé
dans ce moyen l'avantage qu'il avait déjà été proposé
par moi à l'égard des ports hollandais, lorsqu'il s'était
agi de forcer le Roi Guillaume à la levée du blocus
d'Anvers, et que d'ailleurs mon intention est encore de
faire valoir si, le 20 janvier, notre protocole du 9 n'a
pas reçu son exécution. J'ai dû dire aux membres de
la Conférence que la France ne consentirait jamais à
l'emploi des troupes prussiennes pour réduire les
Belges, et que l'opposition qu'elle y mettrait amènerait
nécessairement les conséquences que nous voulons
éviter.

Vous avez pu juger par mon avant-dernière dépêche
du terrain sur lequel je suis placé vis-à-vis des ministres
anglais : je leur ai dit et je leur répéterai que nous
sommes fort disposés à croire aux assurances qu'ils
nous donnent de leur désir de maintenir la paix; que,
de notre côté, nous avons fourni des gages positifs de
la franchise et de la loyauté du Gouvernement français
dans la question belge, et qu'il ne serait pas possible
d'arriver à un arrangement convenable sur cette
question, si l'Angleterre restait dans la raideur qu'elle
montre toutes les fois qu'il s'agit de la Belgique et
si elle ne se prêtait pas à faire aussi des concessions.
Vous trouverez sans doute ce langage d'accord avec celui
que vous avez dans vos conférences avec lord Granville.

Il ne faut pas croire que l'Angleterre n'attache pas
un grand intérêt à voir le prince d'Orange régner en

Belgique; cet intérêt est plus réel que celui pour le
prince Léopold, auquel en France on a beaucoup trop
cru. Une foule de détails me prouvent que lord Grey et
ses collègues sont très prononcés pour le prince
d'Orange, et c'est ce qui m'a décidé à leur laisser faire
une dernière épreuve en faveur de ce prince.

Le prince d'Orange a paru hier fort étonné qu'on
n'ait pas répondu à une espèce de déclaration de ses
sentiments qu'il a fait répandre en Belgique. Comme il
passe rapidement de l'espérance au découragement, il
était inquiet de ce silence.

Encore quelques jours, et nous saurons à quoi nous
en tenir à cet égard; il me semble que le Gouvernement français est très bien placé, car il a laissé s'épuiser toutes les combinaisons auxquelles on attachait
quelque valeur.

Vous aurez vu dans le *Times* d'aujourd'hui l'opinion
de l'Angleterre sur les différents discours dont les
papiers français sont remplis.

Votre lettre à M. Rogier a eu beaucoup de succès
ici.

La régence de Terceira est effectivement sur le point
de contracter un emprunt de douze cent mille livres
sterling à Londres. Le Gouvernement brésilien, sans
garantir cet emprunt, s'engage cependant à en payer
les annuités.

Lord Palmerston vient de faire révoquer le consul
d'Angleterre à Lisbonne, qui passait pour partisan zélé
de don Miguel.

Je répondrai incessamment à la partie de votre lettre relative aux rapports de l'Angleterre et du Portugal.

Recevez, etc.

P. S. — Notre respectable et habile consul général ici, M. le baron Séguier, est assez dangereusement malade en ce moment.

LXIII

TALLEYRAND AU COMTE SÉBASTIANI

Londres, le 21 janvier 1831.

Monsieur le Comte,

J'ai l'honneur de vous transmettre le protocole de notre conférence d'hier. Vous y verrez que, m'attachant à l'idée que je vous avais exprimée dans ma dépêche du 10 de ce mois, n° 7, nous sommes parvenus à faire reconnaître en principe par les plénipotentiaires la neutralité de la Belgique. J'ai été fort secondé par lord Palmerston, dans lequel je trouve toujours de la droiture et des dispositions pacifiques très réelles. Je n'ai pas besoin de vous dire que la lutte a été longue et difficile; l'importance de cette résolution était bien sentie par tous les membres de la Conférence, ce qui fait que notre séance a duré huit heures et demie. La neutralité reconnue de la Belgique place ce pays dans la même position que la Suisse et renverse par conséquent le système politique adopté en 1815 par les puissances, et qui avait été élevé en haine de la France. Les treize forteresses de la Belgique, à l'aide desquelles on menaçait sans cesse notre frontière du Nord, tombent pour ainsi dire à la suite de cette résolution, et nous sommes désormais dégagés d'entraves importunes. Les conditions humiliantes proposées en 1815 décidèrent alors ma sortie des affaires, et j'avoue qu'il m'est doux aujourd'hui d'avoir pu contribuer à rétablir la position de la France de ce côté.

Vous jugerez comme moi, Monsieur le Comte, l'avantage que cette mesure produira pour le maintien de la paix. Les Belges se trouvant isolés et libres de choisir une forme de gouvernement en harmonie avec leurs souvenirs et leurs habitudes, cesseront d'inquiéter l'Europe; ils deviendront sans doute plus faciles à diriger, lorsqu'ils sauront que leurs folies ne peuvent plus retomber que sur eux-mêmes. Quant à la France, j'ai lieu d'espérer qu'elle y verra une satisfaction éclatante pour le passé et un gage de sécurité pour l'avenir.

Les difficultés que j'ai éprouvées dans la discussion ont surtout porté sur la dernière partie du protocole, dans laquelle j'ai fait insérer que d'autres pays seraient libres de s'associer à la neutralité reconnue de la Belgique. J'ai pensé que cela fournirait plus tard la meilleure solution possible à l'épineuse question du duché de Luxembourg. Le ministre de Prusse, prévoyant le même résultat, a résisté longtemps ; mais je l'ai enfin emporté, et le paragraphe a été rédigé, quoiqu'un peu plus vaguement, à peu près comme je le désirais.

Du reste, la question du duché de Luxembourg ressortant de la Confédération germanique ne doit pas être traitée ici, où il n'y aurait que des difficultés de la part des personnes intéressées, sans pouvoirs pour les résoudre.

Il a été convenu avec lord Palmerston que nous n'enverrions pas avant quelques jours le protocole à Bruxelles ; nous pensons qu'il est plus convenable de terminer d'abord quelques-uns des points qui y sont indiqués.

Recevez, etc.

LXIV

TALLEYRAND AU COMTE SÉBASTIANI

Londres, le 22 janvier 1831.

MONSIEUR LE COMTE,

Lord Palmerston a reçu des dépêches de La Haye, de sir Charles Bagot, sous les dates du 17 et du 18. Dans la première, sir Charles Bagot dit que le Roi de Hollande avait positivement consenti à se soumettre aux conditions du protocole du 9, mais qu'il demandait deux ou trois jours de délai pour remplir cet engagement. Par la dépêche du 18, l'ambassadeur d'Angleterre annonce que le Roi Guillaume n'attendait plus que l'assurance que les troupes belges s'étaient retirées des environs de Maëstricht, pour proclamer l'ouverture de l'Escaut.

Comme cette assurance a dû lui parvenir avant le 20, nous avons tout lieu de croire qu'il aura exécuté ses promesses; il n'aurait pu y avoir tout au plus qu'un retard de quarante-huit heures qui, je l'espère, n'altérera en rien les bonnes dispositions du Gouvernement de la Belgique, et qui ne fournirait guère qu'une nouvelle preuve de la mauvaise volonté du Roi.

Le prince d'Orange continue toujours ses intrigues en Belgique; il emploie tous les moyens pour y rattacher ses partisans ; des ouvertures ont été faites à ce sujet à l'internonce apostolique, qui se trouve en ce moment à Londres; il les a toutes déclinées, en exprimant qu'il lui était impossible d'intervenir dans des affaires totalement étrangères à ses devoirs et aux directions politiques du Gouvernement pontifical.

Recevez, etc.

LXV

TALLEYRAND AU COMTE SÉBASTIANI

Londres, le 25 janvier 1831.

Monsieur le Comte,

M. le comte de Flahaut est arrivé avant-hier soir ici et m'a remis la lettre dont vous l'aviez chargé pour moi. Je vous remercie de l'avoir choisi pour me l'apporter.

La levée du blocus d'Anvers et l'irritation du Roi de Hollande prouvent que la Conférence avait été, comme cela était son but, assez rigoureuse envers les deux parties pour obtenir le résultat qu'elle voulait.

La conversation de M. de Flahaut m'a fourni des informations précieuses sur les idées et les intentions du Gouvernement du Roi au sujet des affaires que je suis chargé de suivre ici et sur la disposition des esprits en

France. Je regrette toutefois qu'il ait quitté Paris avant que ma dépêche du 21 vous soit parvenue. La nouvelle qu'elle contenait de la résolution adoptée par la Conférence doit nécessairement influer sur les vues du Roi et de son Conseil, ainsi que sur la conduite qu'on devra tenir avec la Belgique. Je continue à me féliciter de la déclaration de neutralité qui, jusqu'à présent, a été accueillie avec une grande approbation par les hommes d'État de ce pays qui en ont eu connaissance. Tous, à quelque parti qu'ils appartiennent, la considèrent comme un acte de grande politique, honorable pour la civilisation moderne et fait pour assurer le maintien de la paix par la facilité qu'il offre de concilier, sinon toutes les prétentions, du moins tous les intérêts essentiels. Je dois ajouter qu'en y accédant, ils pensent, sans aucune exception, que cet acte est tout entier à l'avantage de la France.

Je conçois qu'au point où l'état des choses est parvenu en Belgique et que dans les embarras vers lesquels il semble entraîner la France et l'Europe, les esprits se soient jetés dans les combinaisons les plus opposées. La neutralité reconnue rend impossible aujourd'hui la plupart de ces combinaisons et m'a permis de reprendre avec avantage la question du prince de Naples, à laquelle d'abord on avait mis ici tant d'opposition. Je crois même qu'on arriverait à un succès complet en rendant la ville d'Anvers port franc ou plutôt en en faisant une ville hanséatique; et il ne m'est pas démontré qu'on ne puisse arriver à ce résultat sans qu'Anvers cesse d'appartenir comme port libre à la Belgique. C'est, depuis le jour où le protocole a été signé, la ligne dans laquelle je suis entré et dans laquelle je persisterai à marcher si vous ne me donnez pas des ordres contraires.

Cette combinaison a l'avantage de montrer à quel point serait inutile toute concession faite à l'Angleterre sur le continent. Je dirai même que c'est pour éloigner toute idée à cet égard que je me suis attaché au système que je poursuis actuellement. Je n'aurais jamais voulu que le nom du Roi et le vôtre se trouvassent liés à une clause qui, à mon sens, aurait placé notre Gouvernement sur la ligne de ceux qui ne pensent pas au jugement de l'avenir.

L'histoire est là pour témoigner des difficultés que traîna à sa suite l'occupation prolongée de Calais par les Anglais ; elle est là aussi pour rappeler la faveur qui entoura les Guise lorsqu'ils eurent délivré la France de cette honte. Ses leçons ne doivent point être perdues pour nous ; les mêmes fautes pourraient produire les mêmes résultats et ternir l'éclat de cette fleur d'indépendance qui est attachée à tous les actes du Gouvernement du Roi. Je suis sûr que son haut esprit ne lui permettrait pas de s'arrêter longtemps à une pareille idée, qui, sans avoir un effet direct sur notre propre pays, n'écarterait pas les reproches que l'on ferait à l'emploi de notre puissance continentale.

Personne ne serait tenté de nier que la réunion de la Belgique à la France offrirait des avantages à cette

dernière, quoiqu'un agrandissement sur les bords du
Rhin satisferait mieux mes idées sur la politique française. Je conviens que cette réunion populariserait
pendant quelque temps le Gouvernement qui l'aurait
obtenue, malgré les inconvénients réels qu'y trouverait l'industrie française; mais croyez aussi, Monsieur
le Comte, que cette popularité serait bien passagère s'il
fallait l'acheter au prix qu'on propose. Il n'y a point de
réputation qui ne fût ébranlée par un acte de cette
espèce; il n'y a personne qui ne reproche à la paix de
Teschen d'avoir introduit les Russes en Europe; quel
jugement sévère ne porterait-on pas contre ceux qui
introduiraient l'Angleterre sur le continent! Il ne faut
jamais se mettre en contact avec ceux qu'on ne peut
atteindre chez eux.

Je suis convaincu, Monsieur le Comte, que si vous
étiez plénipotentiaire ici, vous ne mettriez jamais votre
nom à un acte que les guerres les plus longues et les
plus malheureuses ne pourraient pas même justifier.

Recevez, etc.

LXVI

TALLEYRAND AU COMTE SÉBASTIANI

Londres, le 26 janvier 1831.

Monsieur le Comte,

Les commissaires belges, MM. Van de Weyer et Villain XIV, ont quitté Londres hier pour se rendre au Congrès, dont ils sont membres. Ils ont voulu se trouver à la séance du 28, afin d'y exercer leur influence sur le choix du souverain. Je les ai vus fréquemment dans ces derniers temps, et ils m'ont promis de soutenir le prince de Naples de tous leurs efforts.

Je crois, Monsieur le Comte, qu'il serait utile d'éviter l'envoi trop répété à Bruxelles de personnages français qui passent pour avoir des relations intimes avec notre Gouvernement. On s'inquiète ici de ces allées et de ces venues, et il est à craindre que quelques démarches imprudentes ne finissent par compromettre notre Gouvernement.

On connaît ici, avec toutes sortes de détails, les intrigues montées à Bruxelles en faveur du duc de Leuchtenberg, et on dit que M. le duc de Bassano, M. Méjan et M. Stassart en sont les principaux agents.

Recevez, etc.

P. S. — M. le baron Séguier, sans être tout à fait

hors de danger, est cependant mieux ; l'intérêt général qu'il inspire dans ce pays lui fait beaucoup d'honneur.

LXVII

TALLEYRAND AU COMTE SÉBASTIANI

Londres, le 28 janvier 1831.

MONSIEUR LE COMTE,

J'ai reçu ce matin la lettre que vous m'avez fait l'honneur de m'adresser sous la date du 25 de ce mois. J'ai vu avec une vive satisfaction que le Roi, ainsi que vous, aviez apprécié la résolution prise par la Conférence de Londres : j'aime à croire qu'on en sentira de plus en plus l'importance, et que la France saura en tirer un jour tous les avantages qu'elle a le droit d'en attendre.

Vos instructions relativement au prince de Naples sont entièrement d'accord avec mes idées, et j'ai agi dans ce sens depuis plus de quinze jours ; c'est toujours ce prince que j'ai mis en opposition avec le prince d'Orange, que quelques personnes ici désiraient vivement. Ce matin, j'en ai parlé avec lord Palmerston, qui, depuis la neutralité, est déjà moins loin de cette idée qu'il ne l'était aux premières ouvertures que j'ai faites. Je ferai tous les jours quelque chose pour arriver à ce but. Si, comme je me le persuade, l'élection du souverain de la Belgique n'a pas eu définitivement lieu aujourd'hui à Bruxelles, vous ne négligerez certainement pas de faire faire, près des membres influents du Congrès, des démarches rendues plus faciles maintenant par le refus du duc de Leuchtenberg d'accepter la couronne de Belgique. On ne saurait apporter trop de mesure et de prudence dans ces démarches ; les folies et la susceptibilité des Belges doivent vous tenir en garde contre les conséquences qu'aurait pour notre Gouvernement une conduite douteuse.

Vous aurez pu remarquer dans les journaux anglais qu'il était question d'armements qui devaient se faire à Portsmouth ; j'en ai demandé le motif à lord Palmerston, qui m'a répondu en riant que ce n'était pas quelque chose qui dût m'inquiéter beaucoup ; que ce qui se faisait à Portsmouth n'avait pour but que de remplacer les bâtiments qu'on faisait revenir de la Méditerranée après le temps de leur station.

Le Gouvernement a reçu ce matin des nouvelles d'Irlande, qui le tranquillisent sur la mesure prise contre M. O'Connell : le grand jury, par trois bills différents, a admis les motifs de l'arrestation.

Nos conférences, qui ont lieu tous les jours, ont maintenant pour objet de discuter les questions sur lesquelles les Belges et les Hollandais ne pourraient jamais s'entendre, et qui amèneraient, sans aucun doute, de nouvelles difficultés.

Dans le moment actuel, j'ai cru qu'il était utile de

ranimer la sympathie qui existe entre le peuple anglais et le peuple français, et, pour cela, j'ai accepté un dîner à Guildhall, auquel j'étais invité par le lord-maire et les shérifs de Londres. J'y ai porté le toast que vous trouverez ci-joint : il a été accueilli avec beaucoup de faveur.

Recevez, etc.

LXVIII

TALLEYRAND AU COMTE SÉBASTIANI

Londres, le 29 janvier 1831.

Monsieur le Comte,

En vous parlant, dans ma lettre d'hier, des armements qui avaient lieu à Portsmouth, j'aurais dû ajouter que le cabinet anglais s'était mis aussi en mesure de protéger son commerce, dans le cas où l'obstination du Roi de Hollande aurait fait retarder l'ouverture de l'Escaut. Cette clause du protocole du 9 janvier ayant été exécutée, les préparatifs de l'Angleterre ont cessé. Vous êtes sans doute informé, Monsieur le Comte, qu'il n'en est pas de même en Allemagne, où il paraît, d'après les nouvelles récemment reçues, qu'on cherche à animer les différents peuples contre la France. On essaye de renouveler le système adopté en 1813 et 1814 par M. de Stein, de persuader aux populations que la France veut recommencer les guerres de l'Empire, et qu'il est nécessaire de se lever en masse contre elle, si on veut éviter les malheurs qui accablèrent l'Allemagne à cette époque et qui compromirent son indépendance. Vous jugerez comme moi qu'il serait important de faire démentir de pareils bruits.

Je vous envoie le protocole de notre conférence du 27; il traite de plusieurs questions financières et commerciales relatives à la séparation de la Hollande et de la Belgique. Ce travail a été rédigé par M. le baron de Wessenberg et par M. le comte Matuchewitz, qui ont cru devoir attacher les mesures qu'ils ont proposé de prendre pour la séparation, aux mêmes principes qui avaient dirigé l'union. Ces deux plénipotentiaires, et surtout M. de Wessenberg, possédaient sur cette matière des connaissances qui nous manquaient à tous, et à moi en particulier. Du reste, en l'adressant à nos commissaires à Bruxelles, nous y avons joint des instructions par lesquelles nous les autorisons à juger le moment le plus opportun pour en faire la remise au Gouvernement belge. Comme il serait possible que ce protocole soulevât des difficultés nouvelles à Bruxelles, je vous engage à en retarder la publication jusqu'à ce que vous connaissiez ce qu'auront fait nos commissaires, après avoir sondé l'opinion des gens avec lesquels ils sont le plus en rapport.

Il y aura probablement beaucoup de controverses sur plusieurs questions traitées dans ce protocole, mais nous avons cru qu'il satisferait à une grande partie

des besoins des deux pays. Le Roi de Hollande est
suffisamment bien traité pour que les rapports entre
lui et la Belgique n'occasionnent pas des difficultés
continuelles, qui finiraient par être intolérables. D'un
autre côté, les Belges, grands producteurs et grands
industriels, auront des débouchés qui ne les mettront
pas dans la nécessité de faire toujours la contrebande
avec la France. L'opinion des gens les plus versés dans
ces matières, en Angleterre, est que si l'on s'arrêtait à
d'autres bases plus défavorables à la Hollande, il serait
impossible à ce pays d'exister, à cause des charges
énormes dont il serait accablé. C'est à vous d'en juger
dans votre sagesse ; vous trouverez sans doute que
cela touche à des questions de haute politique qu'il
serait dangereux de traiter à présent [1].

Recevez, etc.

LXIX

TALLEYRAND AU COMTE SÉBASTIANI

Londres, le 31 janvier 1831.

MONSIEUR LE COMTE,

Je suis assuré que les armements anglais se bornent,
jusqu'à présent, à quatre vaisseaux de ligne, trois à

-----

[1] Voir le protocole du 27 janvier. *Collection de Clercq*, t. IV, p. 3.

Portsmouth et un à Plymouth. Il y a peu lieu de s'inquiéter de tels préparatifs, quand on sait qu'il suffirait d'un mois au Gouvernement anglais pour mettre soixante vaisseaux de ligne en mer. Mes informations sur ce point viennent d'une source certaine.

On attendait ici avec une vive impatience le résultat des séances du **27** et du **28** de notre Chambre des députés; c'était surtout aux réponses que vous feriez dans cette occasion qu'on attachait de l'intérêt, et il était général. Les différents discours que vous avez prononcés dans les deux séances ont pleinement justifié cet intérêt; ils ont produit ici le meilleur effet et réuni tous les suffrages.

Je puis vous annoncer que lord Palmerston et lord Grey parleront jeudi prochain dans le Parlement, et que leur langage sera fort satisfaisant pour nous. Un discours favorable à la France, sorti de la tribune anglaise, me paraît devoir vous être très utile dans les circonstances actuelles. J'aurai soin de vous expédier un courrier vendredi.

Tous les ministres anglais se sont réunis aujourd'hui en conseil, à Brighton, pour y traiter la question de la réforme parlementaire telle qu'elle sera soumise aux deux Chambres.

Je vois souvent M. le marquis de Santo-Amaro, qui est chargé par l'Empereur du Brésil de suivre les affaires du Portugal avec l'Angleterre, ce qui lui fournit de fréquentes entrevues avec les ministres anglais : il m'a dit, ce matin, que leurs dispositions ne paraissaient pas être pour la reconnaissance de don Miguel, mais que, d'ailleurs, ils ne s'occuperaient pas de cette affaire avant trois semaines ou un mois. La position parlementaire des ministres les porte à une grande circonspection, et à éviter, en général, le plus d'affaires qu'ils peuvent.

Recevez, etc.

LXX

TALLEYRAND AU COMTE SÉBASTIANI

Londres, le 1er février 1831.

Monsieur le Comte,

Je sors de notre conférence, qui s'est prolongée aujourd'hui jusqu'à huit heures et demie du soir; l'heure de la marée presse le courrier que je vous expédie, et il me reste bien peu de temps pour vous écrire. Cependant, comme en prenant lecture du protocole que j'ai l'honneur de vous envoyer, vous verrez que j'ai refusé d'y apposer ma signature, je vous dois une explication de ce refus.

Lorsque le plénipotentiaire anglais a ouvert l'opinion qui a prévalu dans la Conférence et qui se trouve consignée dans le protocole, je m'y suis opposé, en déclarant que je ne pouvais voir dans cette résolution qu'une démarche directe contre la France; qu'elle ne me semblait pas favorable au maintien de la bonne harmonie entre les puissances, et que, d'ailleurs, les termes mêmes des protocoles n°s 11 et 12 [1], sur lesquels on s'appuyait, développaient d'une manière suffisante les vues des cinq puissances. En effet, voici les termes de ces protocoles :

Protocole n° 11. « Les plénipotentiaires ont été una-
« nimement d'avis que les cinq puissances devaient
« à leurs intérêts bien compris, à leur union, à la
« tranquillité de l'Europe, et à l'accomplissement des
« vues consignées dans le protocole du 20 décembre,
« une manifestation solennelle, une preuve éclatante
« de la ferme détermination où elles sont de ne cher-
« cher dans les arrangements relatifs à la Belgique,
« comme dans toutes les circonstances qui pourront se
« présenter encore, aucune augmentation de terri-
« toire, aucune influence exclusive, aucun avantage
« isolé. »

Protocole n° 12. « Le souverain de la Belgique doit
« nécessairement satisfaire par sa position personnelle
« à la sûreté des États voisins. »

J'ai cru, Monsieur le Comte, qu'après des stipulations aussi formelles il devenait inutile de donner de nouvelles explications; c'est pourquoi j'ai demandé à en référer au Gouvernement du Roi et à provoquer des

---

[1] Voir les protocoles 11 et 12 de la Conférence de Londres des 20 et 27 janvier, *Collection de Clercq,* t. IV, p. 3

instructions que vous ne tarderez pas, je pense, de me transmettre [1].

L'article du protocole relatif à la Grèce, auquel lord Palmerston a fait allusion, est ainsi conçu, et se trouve sous la date du 22 mars 1829 : « En aucun cas, ce chef « ne pourra être choisi parmi les princes des familles « qui règnent dans les cinq Cours signataires. »

J'ai reçu ce matin votre dépêche du 29 janvier; je me réserve d'y répondre par le prochain courrier.

Recevez, etc.

LXXI

TALLEYRAND AU COMTE SÉBASTIANI

Londres, le 4 février 1831.

Monsieur le Comte,

J'ai reçu hier au soir votre lettre du 31 janvier, et ce matin celle du 1er février, auxquelles je m'empresse de répondre.

Vous verrez d'abord, par l'annexe ci-jointe au pro-

---

[1] C'est Talleyrand qui disait dans ses instructions au général Andréossy, nommé ambassadeur à Londres en 1802 :

« Le défaut d'instructions et la nécessité de consulter son Gouvernement sont toujours des excuses légitimes et auxquelles on ne peut se refuser pour obtenir des délais dans les transactions politiques; vous en ferez usage même quand vous auriez une opinion arrêtée

tocole nº 12, que je n'ai pas pu vous envoyer plus tôt
parce qu'elle n'a pu être expédiée qu'hier au soir de la
Chancellerie, que quelques-unes des objections que
vous soulevez dans vos dépêches avaient été résolues
par les principes renfermés dans cette annexe. Ainsi
vous remarquerez que pour ne pas trop nous éloigner
du système qui a été adopté, le second paragraphe,
relatif aux affaires financières et commerciales, porte
pour titre : *Arrangements proposés;* ce qui laisse aux
parties le temps et les moyens de fournir de nouvelles
explications. Ce titre indique positivement que nous
n'avons pas voulu trancher de notre propre autorité
toutes les questions qui sont énumérées dans le protocole, et cela est tellement évident que, dans les instructions données à nos commissaires à Bruxelles, nous
leur avons recommandé de sonder les personnes
influentes avec lesquelles ils sont en rapport sur l'effet
probable de ce protocole, et nous laissions, en même
temps, à leur prudence de fixer le moment opportun
pour en faire usage. Je vous ai écrit dans ce sens par
ma lettre du 29 janvier.

L'opinion que vous avez sur le peu d'importance,
sur le sujet en question, de peur de vous compromettre ou de vous
tromper...

« Mais un négociateur ou un ministre, quelque présence d'esprit
qu'il ait, et quelque expérience qu'il ait eue, peut, en donnant une
réponse décisive et non pas dilatoire, faire à sa cause et à son pays,
par un moment d'oubli, un mal que plusieurs années de bons services pourraient souvent ne pas réparer.

« Ne donnez jamais de réponse directe aux propositions qui vous
seront faites, ni à aucune plainte ni offre imprévue. »

pour la Belgique, du commerce qui lui serait accordé
avec les colonies hollandaises, est en opposition avec
celle de tous les négociants distingués de la Cité de
Londres. Ils pensent tous, et les plus habiles ont été
consultés, que c'est à ce commerce que la Belgique a
dû, pendant ces quinze dernières années, les développements de son industrie; les pétitions des deux Flandres confirment cette opinion. Les embarras que vous
prévoyez de la part de la Hollande dans l'exécution de
cette condition seraient, je crois, aisément levés lors
du traité définitif; on imposerait alors des garanties
auxquelles il serait impossible à la Hollande d'échapper.

Nous n'avons pas non plus tranché, comme vous
paraissez le supposer, la question du grand-duché de
Luxembourg; elle a été renvoyée à ceux qui ont le
droit et le pouvoir de la traiter. Les observations à ce
sujet, contenues dans ma dépêche n° 74, n'ont pu vous
échapper.

Quant à la fixation du territoire et des frontières de
la Belgique, il me semble qu'il était impossible de les
arrêter autrement que nous l'avons fait. Nous voulions
reconnaître l'indépendance de la Belgique : pour arriver à ce but, il fallait que l'on sût ce que c'était que la
Belgique, et, par conséquent, déterminer les frontières
du pays que nous appelions à l'indépendance. Aurions-
nous pu sans injustice en fixer d'autres que celles qui
existaient en 1790, lorsque la Hollande et la Belgique
formaient deux États séparés? La Conférence a d'ail-

leurs formellement déclaré, dans son protocole du
20 janvier, que les deux parties régleraient, sous sa
médiation, les enclaves ou les cessions qui facilite-
raient les arrangements définitifs; cela rentre, comme
vous le voyez, dans les bornes que vous attribuez à la
Conférence.

Vous m'annoncez, Monsieur le Comte, que le Gouvernement du Roi n'a point adhéré au protocole
du 27 janvier. Je ne comprends pas, je l'avoue, dans
quel but il aurait adhéré ou pas adhéré à un acte provisoire qui ne renferme que des stipulations éventuelles,
ainsi que vous le démontrera l'annexe que je vous
envoie aujourd'hui.

En répondant à la partie de votre lettre du 1ᵉʳ février
relative au souverain futur de la Belgique, je ne dois
pas vous dissimuler l'inquiétude que m'inspire la résolution à laquelle vous semblez vous être arrêté, dans le
cas où le Congrès désignerait M. le duc de Nemours. Je
ne pense pas qu'il serait prudent d'apporter du retard
à exprimer votre refus; une réponse dilatoire, en pareil
cas, exciterait au plus haut point le mécontentement
de l'Angleterre; elle y verrait la confirmation des intrigues qu'elle reproche à tort au Gouvernement français,
et la Russie ne manquerait certainement pas de profiter de cette circonstance et de nous accuser d'entretenir des arrière-pensées. Voilà mon opinion, Monsieur
le Comte, telle que je me la suis formée d'après mes
rapports avec le Cabinet anglais.

Quant à M. le prince de Naples, je ne crois pas

qu'il soit nécessaire de suspendre votre décision pour rendre ses chances plus favorables; c'est à vous de juger quelle action il vous est utile d'exercer à Bruxelles pour ce choix.

Vous avez pu voir par ma correspondance que j'ai préparé ici les dispositions des ministres anglais et des membres de la Conférence pour lui, et je ne crains pas de trop m'avancer en vous déclarant que lorsqu'il s'agira de traiter cette question, nous n'éprouverons plus d'opposition de la part du Gouvernement anglais, qui est sûr d'avoir l'assentiment de l'Autriche et de la Prusse; le temps nécessaire pour des instructions retardera celui de la Russie. On changerait ces dispositions par de l'irrésolution dans les démarches, et on compromettrait sans aucun doute le maintien de la paix avec l'Angleterre, qui, aujourd'hui, nous est encore assuré, et qui doit être notre unique but.

Recevez, etc.

P. S. — Dans la séance d'hier au Parlement, on n'a point parlé de politique extérieure; la question de la réforme parlementaire a été renvoyée au 1er mars.

LXXII

TALLEYRAND AU COMTE SÉBASTIANI

Londres, le 6 février 1831

MONSIEUR LE COMTE,

Le conseil des ministres anglais est assemblé en ce moment pour délibérer sur une dépêche qui vient d'être reçue de lord Ponsonby, et par laquelle il annonce que M. Bresson a fait répandre dans Bruxelles une espèce de déclaration du Gouvernement français. Cette déclaration, dont je n'ai pas connaissance, renferme, dit-on, l'assurance positive de ne point reconnaître les derniers protocoles de la Conférence de Londres. Elle a produit ici le plus fâcheux effet, et cela est facile à concevoir. En chargeant les plénipotentiaires à Londres de pourvoir aux embarras qu'avait amenés le soulèvement de la Belgique, les cinq puissances ont eu en vue d'empêcher des complications qui devaient troubler la paix de l'Europe. C'était par suite de traités entre toutes les puissances qu'en 1814 la Belgique avait été réunie à la Hollande ; du moment où cette union était rendue impossible par la révolution belge, ces mêmes puissances ont eu l'obligation de rechercher quelles seraient les combinaisons les plus favorables au maintien de la bonne harmonie entre elles et qui offraient

le plus de garanties pour les intérêts de chacune. Tel
a été le principe dirigeant de la Conférence de Londres.
Une déclaration, telle que celle qu'on annonce avoir
été faite à Bruxelles au nom du Gouvernement français,
attaquerait nécessairement ce principe et prouverait
que la France n'est plus d'accord avec les autres puissances; nous nous trouverions ainsi séparés, par le
fait, de la politique du reste de l'Europe.

On s'étonne, avec raison ce me semble, que le cabinet
français, qui voulait manifester sa désapprobation des
derniers protocoles de la Conférence, ne se soit pas
adressé uniquement à cette Conférence et non aux
Belges, auxquels le dernier protocole même ne devait
pas être communiqué. Une telle démarche, je ne dois
pas vous le dissimuler, Monsieur le Comte, a excité ici
les plaintes les plus amères et a rendu ma position
extrêmement difficile. Vous ne devez pas perdre de
temps à arrêter les conséquences funestes que cela
pourrait avoir, si vous ne voulez pas laisser se développer les mauvaises dispositions de quelques puissances à notre égard. Ma dernière dépêche vous aura
démontré qu'il n'avait jamais pu être question d'adhésion ou de non-adhésion de votre part à un protocole
renfermant seulement des propositions. Il sera donc
aisé de revenir sur une démarche inutile et au moins
imprudente.

J'ai appris ce matin, par un courrier de M. Bresson,
le résultat des délibérations du Congrès de Bruxelles;
je suis convaincu que, sans aucun retard, le Roi refusera

la couronne qui est offerte à Mgr le duc de Nemours.
Vous devez bien vous persuader que toutes les mesures
qui tendraient à consulter les puissances seront regar-
dées comme dilatoires, et que le refus net, spontané,
pourra seul retenir l'Angleterre dont l'alliance est sur
le point de nous échapper. Vos dépêches m'ont autorisé
à déclarer que ce refus aurait lieu; je l'ai fait, et je
persiste à croire que les assurances que j'ai données
seront appuyées par le Roi et par vous.

L'Angleterre repoussera M. le duc de Leuchtenberg
et adoptera, sans aucun doute, le choix du prince de
Naples; mais je le répète, c'est au prix d'un refus
prompt et décisif de votre part d'accorder Mgr le duc
de Nemours aux Belges.

Vous le voyez, Monsieur le Comte, c'est une question de paix ou de guerre immédiate. Je vous avoue que
je trouve que la Belgique n'est pas assez importante
pour lui faire maintenant le sacrifice de la paix.

Je vous prie de m'écrire, le plus promptement
possible, une lettre que je puisse montrer aux membres de la Conférence, et dans laquelle vous m'or-
donnerez de déclarer que l'intention du Roi n'est en
aucune façon de s'isoler des autres puissances.

Recevez, etc.

LXXIII

TALLEYRAND AU COMTE SÉBASTIANI

Londres, le 7 février 1831.

Monsieur le Comte,

Le Conseil de cabinet dont j'ai eu l'honneur de vous parler hier a duré plus de trois heures, et on s'y est exclusivement occupé de la question de l'élection du duc de Nemours. Tous les ministres sont tombés d'accord, en cas de reconnaissance de cette élection par la France, sur la nécessité d'une guerre immédiate. Si je suis bien renseigné, on aurait même résolu d'apporter la plus grande énergie dans cette guerre.

Telles étaient les résolutions adoptées par le cabinet anglais, Monsieur le Comte, lorsque j'ai reçu hier, à sept heures du soir, votre dépêche du 4. Averti comme je l'étais des décisions du Conseil, je n'ai pas perdu de temps pour communiquer à lord Grey et à lord Palmerston les assurances que renfermait votre dépêche; elles ont été accueillies avec la plus vive satisfaction par ces ministres, ainsi que par les membres du corps diplomatique à qui j'en ai donné connaissance. J'ai cherché à voir beaucoup de monde dans la soirée, afin de détruire l'effet du Conseil du matin. On a généralement reconnu la loyauté qui dirigeait le Gou-

vernement français, et on l'a regardée comme la garantie
principale du maintien de la paix.

Il est de mon devoir cependant de vous faire connaître l'effet qu'avait produit ici l'élection de Mgr le
duc de Nemours et surtout la déclaration qui aurait été
faite au nom de la France à Bruxelles, sur son refus de
reconnaître nos derniers protocoles. Ces deux faits
ont été considérés, non seulement dans la Cité et
parmi les négociants, mais encore dans les classes
élevées de la société, comme une cause imminente de
guerre. Tous les ambassadeurs des grandes puissances
ont déclaré que la décision du cabinet anglais sur ce
point servirait de règle de conduite à leurs gouvernements. Ce langage a totalement changé aujourd'hui, et
les bruits de guerre ont cédé la place aux protestations
de paix et d'amitié.

J'ai pu juger, en cette circonstance, Monsieur le
Comte, de l'importance que notre Gouvernement a
reprise en Europe; c'est de lui évidemment qu'on
attend désormais la paix ou la guerre, car on compte
pour peu la Belgique, on y fait trop de folies pour inspirer un grand intérêt. Vous voudrez garder la position avantageuse dans laquelle nous sommes, et pour
y parvenir, je ne crains pas de vous répéter que c'est
en fondant notre politique sur une union intime avec
l'Angleterre. Cette union nous garantit contre toutes
les dispositions hostiles que pourraient entretenir contre
nous d'autres puissances, elle nous donne le temps et
les moyens d'affermir notre Gouvernement; tandis

qu'en nous séparant nous amenons inévitablement une guerre générale, dont il est aisé de saisir tous les dangers. En supposant même les plus grands succès sur le continent, pourront-ils compenser la ruine de notre commerce, de notre industrie? Empêcheront-ils les factions de soulever l'intérieur de la France? Les puissants armements que le Gouvernement anglais serait en état de faire et dont je vous ai rendu compte, peuvent vous donner une idée des résultats qu'aurait pour nous une guerre maritime.

Je suis convaincu, et je vous le déclare sous ma propre responsabilité, que nous pouvons obtenir l'union dont je viens de vous parler, en adoptant une conduite tout à la fois ferme et prudente, telle qu'elle convient au Roi et à la France.

Mais il faut toujours songer que le cabinet anglais n'est jamais dirigé que par ses intérêts, et que c'est en les ménageant habilement, sans y mettre cependant une condescendance qui blesse les nôtres, qu'on peut espérer de sa part un rapprochement intime.

J'ai remarqué, et avec grand plaisir, le passage de votre dernière dépêche dans lequel vous exprimez l'intention de ne point isoler notre politique de celle des autres puissances de l'Europe : je crois que cette résolution aura pour nous les plus heureux résultats. Il faut bien se pénétrer de l'idée qu'il n'y a pas de Sainte-Alliance quand la France est dans la Conférence. Cela répond à beaucoup de phrases de tribune.

Je vous envoie le protocole de notre conférence

de ce jour, que le Roi, à ce que j'espère, lira avec
plaisir.

Recevez, etc.

LXXIV

TALLEYRAND AU COMTE SÉBASTIANI

Londres, le 8 février 1831.

MONSIEUR LE COMTE,

J'ai eu l'honneur de recevoir hier, quelques instants
après le départ de M. le comte de Flahaut, votre dépêche
du 5 de ce mois. Je puis juger par son contenu que
vos inquiétudes se sont renouvelées au sujet de la
Belgique. Je n'en suis pas surpris; la position dans
laquelle s'est placé le Gouvernement doit nécessairement lui créer chaque jour de nouveaux embarras. Il
est un moyen facile, à ce que je crois, d'en sortir, mais
il faut qu'il soit employé avec une résolution prompte
et ferme.

Le refus de la couronne de Belgique pour M. le duc
de Nemours fait à Paris, et l'assurance donnée à
Londres que M. le duc de Leuchtenberg ne serait pas
reconnu par les puissances, mettent le Gouvernement du
Roi en état de déclarer que, comme il est d'accord avec
la Conférence sur la nécessité de régler les affaires de

14

la Belgique d'une manière propre à concilier les intérêts de toutes les puissances, il abandonne désormais
à la Conférence le soin d'y pourvoir.

En faisant une telle déclaration, vous vous débarrassez
d'une question qu'il est hors de votre pouvoir de terminer sans le concours des autres puissances; si vous
le tentiez, vous les indisposeriez contre vous et vous
soulèveriez de nouvelles difficultés. Il est impossible
dans mon opinion qu'aucune puissance puisse se charger
seule de diriger la Belgique, tandis que les pouvoirs
réunis dans les mains de la Conférence lui donnent
l'espoir d'y parvenir. Cette Conférence laissera diva-
guer, sans s'en embarrasser, sur les limites du droit
d'intervention ou de non-intervention, et elle croira
avoir religieusement rempli ses devoirs si elle conserve
la Belgique indépendante, la Belgique n'inquiétant pas
ses voisins, et avec tout cela la paix en Europe.

Il me semble, Monsieur le Comte, que le Roi ne doit
trouver aucun inconvénient grave à la démarche que
je conseille aujourd'hui; elle s'accorde tout à la fois
avec sa dignité et ses intérêts.

Du reste, je dois vous dire que si cette démarche
n'avait pas lieu, ma présence ici cesserait d'être utile au
service du Roi et aux affaires de la France. J'ai dû
supporter les conséquences désagréables pour moi de
la publication faite par M. Bresson à Bruxelles, parce
que j'étais sûr que si je me retirais de la Conférence,
les quatre autres plénipotentiaires l'auraient quittée
immédiatement, et je n'aurais pas voulu être cause

d'un événement qui aurait eu les suites les plus fâcheuses. Mais vous devez comprendre qu'à l'avenir il me
serait impossible de jouer ici un autre rôle que celui
qui convient à l'ambassadeur du Roi.

Recevez, etc.

LXXV

TALLEYRAND AU COMTE SÉBASTIANI

Londres, le 9 février 1831.

Monsieur le Comte,

J'ai l'honneur de vous adresser une copie du protocole de notre conférence d'hier. Nous avons dû, comme
vous le verrez en en prenant lecture, réclamer l'exécution de l'armistice, qui continue à être violé par les
troupes belges aux environs de Maëstricht. L'ouverture
de l'Escaut par le Roi de Hollande ne laisse au Gouvernement provisoire aucune justification pour la violation
évidente d'un engagement pris envers les puissances.
Les termes de cet engagement sont positifs : « La faculté
« sera accordée de part et d'autre de communiquer
« librement par terre et par mer avec les territoires,
« places et points que les troupes respectives occupent
« hors des limites qui séparaient la Belgique des Pro-

« vinces-Unies des Pays-Bas avant le traité de Paris
« du 30 mai 1814. »

Lorsqu'il s'est agi de transmettre aux commissaires
à Bruxelles les instructions dont vous trouverez également une copie jointe, on a encore considéré M. Bresson comme commissaire de la Conférence; c'est un
peu par égard pour moi qu'on a fermé les yeux sur ce
qui s'était passé à Bruxelles. Mais cette situation ne
peut pas durer; je vous engage à renvoyer M. Bresson
ici, où je lui ferai reprendre en bien peu de temps la
position dans laquelle il était.

Nos conférences vont se ralentir un peu; il sera
convenable de les suspendre pour donner le temps aux
esprits de se calmer. Quand les Belges ne trouveront,
soit à Paris, soit à Londres, que de la froideur, il est
probable que le langage de la raison se fera entendre,
et c'est alors que des agents adroits pourront leur
mettre dans l'esprit le choix du prince Charles de
Naples que vous désirez et auquel l'Angleterre ne s'oppose pas. Je crois que ce moment de relâche est utile
pour arriver à la paix, qui est et continuera d'être ici
mon unique but.

Recevez, etc.

P. S. — Je joins ici une lettre pour S. A. R. Madame Adélaïde d'Orléans.

LXXVI

TALLEYRAND AU COMTE SÉBASTIANI

Londres, le 10 février 1831.

Monsieur le Comte,

Vous m'avez chargé de témoigner au Gouvernement anglais les inquiétudes que pouvaient donner les démarches que continuait à faire à Bruxelles lord Ponsonby, dans l'intérêt du prince d'Orange. J'ai eu à ce sujet un entretien avec lord Palmerston, à qui j'ai dit le motif que nous avions pour que des efforts dont le résultat ne pourrait être qu'une guerre civile ne fussent pas continués. Lord Palmerston m'a très bien compris et m'a dit que des ordres allaient être expédiés à lord Ponsonby pour qu'il eût à cesser à l'avenir de se mêler de ce qui concernait les affaires du prince d'Orange.

M. de Montrond, porteur de cette lettre, pourra vous rendre compte de la situation générale de l'Angleterre dans la question de paix et de guerre, qui est aujourd'hui ici la matière de toutes les conversations.

Recevez, etc.

LXXVII

TALLEYRAND AU COMTE SÉBASTIANI

Londres, le 10 février 1831.

Monsieur le Comte,

J'ai reçu ce matin votre dépêche du 8, par laquelle
vous m'annoncez que Sa Majesté, dans le but de prévenir, à Bruxelles, de fâcheuses scènes de trouble et de
désordre, s'est déterminée à différer la communication
officielle de son refus à la députation belge, venue à
Paris pour offrir à M. le duc de Nemours la couronne
de Belgique. Comme cette détermination est en tout
point contraire aux déclarations que M. de Flahaut et
moi avons faites aux ministres anglais pour obtenir
l'exclusion du duc de Leuchtenberg, je me suis décidé
à ne point parler de votre dépêche de ce matin à lord
Palmerston. Quelles que puissent être les raisons qui
ont motivé la résolution du Roi, tout retard dans le
refus ne sera ici qu'une occasion de soupçons, et je
crois que nous devons par-dessus tout les éviter.
Depuis l'arrivée des journaux de Paris, j'ai reçu ce
matin trois lettres des membres du cabinet anglais les
mieux disposés pour nous, qui me témoignent le désir
qu'un refus net et ferme du Gouvernement français

fournisse une nouvelle preuve de sa loyauté et mette
fin à toutes les incertitudes.

Je dois vous rendre compte des intrigues qu'entre-
tient ici le parti carliste. Un nouveau journal français
se publie à Londres, sous le titre du *Précurseur,* et
rédigé par M. Achille de Jouffroy. Il paraît tous les
samedis. On se serait arrêté au projet de proclamer
Régente Madame la duchesse de Berry, qui se montre-
rait avec son fils au moment le plus opportun. On
espère exciter des troubles dans l'intérieur de la France
et susciter une coalition générale des puissances.

Tels sont, à ce qu'il paraît, Monsieur le Comte, les
plans de cette faction. Ceux qui sont à sa tête s'accordent et s'entendent, m'a-t-on dit, avec le parti qui
voudrait pousser la France à une guerre extérieure.
J'ai le moyen ici de me tenir au courant de leurs tentatives.

Recevez, etc.

P. S. — J'apprends à l'instant que le Gouvernement
anglais s'inquiète de tout ce qui lui vient de Belgique
et de France sur les irrésolutions que l'on nous
reproche. Par suite de ces inquiétudes, il vient d'être
arrêté aujourd'hui que l'administration achèterait
3,800 tonneaux de chanvre, tandis que l'année dernière
l'achat n'avait été que de 2,000, et, l'année d'avant,
de 1,800. Je dois ajouter aussi que les salpêtres ont
augmenté de valeur.

LXXVIII

TALLEYRAND AU COMTE SÉBASTIANI

Londres, le 11 février 1831.

MONSIEUR LE COMTE,

Dans ma dépêche du 19 octobre dernier, n° 18, j'ai eu l'honneur de vous présenter quelques considérations sur les droits perçus en Angleterre pour l'entrée des vins de France et de Portugal. Je dois vous rendre compte de l'état actuel des choses à cet égard.

Le traité de Methuen, qui réglait pour un certain temps les rapports commerciaux du Portugal avec l'Angleterre, est expiré à la fin de l'année dernière. Le dernier ministère anglais voulait le renouveler; mais les ministres actuels paraissent ne pas avoir adopté cette résolution, et j'espère qu'un bill sera incessamment présenté au Parlement dans le but d'élever les droits d'entrée sur les vins portugais et de baisser ceux sur les vins français, de manière à les égaliser. Quoique ce bill ne doive pas amener, comme je l'ai observé dans ma dépêche du 19 octobre, une augmentation considérable dans la consommation des vins français en Angleterre, puisqu'ils y seront toujours un objet de luxe, je suis porté à croire cependant qu'il produirait un bon effet dans les provinces vignobles de France, et qu'on y remarquera la sollicitude du Gouvernement pour les intérêts du pays.

Recevez, etc.

LXXIX

TALLEYRAND AU COMTE SÉBASTIANI

Londres, le 12 février 1831.

Monsieur le Comte,

Je dois vous remercier de votre dépêche du 9; elle renferme des assurances de la part du Roi et de la vôtre, qui contribueront puissamment à ramener les esprits que les dernières circonstances avaient éloignés de nous [1].

Il est un point, cependant, de votre lettre qui ne satisfera pas complètement ici et sur lequel j'ai besoin d'avoir une explication précise. Vous me dites, au sujet

---

[1] « Nos dépêches vous ont fait connaître qu'il n'avait jamais existé ni incertitude ni hésitation dans l'esprit du Gouvernement du Roi sur le refus d'accepter la couronne de la Belgique pour M. le duc de Nemours. Ce refus a été renouvelé le jour même où nous avons appris son élection...

« Le Roi ne s'est pas départi, un seul instant, du système qu'il a adopté de ne point réunir la Belgique à la France, de ne point en accepter la couronne pour M. le duc de Nemours, et vous devez penser aussi que je n'aurais pas conservé le portefeuille des affaires étrangères si une résolution contraire aux déclarations que j'avais

de la démarche au moins imprudente de M. Bresson à
Bruxelles, « qu'il serait possible que le bruit du proto-
« cole du 27 janvier se fût répandu à Bruxelles ; qu'il
« y eût produit un très mauvais effet, et que M. Bres-
« son, pour calmer les esprits ombrageux et très irri-
« tables, eût été amené à publier la non-adhésion du
« Gouvernement français aux stipulations de ce proto-
« cole ».

Je comprends et je parviendrai peut-être à faire
comprendre ici quelles sont les raisons qui ont déterminé la démarche de M. Bresson ; mais il est absolument nécessaire que vous me déclariez, dans une lettre
ostensible, qu'elle n'a eu lieu que pour surmonter des
embarras du moment qu'on est effectivement parvenu
à éviter par ce moyen, et que vous n'avez jamais cessé
d'être en tout point d'accord avec la Conférence. C'est
une déclaration dans ce sens qui seule pourra rassurer
le cabinet anglais et les membres de la Conférence ;
elle sera, d'ailleurs, en harmonie avec tout ce que
M. de Flahaut et moi avons dit, et sans appuyer sur
l'intérêt personnel que j'y ai, je dois vous dire qu'elle
est attendue par nos amis ici comme une garantie de
leurs paroles.

été chargé de faire, fort antérieurement à l'élection de Son Altesse
Royale, eût été changée. Vous connaissez assez mon caractère,
mon Prince, pour ne pas en douter. Le Gouvernement du Roi
est invariablement décidé à ne pas se séparer des grandes puissances,
à s'entendre avec elles sur les moyens de terminer pacifiquement et
promptement les affaires de la Belgique. »

(*Sébastiani à Talleyrand. — 9 février 1831.*)

Le chancelier de l'Échiquier a présenté le projet de budget hier soir à la Chambre des communes; il contient la proposition dont je vous ai parlé dans ma dernière dépêche à l'égard des vins de France : les droits d'entrée par gallon seraient abaissés de sept shillings trois pence à cinq shillings six pence, c'est-à-dire d'un shilling trois pence; ils se trouveraient ainsi égalisés avec ceux imposés sur les vins portugais et même sur les vins du Cap, qui sont élevés dans le projet. Si je suis bien informé, le nouveau budget ne sera pas adopté, tel qu'il est, par la Chambre des communes; mais néanmoins l'article relatif aux vins a reçu l'approbation générale et sera probablement maintenu dans le budget définitif. Je pense, Monsieur le Comte, qu'il sera bien de communiquer cette information aux négociants de Bordeaux, qu'elle doit intéresser.

J'ai été, ce matin, à une conférence dans laquelle il ne s'est rien passé d'important; un Conseil de cabinet l'a rendue très courte, mais j'ai pu faire connaître à ces messieurs les nouvelles assurances que vous m'avez autorisé à leur donner.

Je crois qu'il serait utile pour le service du Roi et la considération dont il faut toujours entourer ses agents, que M. Bresson, qui ne peut plus avoir la confiance de la Conférence, fût rappelé à son poste à Londres. Si vous ne le faites pas, il est probable que je ne pourrai pas empêcher la Conférence de le rappeler. Dans cet état de choses, si vous pensiez qu'il fût nécessaire de le remplacer, vous pourriez trouver quelqu'un qui ait votre confiance; j'essayerais de le faire adopter par la Conférence.

Recevez, etc.

LXXX

TALLEYRAND AU COMTE SÉBASTIANI

Londres, le 13 février 1831.

MONSIEUR LE COMTE,

Hier soir, après le départ du courrier que je vous ai expédié, j'ai reçu de lord Palmerston communication d'une lettre écrite par lord Ponsonby, dans laquelle il annonce que M. Bresson a refusé de présenter au comité diplomatique du Congrès le protocole n° 15 de notre conférence du 7 février.

Cette nouvelle démarche de M. Bresson me place ici dans les plus grands embarras. J'ai pu jusqu'à un certain point essayer de justifier la publication faite de votre lettre à Bruxelles, en la faisant considérer comme une mesure d'urgence; mais il ne peut en être de même pour le refus de présenter le protocole du 7 février.

M. Bresson est parti de Londres chargé des pouvoirs de la Conférence; c'est en cette qualité que pendant deux mois il a correspondu avec nous, et tout à coup, sans prévenir cette même Conférence, il cesse sa correspondance avec elle et agit en opposition directe à ses ordres. Une pareille conduite doit paraître inexplicable aux esprits les moins prévenus. Aussi chacun répète ici qu'il est évident que M. Bresson n'a pu, de son propre mouvement, protester d'abord contre le protocole du 27 janvier, et refuser ensuite de présenter celui du 7 février. On attribue sa conduite à des ordres reçus du Gouvernement français; et comme ces ordres seraient en opposition directe avec les communications que vous m'avez chargé de faire ici, cela répand sur la politique de notre cabinet une défiance qu'un gouvernement nouveau doit par-dessus tout chercher à éviter.

L'ignorance dans laquelle vous m'avez laissé sur les motifs qui ont dirigé M. Bresson dans ces derniers temps a rendu ma position extrêmement difficile ici; car je parais ignorer les intentions du Gouvernement du Roi, ou bien être d'accord soit avec Paris, soit avec Bruxelles, pour induire la Conférence en erreur.

Ce que je viens de vous dire, Monsieur le Comte, ne naît pas d'une susceptibilité personnelle; mais j'y ai trouvé pour le Gouvernement français des inconvénients réels qu'il était de mon devoir de vous faire connaître, et que vous saurez sans aucun doute apprécier.

J'ai besoin, je le répète, d'une explication franche et nette de tout ce qui s'est passé entre Paris et Bruxelles; ce n'est qu'avec cette explication que je pourrai reprendre, près du cabinet anglais et de la Conférence, une position utile au service du Roi. Il faut de plus montrer qu'on ne confond pas ce qui a été fixé, comme le protocole du 20 janvier, avec ce qui n'a été que proposé, comme le protocole du 27. Celui du 20 est basé sur l'ancienne division de la Hollande et de la Belgique, et, la carte à la main, elle ne peut pas être contestée : celui du 27 peut être sujet à discussion, mais on a bien été obligé de proposer des bases, puisque, après avoir demandé que les commissaires belges qui ont été envoyés ici eussent des pouvoirs, quand on les leur a demandés, ils ont déclaré qu'ils n'en avaient pas : l'affaire devenait interminable sans cela.

Vous ne pouvez pas trop tôt faire revenir ici M. Bresson, car sa présence prolongée à Bruxelles ne fait qu'augmenter les inquiétudes de tous les cabinets [1].

On annonce que le budget présenté avant-hier par le chancelier de l'Échiquier sera probablement retiré demain.

Recevez, etc.

---

[1] « Je comprends combien la position de M. Bresson est devenue difficile et embarrassante, et notre intention est de la faire cesser en le rappelant incessamment. La question est seulement de savoir s'il doit revenir à Paris ou retourner à Londres. C'est un point dont vous devez être juge... »

(*Sébastiani à Talleyrand.* — 17 février 1831.)

LXXXI

TALLEYRAND AU COMTE SÉBASTIANI

Londres, le 15 février 1831.

Monsieur le Comte,

J'ai reçu ce matin votre dépêche du 12 [1], et je ne puis mettre trop d'empressement à répondre à son contenu.

[1] Voici cette dépêche, qu'il est utile de mettre sous les yeux du lecteur :

« Paris, le 12 février 1831.

« Prince,

« J'ai reçu, ce matin, la visite des ambassadeurs des quatre puissances qui font partie de la Conférence de Londres ; ils se sont succédé dans mon cabinet. Le premier, M. le comte d'Apponyi, m'a dit qu'il venait, au nom de la Conférence, me faire des représentations ; je l'ai arrêté à ce premier mot en lui disant que je ne recevais point de représentations de la part de la Conférence, attendu qu'elle n'a ni caractère ni mission pour en adresser au Gouvernement français. Alors, il a senti qu'en effet sa communication ne pouvait être faite qu'au nom de son Gouvernement. Il s'est plaint de la lettre que j'ai écrite à M. Bresson et de sa publication. Il pensait que notre refus d'accéder aux propositions du protocole du 27 aurait dû être communiqué directement par vous à la Conférence, et que l'une de mes expressions semblait indiquer que nous étions disposés à revenir sur le protocole du 20. Je m'expliquerai franchement, lui ai-je dit, sur le fond et la forme de cette lettre, afin que la Conférence connaisse bien quels sont les principes du Gouvernement français sur la médiation dont elle est investie. Si la Conférence voulait rentrer dans le système de l'intervention et prononcer des décisions irrévo-

Il m'est facile de juger d'après votre lettre que la
direction suivie par la Conférence n'a point eu l'approbation du Gouvernement du Roi, et que j'aurais eu le

cables, qui ne laisseraient à la Belgique et à la Hollande que le
mérite d'une prompte obéissance, ou le danger d'une guerre avec les
puissances qui y sont représentées, nous serions forcés de ne plus
prendre part à ses travaux, ou d'abandonner le principe de non-
intervention que nous avons proclamé et dont nous sommes décidés
à ne pas nous écarter. Ce n'est point la Sainte-Alliance que nous
voulons reproduire sous une autre forme, mais une médiation puissante, efficace, qui prévienne la guerre. C'est une médiation qui a
été offerte aux Belges et aux Hollandais ; c'est une médiation qu'ils
ont acceptée. La Conférence n'a ni une autre origine, ni un autre
but. Lorsque le protocole du 27 m'est parvenu, je l'ai soumis au
Roi dans son conseil. Le Gouvernement a pensé que les propositions
qu'il contenait ne pouvaient être communiquées aux Belges avec son
adhésion. Il m'a prescrit de donner immédiatement l'ordre à
M. Bresson de s'opposer à cette communication et de lui indiquer
qu'il pensait que les actes de la Conférence avaient toujours besoin,
pour être valables, du libre consentement de la Belgique et de la
Hollande. Il n'était point autorisé à communiquer ma lettre au Gouvernement belge. Je devais penser qu'il se bornerait à la faire connaître à lord Ponsonby afin d'obtenir de lui que ce protocole ne fût
pas encore adressé au Gouvernement provisoire. Il paraît que
M. Bresson a lu cette lettre à l'un de ses membres, et que celui-ci a
commis l'indiscrétion de la rendre publique. Telle est l'explication
que M. Bresson donne de cet incident, et il n'est rien moins qu'in-
vraisemblable qu'elle soit sincère. « La Conférence, ai-je ajouté,
« peut être rassurée sur l'efficacité de sa médiation, même ainsi
« limitée, parce que, si un refus obstiné de l'un des deux États à
« l'égard desquels s'exerce la médiation venait à entraver la mar-
« che des affaires et en retarder la conclusion, les souverains média-
« teurs conserveraient le droit de déclarer qu'ils cesseraient toute
« relation avec celle des parties contendantes qui opposerait de la
« résistance, ou avec toutes les deux, si elles se mettaient dans le
« même cas. » M. le comte d'Apponyi a cherché à me démontrer
les avantages d'un pouvoir absolu, obligatoire, exercé par la Confé-

tort d'adopter cette même manière de voir. Il devient nécessaire que je vous donne quelques explications à ce sujet. Lorsque je quittai Paris, au mois de septem-

rence, mais sans ébranler ma conviction, qui est celle du Roi et de son conseil.

« Lord Granville a été, comme toujours, plein d'égards, et a paru partager entièrement l'opinion du Gouvernement du Roi sur la manière d'exercer la médiation dont la Conférence est investie. M. Pozzo di Borgo et M. de Werther ont fait peu d'objections.

« Vous sentirez, mon Prince, que le Gouvernement du Roi ne saurait professer sur les attributions de la Conférence d'autres principes que ceux que j'ai établis dans mon entretien avec M. d'Apponyi sans démentir et compromettre ceux de la non-intervention qui seront la règle invariable de notre politique, qui dirigent aussi celle de l'Angleterre et que vous saurez faire triompher.

« Si, après avoir fait déclarer la séparation de la Hollande et de la Belgique, l'indépendance de cette dernière, on eût ajourné toutes les questions épineuses de délimitation, de dettes, pour ne s'occuper qu'à se mettre d'accord sur le choix du prince destiné à gouverner le nouveau royaume, nous aurions évité des embarras dont nous sommes heureusement sortis, mais qui pouvaient compromettre la paix de l'Europe. Après l'établissement d'un Gouvernement régulier et définitif, l'action médiatrice de la Conférence sera plus puissante qu'elle ne l'a été jusqu'ici, parce que l'état révolutionnaire qui agite aujourd'hui la Belgique aura cessé, et que le souverain qui aura été élu ne voudra pas, au début de son règne, encourir l'animadversion des plus grands monarques de l'Europe.

« Une autre faute non moins grave a été commise, c'est celle d'avoir reproduit et appuyé les prétentions de M. le prince d'Orange. Dès que lord Ponsonby a parlé en sa faveur, au nom de la Conférence, à Bruxelles, la conférence est devenue suspecte aux Belges.

« Ces intrigues en ont fait supposer de tous les genres. Le parti catholique, le parti républicain, le parti constitutionnel se sont crus trahis, et près d'être livrés à leurs ennemis. De là toutes les inquiétudes, tous les soupçons, tous les désordres. Ceux qui se méfiaient de la France se sont portés vers le duc de Leuchtenberg ; ceux qui se méfiaient des autres puissances, vers M. le duc de Nemours. Dès ce

bre dernier, on me donna, un quart d'heure avant mon
départ, quelques instructions générales sur des questions qui n'ont point eu leur application depuis que je

moment lord Ponsonby et M. Bresson se sont trouvés dans une
fausse position. Ils s'y trouvent encore. La prudence conseille de les
rappeler ; mais vous sentirez, mon Prince, que l'étroite parenté qui
unit lord Ponsonby à lord Grey exige les ménagements les plus
délicats. Cette proposition doit venir de lord Grey lui-même.

« Tout doit être facile pour vous, mon Prince, aujourd'hui à
Londres. Le cabinet anglais, qui n'aurait jamais dû douter que les
assurances que vous aviez données au nom du Gouvernement du Roi,
de ne point accepter la couronne qui serait offerte à M. le
duc de Nemours et de ne point réunir la Belgique à la France,
étaient sincères, doit montrer désormais une confiance entière
dans notre politique. On ne saurait trop lui dire que ce n'est point
la crainte de la guerre qui fait prendre au Gouvernement du Roi
des résolutions inconnues jusqu'ici par leur désintéressement dans
les fastes des États. Les pensées du Roi sont plus élevées, il veut faire
tout ce qui peut dépendre de lui pour la conservation de l'ordre
social en Europe. Nous n'ignorons pas que la guerre ne nous offrira
jamais des chances plus favorables que dans ce moment. Nous pourrions sans coup férir incorporer à nos provinces un pays riche, une
population belliqueuse, et nous emparer de vingt-trois places fortes
que la haine de nos ennemis avait élevées contre nous. Voyez d'ailleurs la situation au midi comme au nord. L'Italie ressent déjà l'influence des idées de cette époque, qu'on ne saurait trop interroger.
Bologne est en pleine révolution, la fidélité des troupes a seule
empêché jusqu'ici la ville de Modène de tomber entre les mains de
ceux qui se sont insurgés contre l'autorité du duc. Mais Reggio, qui
est la seconde ville de ce duché par sa richesse et sa population, est
en leur pouvoir. Que deviendra ce commencement de trouble politique ? L'Angleterre doit sentir le besoin de s'unir encore plus étroitement avec nous. De l'alliance des deux peuples dépend le sort de
l'Europe. Si le Cabinet de Londres partage cette conviction, le maintien de la paix est assuré. C'est à vous, mon Prince, qu'est réservée
la noble gloire de l'avoir conservée, et vous savez combien j'applau-
dis à vos succès. Je ne veux pas finir cette dépêche sans vous entre-

suis ici, et on promit de m'envoyer promptement des instructions détaillées : depuis cette époque, je les ai sollicitées en vain, et j'ai dû me guider sur la seule recommandation que renferment presque toutes les

tenir quelques instants de la députation belge qui sera reçue mardi et entendra de la bouche même du Roi un refus qu'elle a vainement essayé de prévenir. Elle est composée d'hommes respectables, éclairés, amis de leur pays et de l'ordre, effrayés de l'état d'irritation où se trouve la Belgique, des divisions qui la déchirent. Le Roi les a accueillis avec bienveillance et leur montre les égards dont ils sont dignes. Si leurs voix étaient écoutées, tout rentrerait dans le calme. Les attentions dont ils ont été l'objet ne sauraient exciter sur notre bonne foi que les soupçons de ceux qui sont incapables de loyauté dans le maniement des affaires. Il aurait été sauvage de répondre avec dureté ou sécheresse à des hommes qui venaient nous offrir une couronne. Tous les ambassadeurs qui se trouvent ici leur ont témoigné une considération qui honore les uns et les autres.

« Agréez, etc.

« *P. S.* — (Le 13, 1 h. du matin.) — Dans ce moment je reçois une dépêche de Bruxelles, en date du 11. La Belgique est dans l'état le plus alarmant : on parle de République, de Gouverneur général, de Dictateur. M. le baron de Krüdener, envoyé par M. de Lieven, propose ouvertement à Bruxelles M. le prince d'Orange. Lord Ponsonby l'appuie de toutes ses forces. Que devons-nous penser d'une pareille conduite? Il est presque évident que l'on veut profiter de l'irritation où le refus de la couronne offerte à M. le duc de Nemours jette les Belges. Un agent anglais agirait-il contrairement aux instructions de son Gouvernement? Tout cela semble concerté pour amener la guerre en Europe par le chemin de la guerre civile en Belgique. Il faut, mon Prince, vous expliquer nettement sur lord Ponsonby, sur le baron de Krüdener. Leurs menées seront connues à Paris et produiront un violent orage dans le public et dans la Chambre. Le roi Louis-Philippe aurait-il été le seul à désirer sincèrement la paix, et les sacrifices qu'il a faits pour la conserver ne serviraient-ils qu'à nous faire perdre quelques avantages? Il nous en reste assez pour être assurés qu'on ne se jouera pas impunément de notre bonne foi. »

dépêches que vous m'avez fait l'honneur de m'adresser, c'est-à-dire, maintenir la paix en conservant intacte la dignité de la France. C'est de ce point que je suis parti, Monsieur le Comte, dans tous mes rapports avec la Conférence, et je crois, non sans quelque difficulté, être parvenu à remplir le but que se proposait le Roi. Vous ne partagez pas cette opinion et vous désirez que je n'agisse désormais que d'après des instructions spéciales. Je me soumettrai à vos ordres; mais je croirais manquer à mon devoir si je ne vous laissais pas entrevoir les inconvénients graves qu'entraînera à sa suite cette manière de traiter les affaires.

Elle ôtera à la Conférence une partie de l'autorité qu'elle avait prise sur l'opinion, en plaçant chacun de ses membres dans une dépendance qui arrêtera toute négociation; je puis vous en donner un exemple. Le protocole de la neutralité a été signé après une conférence qui a duré dix heures et demie, et deux jours après, le plénipotentiaire prussien ne l'aurait probablement plus signé.

Ceci me conduit à vous dire que dans la question des limites, il n'y a pas eu plus d'intervention qu'il n'y en a eu dans la reconnaissance de l'indépendance de la Belgique, dont la fixation des limites était la conséquence.

Les limites sont un fait, et ce fait est ancien; la Conférence n'a fait autre chose que le déclarer. La géographie est là pour dire ce qu'était la Belgique et ce qu'était la Hollande avant leur réunion. On n'a rien changé au territoire des deux pays et on n'a pas même décidé la question des enclaves. Ce ne pourrait être qu'avec la pensée de donner ou de retrancher à l'une des deux parties quelque chose de son ancien territoire, ont dit tous les membres de la Conférence, qu'on attaquerait la base qui a été adoptée, et c'est ce changement-là qui serait une véritable intervention.

Il est évident que dans le protocole du 20 janvier la Conférence ne s'est point écartée et n'a pas voulu s'écarter du principe de la non-intervention. Quant à la question des dettes, on a fait seulement des propositions d'après lesquelles on demande à être conduit dans une route juste et équitable. Je suis bien aise de vous faire remarquer encore une fois que la Conférence, sur ces deux points qui paraissent avoir principalement fixé votre attention, ne s'est point écartée du principe de la non-intervention. Le Gouvernement anglais qui, depuis M. Canning, est fort susceptible sur ce principe, établit la même doctrine et n'aurait pas consenti plus que nous à s'en écarter. Lord Palmerston la soutient aujourd'hui au Parlement d'Angleterre, dans les mêmes termes que j'emploie avec vous.

Du reste, je dois vous dire, Monsieur le Comte, que si dans ma propre opinion la guerre devenait trop imminente en refusant ma signature à un des protocoles proposés par un des membres de la Conférence et qui ne toucherait pas aux intérêts de la France, je croirais retrouver dans mes anciennes instructions générales le devoir de le signer.

Je répondrai demain à ce que vous m'écrivez relativement à lord Ponsonby et à M. de Krüdener.

Recevez, etc.

P. S. — Le ministère anglais a retiré le bill proposé d'un impôt sur le transfert des rentes : il sera remplacé par un impôt sur le tabac et sur la verrerie. Cela ne change rien à la diminution des droits d'entrée sur nos vins, qui est maintenue.

LXXXII

TALLEYRAND AU COMTE SÉBASTIANI

Londres, le 16 février 1831.

MONSIEUR LE COMTE,

J'ai, en exécution des ordres du Gouvernement, parlé à lord Palmerston du rappel de lord Ponsonby; je crois qu'il aurait été aisé de l'obtenir avant la publication de votre lettre, faite par M. Bresson, et le refus de ce dernier d'exécuter les ordres de la Conférence. Mais aujourd'hui ce serait mettre lord Ponsonby et M. Bresson sur la même ligne vis-à-vis de la Conférence, et le cabinet anglais n'est pas disposé à y consentir. Je vous ai déjà écrit que lord Palmerston avait transmis des ordres à lord Ponsonby pour con-

tinuer à observer les dispositions des esprits, sans se
mêler en aucune manière des intérêts de M. le prince
d'Orange. Lord Palmerston ne m'a, du reste, jamais
dissimulé que la combinaison qui placerait le prince
d'Orange sur le trône belge avait toujours paru à son
Gouvernement la plus propre à terminer promptement
les affaires de Belgique, dont l'Angleterre, autant que
nous, désire voir le terme; mais il ne croit plus à son
succès.

J'ai aussi parlé au prince de Lieven, hier et ce matin,
au sujet des menées qu'on attribue à M. de Krüdener à
Bruxelles. Il m'a répondu que M. de Krüdener était à
Londres par congé, qu'il avait eu envie de connaître
par lui-même l'état des choses en Belgique; qu'il l'avait
chargé de lui en rendre compte. Il m'a assuré positivement qu'il ne lui avait donné aucun ordre relatif aux
affaires de M. le prince d'Orange, et qu'il devait se
borner à instruire sa Cour de ce qu'il aurait observé sur
les chances que le prince pouvait avoir dans le pays.
La partie active de l'intrigue favorable au prince
d'Orange est conduite par des habitants des deux Flandres, dont plusieurs se trouvent en ce moment à Londres, agissant dans cet intérêt. M. de Krüdener serait
bien peu propre à remplir une mission toute d'intrigue, car vous savez qu'il est presque complètement
sourd.

Vous vous rappellerez que, par le protocole n° 16,
que je vous prie de vous faire remettre sous les yeux,
le Gouvernement provisoire a été invité à faire arrêter

les troupes qui se rapprochaient de Maëstricht et à les replacer, comme il en était convenu, dans les limites de l'armistice. Comme la réponse se fait beaucoup attendre et que les Hollandais sont inquiets de la situation des approvisionnements de Maëstricht, si demain elle n'était pas arrivée, nous serions, pour être justes, obligés de laisser le Roi de Hollande rétablir ses communications avec cette ville. Il avait précédemment arrêté la marche de ses troupes au reçu du protocole. Nous nous réunissons demain pour cet objet.

Je vous envoie le numéro du *Times* de ce jour. Vous y trouverez le premier discours de lord Palmerston au Parlement depuis qu'il est ministre des affaires étrangères; il faut le lire attentivement, parce qu'il a été remarqué par l'aplomb qu'il a mis dans sa réponse aux différentes questions qui lui avaient été faites. Vous trouverez aussi dans ce même journal un article qui renferme l'opinion de toute l'Angleterre sur la mesure dans laquelle doivent se tenir les membres du Parlement qui questionnent les ministres et les ministres qui leur répondent. Cet article me paraît utile à faire connaître.

Recevez, etc.

P. S. — M. le comte de Munster, qui était depuis beaucoup d'années ministre-gérant de tout le royaume de Hanovre à Londres, vient d'être révoqué. S. A. R. Mgr le duc de Cambridge est nommé vice-roi du

Hanovre, dont il n'était jusqu'à présent que gouverneur général.

Le discours de M. Laffitte en présentant le budget a eu ici un grand succès. On le trouve fort supérieur à celui fait ici à la même occasion par lord Althorp.

LXXXIII

TALLEYRAND AU COMTE SÉBASTIANI

Londres, le 17 février 1831.

MONSIEUR LE COMTE,

Je puis vous faire connaître les dispositions du cabinet anglais et des membres de la Conférence sur le choix du prince de Naples comme souverain de la Belgique.

Les ministres anglais, malgré leur prédilection pour M. le prince d'Orange, qu'ils ne m'ont jamais cachée, ne mettront cependant aucune opposition au choix du prince de Naples; mais nous ne devons pas non plus compter sur leur concours pour le faciliter.

Le plénipotentiaire autrichien m'a exprimé son désir de voir réussir cette combinaison; il a même ajouté, sur la demande que je lui ai faite s'il y avait un agent autrichien à Bruxelles, qu'il n'y en avait pas, et que, s'il y en avait eu un, il n'aurait sûrement fait aucune difficulté de seconder les intérêts du prince de Naples.

Le ministre de Prusse n'a aucune instruction sur

ce point, mais j'ai reçu de lui l'assurance que son souverain ne verrait qu'avec plaisir tout ce qui tendrait au
rétablissement de l'ordre en Belgique, et à mettre fin à
des embarras dont il redoutait les conséquences pour
les pays voisins.

Quant au prince de Lieven, quoique nous soyons
dans les meilleurs rapports ensemble, il n'a pas dû me
communiquer son opinion sur un choix qui n'entre
pas dans les vues de sa Cour; mais le prince Esterhazy
m'a dit que si nous nous accordions tous sur le prince
de Naples, il était convaincu qu'on amènerait la Russie
à le reconnaître plus tard, et je le pense comme lui.

Vous pouvez juger d'après cela, Monsieur le Comte,
de l'état des esprits sur cette question; c'est au Gouvernement du Roi qu'il appartient maintenant d'arrêter
positivement le parti qu'il veut prendre et d'employer
tous ses efforts à Bruxelles pour le faire réussir; s'il n'y
trouve pas l'appui de toutes les puissances, il n'y rencontrera pas du moins d'opposition de leur part; je
m'en crois sûr.

Je dois vous dire que dans toutes les conversations
que j'ai eues ici à ce sujet, on ne m'a exprimé que des
intentions pacifiques. Les ministres anglais et tous les
plénipotentiaires ont protesté du vif désir de leurs
Gouvernements de maintenir la paix, et qu'une agression quelconque de la France pourrait seule fournir
des causes fondées de guerre.

Je sors d'une conférence dans laquelle a été rédigé le
protocole que je vous ai annoncé hier et que je vous

envoie ; on se perdrait dans une foule d'embarras si on ne tenait pas aux choses précédemment convenues entre la Conférence, la Belgique et la Hollande. Ce protocole n'est adressé qu'à lord Ponsonby, parce que M. Bresson a refusé de présenter le dernier, et que la Conférence ne le regarde plus comme son agent en Belgique. D'après la disposition des esprits, je vous engage même, si votre intention était de le renvoyer ici, de retarder son retour.

Vous verrez, par les journaux anglais, que M. O'Connell s'est mis dans une telle position, qu'il ne peut plus causer d'inquiétude au Gouvernement.

Je vous envoie les deux premiers numéros du journal français *le Précurseur*, qui cherche à faire du bruit ici ; il est rédigé par MM. Achille de Jouffroy, Henri Larivière et autres. L'intrigue carliste est fort en mouvement.

Recevez, etc.

LXXXIV

TALLEYRAND AU COMTE SÉBASTIANI

Londres, le 23 février 1831.

Monsieur le Comte,

Les événements qui se sont passés à Paris pendant la semaine dernière ont causé, dans Londres, une inquiétude difficile à décrire [1]. L'absence totale de nouvelles de France, pendant les journées des 19, 20 et 21,

[1]   « MON PRINCE,

« Les événements dont Paris vient d'être le théâtre seront dénaturés par le parti qui a eu la criminelle audace de les provoquer. Il ne manquera pas d'en changer le caractère et d'en exagérer les résultats. C'est pour vous mettre en garde contre des récits mensongers et malveillants que je vous adresse des informations exactes sur ces tristes scènes.

« Le plus grand calme régnait dans Paris depuis deux mois. L'esprit d'ordre faisait chaque jour des progrès ; il n'y avait plus ni cause de troubles, ni symptômes d'agitation.

« Mais les partisans de la dynastie déchue, oubliant la clémence si magnanimement exercée envers eux après la révolution de Juillet, abusant de la protection généreuse que le Gouvernement leur a accordée, prenant le calme du peuple pour de l'indifférence et l'extrême liberté dont on les a laissés jouir pour un témoignage de crainte, au lieu d'y voir une marque de force, ont suscité de nouveaux troubles par une témérité coupable et insensée. L'anniversaire de la mort du duc de Berry leur a paru une occasion favorable de provoquer à la guerre civile. Ils ont préparé, dans ce but, un service funèbre dont le Gouvernement a fait sentir l'inconvenance et le danger à l'archevêque de Paris, mais que son respect pour la liberté des cultes ne lui a pas permis d'interdire. Les factieux ont abusé de cette libérale condescendance, ils ont changé une cérémonie religieuse en acte de rébellion. Réunis dans l'église de Saint-Germain l'Auxerrois, malgré les représentations que le Gouvernement avait faites à l'archevêque de Paris et les promesses qu'il avait reçues de lui, ils ont manifesté en faveur du duc de Bordeaux des sentiments qui ne devaient pas seulement les exposer aux poursuites de la loi, mais à l'animadversion populaire. En effet, dès que le peuple connut le caractère séditieux qu'avait pris cette cérémonie, dès qu'il sut qu'un portrait du duc de Bordeaux avait été couronné dans l'église même, il se porta en foule devant Saint-Germain l'Auxerrois, et il devint impossible de contenir son indignation et sa colère. Des prêtres s'étant associés, par leur imprudence au moins, à cet attentat contre l'ordre établi, l'archevêque en paraissant complice, quelques

a servi parfaitement les joueurs à la baisse, qui ont
répandu les bruits les plus alarmants et qui ont atteint
leur but en produisant une dépréciation assez considé-

églises et l'archevêché ont été en butte aux attaques de la multitude
irritée. Une croix placée sur Saint-Germain l'Auxerrois et qui portait les emblèmes de l'ancienne monarchie a été abattue, et l'archevêché a été dévasté. Il y a eu encore quelques autres désordres, mais
moins graves. Ils ont tous été dirigés contre un clergé regardé par
le peuple comme ennemi des institutions et de la dynastie actuelle,
mais non contre la religion. On n'a eu à déplorer aucun excès
commis envers les personnes. Les dévastations provoquées par les
manifestations factieuses d'un parti aussi aveugle que coupable ont
été pures, au moins, de tout pillage. Le peuple a détruit, mais il
n'a rien pris, et s'il a été emporté par la colère, il ne s'est livré à
aucune passion honteuse ni cruelle. La révolution a conservé le
caractère de générosité et d'humanité qui l'honore même auprès de
ses ennemis.

« Plusieurs chefs du parti attaché à la monarchie déchue, quelques-uns de ses agents les plus actifs signalés depuis longtemps au
Gouvernement par leurs coupables menées, ont été arrêtés et frappés
de mandats d'amener, au nombre de douze. Les plus considérables
d'entre eux sont MM. Ferdinand Berthier, de Vitrolles, de Couny et
l'abbé Liautard. L'archevêque de Paris est en fuite. Les tribunaux
examineront et jugeront cette affaire avec leur impartialité et leur
liberté accoutumées. Après deux jours d'agitation, l'ordre est entièrement rétabli.

« La France seule, peut-être, pouvait donner ce nouvel exemple
de modération. Ceux qu'elle a vaincus, il y a six mois, les armes à
la main, qu'elle avait couverts de son pardon, protégés dans leurs
personnes, maintenus dans leurs propriétés, admis à la pleine
jouissance de tous les droits qu'elle a conquis, ont lâchement oublié
sa longanimité, abusé de sa clémence, et conçu le coupable projet
de commencer une guerre civile qui les aurait dévorés. Mais ils ne
sont pas parvenus et ils ne parviendront pas à jeter la France dans
le désordre et à faire sortir le Gouvernement des voies de la légalité
et de la justice. »

(*Sébastiani à Talleyrand.* — 27 février 1831.)

rable dans les fonds publics. Depuis la révolution du
mois de juillet, il n'y avait pas eu une semblable agitation à la Bourse, et parmi toutes les classes de la société
les idées de guerre se sont accréditées de façon à faire
hausser les polices d'assurances à un prix très élevé.
Je crois avoir tenu le langage le plus convenable en
cette circonstance; mais l'ignorance dans laquelle
j'étais de ce qui se passait à Paris a rendu ma position
très difficile. Ma maison ne désemplissait pas de personnes qui venaient chercher des nouvelles.

J'ai reçu hier votre dépêche du 19, et je regrette de
ne l'avoir pas eue plus tôt; d'après les ordres qu'elle
renferme, je n'aurais probablement admis qu'*ad referendum* le protocole que j'ai l'honneur de vous envoyer
aujourd'hui et dont j'avais arrêté la minute le 19. Si,
conformément à votre lettre, que je n'ai reçue que
le 21, j'avais refusé de le signer, je me serais mis en
opposition avec ce que vous m'avez écrit plusieurs fois :
c'est que vous vouliez marcher avec la Conférence. Du
reste, en le lisant, vous remarquerez sûrement que la
Conférence n'a voulu faire que l'exposé des motifs qui
l'ont guidée depuis qu'elle est assemblée; l'esprit de
justice et la modération qui ont dirigé toutes ses délibérations y sont rappelés, de manière à montrer qu'elle
n'a point dépassé les bornes qui lui étaient imposées
tout à la fois par les droits des nations et par le respect
des traités. Ce protocole ne renferme exactement rien
qui ne soit dans les protocoles précédents.

Je ne pense pas qu'il y ait lieu pour la Conférence

de se rassembler d'ici à quelque temps ; mais, quel que soit à l'avenir le but de ses réunions ou le résultat de ses résolutions, je n'apposerai plus ma signature sur aucun acte essentiel avant d'en avoir reçu l'autorisation du Roi, ainsi que vous me le recommandez par votre lettre du 19.

J'avais fait part à la Conférence, et aux ministres anglais en particulier, de votre désir de voir rappeler de Bruxelles lord Ponsonby, en même temps que M. Bresson, qui, maintenant, ne se trouvent plus placés sur la même ligne. Il m'a été répondu qu'on ne pouvait pas établir de parité dans la position de ces deux agents ; que lord Ponsonby, commissaire de la Conférence, n'avait pas cessé d'exécuter les ordres qu'il avait reçus, tandis que M. Bresson, commissaire aussi de la Conférence, a refusé de présenter les protocoles qu'il était chargé de communiquer.

J'ai déjà essayé plusieurs fois de montrer combien la présence de lord Ponsonby était inutile à Bruxelles, et même y avait été nuisible ; mais ses relations de famille et sa position ici rendent le succès de mes démarches fort difficile ; d'autant plus que lord Palmerston, tenant à la main une dépêche de lord Granville, m'a dit : « Le Gouvernement français commence « à rendre justice à lord Ponsonby, et ne croit plus « qu'aucune de ses démarches soit faite en opposition « à ce que peut désirer la France. » En général, on n'a plus de confiance ici dans les chances du prince d'Orange.

La séance de la Chambre des communes du 21 a été intéressante ; on y discutait le budget du département de la guerre pour l'année courante. Le ministre de ce département, M. Wynn, a proposé, tout en maintenant l'armée sur le pied de paix, d'en augmenter l'effectif, qui était, l'année dernière, de quatre-vingt-un mille hommes, et de le porter à quatre-vingt-huit mille hommes. Cette augmentation ne doit servir, d'après le ministre, qu'à compléter les cadres.

L'opposition avait proposé, sous forme d'amendement, de n'accorder cet accroissement de forces que pour trois mois, mais cette motion a été rejetée.

A cette occasion, lord Palmerston a renouvelé les assurances les plus positives de l'intention du Gouvernement anglais de n'intervenir en aucune façon dans les affaires intérieures des États européens.

L'examen du budget continue d'une manière un peu plus pénible que les budgets passés ; le ministère anglais éprouve des difficultés sur plusieurs points ; la question de nos vins reste telle que je vous en ai rendu compte.

J'ai eu l'honneur de voir le Roi ce matin et de lui remettre la lettre de Sa Majesté, en réponse aux lettres de créance de lord Stuart de Rothsay. Il m'a demandé des nouvelles du Roi, se rappelant toujours avec plaisir, m'a-t-il dit, le temps qu'il avait passé avec lui. J'espère, a-t-il ajouté, que les vœux qu'il fait pour la paix et les miens ne seront pas infructueux; je la désire vivement; elle est nécessaire au monde.

Recevez, etc.

P. S. — L'intention de la Conférence a été qu'il ne restât, de la lecture du protocole, que la conviction qu'il a été rédigé pour arrêter l'anarchie.

LXXXV

TALLEYRAND AU COMTE SÉBASTIANI

Londres, le 24 février 1831.

MONSIEUR LE COMTE,

Je dois vous parler de l'effet qu'a produit le discours du Roi en réponse à la députation belge; il a eu beaucoup de succès à Londres, et, ce matin, à la grande réunion qui a eu lieu à la Cour pour le jour de naissance de la Reine, plusieurs personnes m'en ont parlé, et toutes avec éloges. On était encore fort occupé à cette réunion des nouvelles de Paris, qui avaient donné une inquiétude extraordinaire. Je n'exagère pas en vous disant que si je m'étais séparé des cinq puissances en refusant de signer le protocole du 19, on aurait cru à la guerre, et les fonds seraient tombés le même jour de 4 à 5 pour 100, ce qui aurait eu une forte action sur ceux de Paris.

Vous aurez remarqué que, dans le protocole du 19, on ne cite que le traité de 1814, qui a été aussi heureux que les circonstances pouvaient le permettre pour notre pays, car les ennemis au bout de six semaines avaient quitté le territoire français. L'ancienne France était agrandie, ses limites rectifiées à son avantage, et, par la possession d'une grande partie de la Savoie, Lyon préservé n'était pas, comme aujourd'hui, si près d'être une place frontière, le musée Napoléon était intact, les archives françaises restaient enrichies de celles de Venise et de Rome. On n'a pas parlé du traité de 1815, auquel je n'ai rien à réclamer, puisque j'ai donné ma démission pour ne pas le signer; mais je dois convenir cependant qu'il a été suivi de quinze ans de paix.

Vous m'avez écrit, dans vos lettres du 9 et du 17 de ce mois, qu'il fallait marcher avec les puissances; cela est nécessaire plus que jamais. Je ne sais ce qui sortira de la grande crise européenne actuelle, mais il faut rester le plus longtemps possible avec les cinq puissances; cette union est féconde en ressources et ne doit pas être difficile à soutenir devant les Chambres. Du reste, d'ici à quelque temps nous n'aurons plus rien d'important à faire dans notre Conférence; je continuerai à entretenir de bons rapports avec tous ses membres pour conserver une influence utile sur les communications qu'ils ont avec leurs Gouvernements. J'observe cela, et c'est précisément pour détruire l'effet

de quelques discours de tribune, qui, par leur appel
aux passions des peuples, sont une intervention véritable, et de quelques articles de journaux qui font ici
une très mauvaise impression.

La nomination de M. de Bondy à la préfecture de la
Seine a fait plaisir ici : il y est fort connu.

Recevez, etc.

LXXXVI

TALLEYRAND AU COMTE SÉBASTIANI

Londres, le 25 février 1831.

Monsieur le Comte,

Le jour de naissance de S. M. la Reine a été célébré
hier, dans Londres, avec beaucoup d'enthousiasme de
la part des différentes classes de la nation. Des fêtes,
de brillantes illuminations, les cris de joie du peuple
témoignaient l'attachement qu'on porte au souverain et
démentaient les injurieuses publications de quelques
pamphlétaires.

Les séances du Parlement prennent chaque jour plus
d'intérêt ; le ministère a éprouvé quelques échecs dans
la discussion du budget. L'hésitation qu'il a montrée
dans quelques-unes de ses démarches enhardit l'opposition et décourage ses partisans. C'est dans quelques

jours que sera présenté le bill sur la réforme parlementaire; il devrait servir à fortifier le ministère;
mais comme probablement il ne satisfera pas toutes les
exigences du parti de la réforme, il deviendra un texte
avantageux d'opposition pour ceux qui veulent une
réforme complète, comme pour ceux qui n'en veulent
pas du tout. Dans leurs votes, il est bien possible que
ces deux partis se réunissent, et la position du cabinet
anglais aurait à en souffrir.

L'état du continent occupe tous les esprits. Les troubles de Paris, les attaques dirigées contre le clergé, la
révolution d'Italie, l'inquiétude qui règne en Allemagne,
ont été de graves sujets de réflexion. Ils ont eu une
grande influence sur les transactions commerciales et
les ont presque suspendues en ce moment; les polices
d'assurances augmentent chaque jour. Tous les hommes
qui prennent part aux affaires publiques pensent que
c'est par le maintien de l'alliance des grandes puissances qu'on pourra parvenir à arrêter les rapides
progrès que fait partout le désordre. Je citerai l'opinion
de sir James Mackintosch, qui ne peut pas être suspecte
sur cette question. Cet homme distingué, dont la carrière a été toute d'opposition aux divers Gouvernements
du continent, pense que c'est par l'union solide des
cinq grandes puissances que peut se rétablir la tranquillité de l'Europe. C'est par elle seule, dit-il, qu'on
doit espérer de dominer les dangers du despotisme et
de l'anarchie, plus tard des gouvernements militaires
qu'une guerre de principes attirerait sur le monde.

Les dernières nouvelles d'Irlande annoncent qu'il y a une sédition dans le comté de Meath, à la suite de laquelle les troupes auraient tiré sur le peuple. Il ne faut pas attacher trop d'importance à cette nouvelle, ni, en général, aux bruits que répandent les journaux sur l'état de l'Irlande. On se tromperait étrangement si l'on croyait qu'il dût exercer une grande influence sur les résolutions du Gouvernement anglais.

Je ne vous parle pas des nouvelles de Lisbonne, parce que la dépêche du consul que je joins ici vous en donne tous les détails [1].

Recevez, etc.

---

[1] Quelques jours après, le Département écrivait à Londres, sur les affaires de Lisbonne, la dépêche ci-jointe :

« 4 mars 1831.

« MON PRINCE,

« Vous connaissez l'absurde et déplorable système que suit le Gouvernement établi en Portugal. Aveuglément engagé dans une carrière de violences et d'excès, il y persévère sous les inspirations fanatiques du parti qui le domine. Animé contre la France surtout d'un sentiment de malveillance et d'inimitié, il n'en dissimule point l'expression, et c'est avec son autorisation que les journaux de Lisbonne contiennent, chaque jour, à notre égard, les plus violentes diatribes. De pareilles attaques ne seraient dignes que de notre mépris, et nous n'y attacherions pas la moindre importance, si, en faisant un dangereux appel aux passions populaires, elles n'étaient malheureusement de nature à compromettre la sûreté des Français qui résident ou qui voyagent en Portugal.

« Depuis l'avènement de don Miguel, ils n'ont cessé d'y être en butte à des mesures arbitraires, à des vexations dont les réclamations de nos agents consulaires, ni même la présence de nos forces navales n'ont pu les préserver. Arrêtés sous de frivoles prétextes, sur de vagues dénonciations, et le plus souvent sur de simples pré-

LXXXVII

TALLEYRAND AU COMTE SÉBASTIANI

Londres, le 25 février 1831.

Monsieur le Comte,

J'ai été appelé ce matin au Foreign Office, ainsi que
les autres membres de la Conférence. C'était pour y

ventions de franc-maçonnerie, ces Français languissent en prison
pendant des années entières, ou sont condamnés à des peines
cruelles et infamantes; et si, après de longues souffrances, ils
recouvrent enfin la liberté, c'est en vain qu'on réclame en leur
faveur les dédommagements qui leur sont dus pour une injuste
détention dont leur ruine est quelquefois le résultat. Dans le moment
actuel, plusieurs d'entre eux gémissent encore dans les prisons du
Portugal, victimes de dénonciations calomnieuses et confondus avec
les plus vils criminels.

« Enfin, mon Prince, la faible tentative d'insurrection qui paraît
s'être manifestée dernièrement à Lisbonne est devenue de la part
de l'administration portugaise le prétexte de nouvelles rigueurs et
de nouvelles vexations envers les étrangers. Une commission militaire a été immédiatement instituée pour juger et faire exécuter dans
les vingt-quatre heures, *sans devoir s'assujettir à aucune forme
judiciaire,* les personnes qui seraient traduites devant elle, *quels que
soient leur état, leur condition ou les privilèges* dont elles jouissent.
Dans la crainte trop légitime qu'une telle juridiction ne fût appliquée à des Français, le consul du Roi s'est empressé de protester
contre toute condamnation capitale qui serait prononcée contre un
de ses nationaux, et de rendre le Gouvernement portugais respon-
sable d'une pareille sentence.

« Cette précaution pouvait être, en effet, d'autant plus nécessaire,
qu'un négociant français, M. Sauvinet, homme d'un âge fort avancé

prendre connaissance d'une dépêche de lord Ponsonby, qui annonce que le siège de Maëstricht conti-

et propriétaire d'une brasserie à Lisbonne, venait d'être arrêté sous le
prétexte que l'une des fusées, qu'on suppose avoir été destinées à
donner le signal de l'insurrection, était partie des environs ou de
l'intérieur même d'un enclos attenant à son établissement. Il est
vrai que le consul ayant réclamé contre cette arrestation, le Gouvernement de Lisbonne a prétendu que le sieur Sauvinet s'était fait
naturaliser Portugais, et ne devait être, comme tel, soumis qu'à la
juridiction portugaise. C'est un point à éclaircir, mais le ton plein
d'amertume et de violence avec lequel M. de Santarem, homme
habituellement modéré et conciliant, a répondu dans cette occasion
aux représentations de M. Cassas, nous a prouvé que la sûreté des
Français se trouvait plus fortement compromise que jamais à Lisbonne, et que le zèle actif et persévérant du consul ne suffirait plus
pour les protéger.

« Un tel état de choses était de nature à fixer l'attention et la
sollicitude du Gouvernement du Roi. Dans la nécessité d'y mettre un
terme, il s'est décidé à envoyer à Lisbonne deux bâtiments de guerre
sous le commandement de M. le capitaine de vaisseau de Rabaudy.
Cet officier a pour mission de se concerter avec M. Cassas sur les
démarches à faire, et sur les mesures à prendre pour protéger la
sûreté des Français établis en Portugal. La copie ci-jointe d'une
lettre que je viens d'écrire à M. Cassas vous fera connaître, mon
Prince, les instructions qu'il m'a paru convenable de lui adresser
pour nous faire obtenir réparation. Si d'ailleurs, comme on peut le
craindre, les réclamations qu'il est chargé de présenter au Gouvernement de Lisbonne n'étaient pas accueillies, il nous resterait alors
à juger des moyens les plus propres à obtenir les réparations qui
nous sont dues.

« Au surplus, comme vous le verrez par ma dépêche à M. Cassas,
le ministre de la marine a prescrit à M. de Rabaudy de former des
liaisons amicales avec les commandants des bâtiments de guerre
anglais stationnés dans le Tage; et pour ma part, je recommande à
notre consul de se maintenir dans le plus intime accord avec celui
de Sa Majesté Britannique à Lisbonne, et même de se concerter avec
cet agent sur les démarches qu'ils pourraient faire en même temps.
Le Gouvernement anglais a contre le Portugal des griefs semblables

nue, et que les communications de cette place avec le
Brabant septentrional et Aix-la-Chapelle sont complètement interrompues.

Après la lecture de cette dépêche, on a ouvert l'avis
de dresser un protocole dans lequel on déclarerait
l'intention d'employer immédiatement contre les Belges, et conformément au protocole n° 10 du 18 janvier,
des moyens de rigueur pour réprimer ce nouvel acte
de rupture de l'armistice. D'après les ordres que j'ai
reçus de vous, j'ai dit que je voulais en référer à ma
Cour avant de rien signer sur un objet aussi grave. Il
a été alors décidé que lord Palmerston expédierait un
courrier à lord Granville, et que ce dernier serait
chargé de vous faire connaître les intentions des plénipotentiaires, en vous demandant quel concours vous
voudriez offrir pour faire exécuter les stipulations d'un
acte consenti par le Gouvernement belge lui-même.
Lord Granville devra vous rappeler que vous avez
admis la cessation des hostilités entre les Hollandais

aux nôtres; ses sujets y sont en butte aux mêmes violences et au
même arbitraire. Cet état de choses m'a même conduit à penser,
mon Prince, que le cabinet de Londres pourrait être porté à unir
ses efforts aux nôtres pour obtenir justice de l'administration portugaise. Pour notre part, nous serions très disposés à nous entendre
avec lui, tant sur les démarches que nous faisons en ce moment, que
sur les mesures définitives que pourrait rendre nécessaires l'obstination du Gouvernement de Lisbonne. Mais il est bien entendu
qu'aucune de ces démarches ne devrait être de nature à impliquer
la reconnaissance de don Miguel comme Roi de Portugal. Je vous
prie d'entretenir dans ce sens lord Palmerston et de me faire part
le plus tôt possible des dispositions du cabinet anglais. »

et les Belges, et les conditions qui en étaient la garantie, et qu'aujourd'hui le but de la Conférence était de
maintenir la stricte exécution d'une convention adoptée
par toutes les parties.

La communication qui vous sera faite à ce sujet se
fera, je suis sûr, avec toute la déférence que vous pouvez
désirer, car on tient beaucoup, pour la tranquillité de
l'Europe si près d'être troublée, à agir sur toutes choses
d'accord avec vous. Je me hâte de vous expédier le
duc de Valençay, qui vous remettra cette lettre, afin
que vous ayez le temps de préparer la réponse que
vous jugerez convenable d'adresser à lord Granville.

Recevez, etc.

LXXXVIII

TALLEYRAND AU COMTE SÉBASTIANI

Londres, le 27 février 1831.

Monsieur le Comte,

Vous m'aviez chargé d'avoir une explication avec
M. le prince de Lieven sur le voyage de M. de Krüdener à Bruxelles, sur les démarches qu'il aurait faites
dans cette ville en faveur de M. le prince d'Orange. J'ai
eu cette explication, ainsi que j'ai déjà eu l'honneur de
vous le mander, et le résultat en a été que M. le prince

de Lieven a rappelé M. de Krüdener, qui est en ce moment à Londres. Je puis ajouter à ce sujet qu'on a totalement abandonné ici toutes les tentatives et même toutes les espérances relatives à M. le prince d'Orange.

On répand le bruit que la mission de M. le duc de Mortemart à Saint-Pétersbourg a été sans succès [1]; c'est par des lettres de Francfort que cette nouvelle est parvenue ici. J'aime à croire qu'on ne doit pas y donner plus de confiance qu'à celle qui vous sera peut-être revenue, qu'en Russie on disait que les plénipotentiaires russes à Londres n'avaient admis les derniers protocoles qu'*ad referendum;* il vous aura été facile de démentir ce bruit, qui est tout à fait sans fondement; la signature du prince de Lieven et du comte de Matuchewitz sur tous les protocoles a été simple et complète, et je crois fort utile pour nous.

La nomination de M. le baron Surlet de Chokier à la régence de la Belgique a été connue ici hier matin. Si, comme on l'annonce, le Roi a accrédité M. le général Belliard à Bruxelles, il me semble que rien ne peut plus s'opposer au retour de M. Bresson à Londres, après quelques semaines de séjour à Paris. Je

---

[1] « M. le duc de Mortemart a été accueilli à Pétersbourg non seulement avec tous les égards dus à son caractère diplomatique, mais encore avec toutes les marques d'une bienveillance personnelle. Son premier entretien avec l'Empereur Nicolas a duré près de quatre heures, et nous avons lieu de nous applaudir de ce début d'une mission toute pacifique... »

(*Sébastiani à Talleyrand. —* 1er mars 1831.)

me chargerai de lui refaire sa position, et je pense
que sa présence en Angleterre pourra être utile à sa
carrière.

Le budget du ministère de la marine pour l'année
courante a été présenté à la Chambre des communes dans la séance du 25 février. Il offre une
augmentation de crédit sur celui de 1830 de 280,431
livres sterling, c'est-à-dire qu'il serait de 5,875,386
livres sterling pour 1831. Il y aurait aussi une augmentation d'hommes d'environ 3,000, ce qui porterait
le nombre des matelots à 32,000, et celui des soldats
de marine à 10,000. Le ministre de la marine a
annoncé que l'augmentation de crédit serait principalement appliquée à l'achat de bois de charpente, à des
fournitures d'arsenaux, etc., etc. Une somme de
60,000 livres sterling doit être consacrée à la con-
struction de machines à vapeur pour bâtiments de
guerre.

Je regrette que vous n'ayez pas reçu le protocole
n° 19 assez tôt pour vous servir de plusieurs faits et
arguments qu'il renferme et qui auraient montré à
quel point les attaques auxquelles vous avez eu à répondre dans la séance du 23 étaient peu fondées.

Recevez, etc.

LXXXIX

TALLEYRAND AU COMTE SÉBASTIANI

Londres, le 2 mars 1831.

MONSIEUR LE COMTE,

La proposition de la réforme parlementaire a été présentée hier soir à la Chambre des communes par lord John Russell. On a de la bienveillance pour lui, et son discours a été écouté avec intérêt, même par ses adversaires. Les partis étaient en présence, et il a été impossible à une première séance de juger de quel côté sera la majorité.

D'après le projet ministériel, les droits appartenant à des bourgs pourris seraient entièrement abolis pour soixante d'entre eux et conservés pour quarante-sept autres, avec cette modification qu'au lieu de deux membres que chaque bourg nommait jusqu'ici, il ne pourrait plus en être élu qu'un seul. Sept villes qui n'étaient point représentées à la Chambre des communes acquerraient le droit de nommer chacune deux membres. Le nombre des membres de la Chambre serait réduit de soixante, et par conséquent serait de cinq cent quatre-vingt-dix-huit, au lieu de six cent cinquante-huit qu'il était auparavant.

En supposant que le royaume de la Grande-Bre-

tagne compte vingt-deux millions d'habitants, il y
aurait, d'après la proposition du Gouvernement, un
électeur pour quarante-quatre habitants.

Le numéro du *Times* d'aujourd'hui rend un compte
exact du projet ministériel : la discussion, qui a été
peu intéressante hier, recommencera ce soir et sera
rendue fort importante par les membres qui seront
entendus; je vous en rendrai compte demain.

Je ne dois pas négliger d'appeler toute votre attention sur les membres du parti carliste en Angleterre ;
la saison rendra bientôt les communications entre ce
pays et la France beaucoup plus faciles, et il serait
convenable d'exercer la plus active surveillance sur ce
point. Je vous rappelle à cette occasion ma lettre que
vous a apportée le dernier courrier. Si vous jugiez que
la présence de Charles X en Écosse pût par son voisi-
nage être dangereuse pour la tranquillité intérieure de
notre pays, je serais en position, dans le cas où vous
m'en donneriez l'ordre, de demander au Gouvernement anglais qu'on invitât ce prince à choisir un autre
pays pour sa résidence.

Je viens de lire, dans le numéro du *Courrier français*
du 28 février, un article dirigé contre moi. Comme
les faits qu'il renferme pourraient être répétés,
j'éprouve le besoin de vous rappeler, Monsieur le
Comte, que par ma dépêche n° 97 [1], je les ai rétablis
tels qu'ils sont. En effet, les traités de 1814 doivent

---

[1] Voir dépêche du 24 février 1831, p. 241.

être soigneusement distingués de ceux de 1815 ; je m'honorerai toujours autant d'avoir signé les premiers que d'avoir donné ma démission plutôt que de prendre part aux derniers.

Recevez, etc.

XC

TALLEYRAND AU COMTE SÉBASTIANI

Londres, le 3 mars 1831.

Monsieur le Comte,

Vous avez sans doute connaissance des craintes qu'on a de voir un nouveau mouvement insurrectionnel se manifester en Albanie. Les lettres du consul anglais de Prevesa annoncent, sous les dates des 30 et 31 décembre et 2 janvier, que de nouvelles troupes étaient arrivées à Arta et dans les villages de la frontière, près de Macrinoros, par ordre du grand vizir.

On suppose que ces mouvements de troupes sont occasionnés par le renouvellement des hostilités à Candie et par les dispositions actives des Grecs de la Roumélie et de l'Acarnanie, qui ont été encouragées par des Albanais fugitifs.

Le 24 décembre 1830, il y a eu trente-sept Grecs avec leurs chefs massacrés à Trikala, par ordre du

Gouvernement turc, qui avait voulu les faire désarmer.

On pense que les Turcs ne se seraient pas portés à
un pareil acte de cruauté s'ils n'avaient pas été avertis
des projets d'insurrection de la part des Grecs, motivés
sur l'état de Candie et d'autres lieux.

Il paraît qu'on craignait de nouveaux massacres à
Arta.

Ces événements font sentir de quelle importance il
serait de hâter les arrangements qui doivent fixer le
sort de la Grèce. Les insurrections éclateront et continueront dans certains endroits jusqu'à ce que les
limites soient définitivement arrêtées. J'ai eu l'honneur de vous engager par ma dépêche n° 62, du 3 janvier dernier, de presser l'ambassadeur de France à
Constantinople d'agir dans ce sens en commun avec
l'ambassadeur d'Angleterre. Vous devez avoir reçu des
communications de Constantinople qui vous mettent
en état de juger si nous serons bientôt en état de régler
ce qui reste à faire pour la Grèce, et si la Porte a cédé
sur la question des limites. Je vous prie de me faire
connaître ce qui vous sera parvenu à ce sujet [1].

Recevez, etc.

[1] « MON PRINCE,
« Je vais avoir l'honneur de répondre à la lettre que vous m'avez
fait l'honneur de m'écrire le 2 de ce mois, sur la délimitation du
nouvel État grec.
« Le Roi n'a cessé d'attacher le plus grand prix à voir agrandir

XCI

TALLEYRAND AU COMTE SÉBASTIANI

Londres, le 5 mars 1831.

MONSIEUR LE COMTE,

J'ai reçu, aujourd'hui 5, les deux dépêches que vous m'avez fait l'honneur de m'adresser le 1ᵉʳ de ce mois,
et fortifier la Grèce par la restitution de l'Acarnanie que les décisions de l'alliance ont si malheureusement détachée de son territoire.

« Mais pour que cette importante question puisse être décidée comme le désire Sa Majesté, il faut, mon Prince, qu'il y ait unanimité de vues à ce sujet par les trois Cours, et que les membres de la Conférence reçoivent sur ce point des instructions uniformes ; il faut aussi amener la Porte au nouveau sacrifice qu'on lui demande. Or vous savez que si le ministère anglais s'est montré favorable à ce projet, il n'en a pas tout à fait été de même du prince de Lieven, et moi-même j'ai pu remarquer quelque embarras dans les réponses du comte Pozzo di Borgo, lorsque je lui en ai parlé. Ce refroidissement dans les dispositions du cabinet de Saint-Pétersbourg au sujet des affaires de Grèce s'explique par le changement qu'a subi sa politique envers la Porte, sur laquelle il s'attache aujourd'hui à maintenir son influence, non plus par l'ascendant de la force, mais par un système de bienveillance apparente et de ménagement, en vertu duquel l'envoyé russe à Constantinople évite avec soin de s'associer à toute démarche qui aurait un caractère peu agréable pour le Gouvernement turc. Dans un tel état de choses, j'ai cru devoir laisser au comte Guilleminot à juger s'il serait utile de préparer la Porte au nouveau plan de délimitation que nous désirons voir adopter pour la Grèce, et qui certes ne serait pas moins dans l'intérêt des Turcs que dans celui des Grecs eux-mêmes, puisque, en procurant aux deux peuples une frontière naturelle et susceptible de

ainsi que les pièces qui y étaient jointes. Je me suis pénétré des instructions qu'elles renferment, et je m'y conformerai en tout point. Je me vois à regret obligé de retarder les communications que ces dépêches me mettront dans le cas de faire au ministère anglais. La discussion de la réforme parlementaire, qui se prolonge à la Chambre des communes, absorbe tellement les ministres, la nuit et le jour, qu'il est impossible de les entretenir d'autres affaires sérieuses en ce moment. On pense que les débats finiront dans la séance du 7. Je verrai aussitôt après lord Palmerston. Un incident assez remarquable a eu lieu hier soir à la Chambre des communes. M. Wynn, le ministre de la guerre, a

défense, il tendrait à prévenir entre eux de fréquentes et inévitables collisions. J'ai d'ailleurs invité le comte Guilleminot à attendre les communications que sir Robert Gordon aura dû lui faire, si, comme vous l'a dit le ministère anglais, des instructions analogues lui ont effectivement été adressées.

« Cette conduite réservée m'a semblé d'autant plus nécessaire à suivre, que trop d'empressement de notre part à aborder avec la Porte la question d'un accroissement de territoire en faveur de la Grèce, la conduirait peut-être à révoquer les ordres qu'elle a donnés pour l'évacuation de l'Attique et de l'Eubée. Je vous ai entretenu par ma lettre du 11 janvier des motifs qui nous engageaient, de notre côté, à ne pas presser celle de l'Acarnanie. Cette évacuation serait au moins prématurée au moment où nous remettons en question la circonscription territoriale de la Grèce. C'est aussi dans ce sens que le cabinet de Londres l'a compris et qu'il a adressé à M. Dawkins des instructions dont il doit même déjà connaître le résultat. Dès que le général Guilleminot, qui, au surplus, n'a pas encore eu le temps de me répondre, m'aura fait part de ses démarches ou de ses observations relativement à l'objet dont il s'agit, je m'empresserai de vous en donner connaissance. »

(*Sébastiani à Talleyrand.* — 7 mars 1831.)

17

déclaré qu'après avoir mûrement réfléchi sur le bill proposé de la réforme, il ne pouvait lui donner son approbation et qu'il se retirait du ministère. L'opinion n'est pas encore formée sur la situation du bill dans la Chambre. Dans la journée de demain dimanche, on se donnera beaucoup de mouvement de part et d'autre.

J'ai vu MM. de Bülow et de Wessenberg relativement à l'affaire du duché de Luxembourg, dont vous me parliez dans votre lettre du 22. Ils m'ont dit l'un et l'autre qu'ils étaient embarrassés pour écrire lorsqu'ils savaient que les engagements pris envers eux n'étaient pas tenus, et qu'à la date du 28 février la place de Maëstricht continuait à être bloquée par les troupes belges, malgré les assurances données par le Gouvernement de la Belgique et les ordres qu'avait reçus le général Mellinet. L'inexécution des ordres donnés par le Gouvernement rend toutes espèces de négociations difficiles. Je les ai assurés que le Régent avait ordonné, sous menace de destitution, au général Mellinet, de reprendre les positions fixées par l'armistice, et ils m'ont répondu qu'aussitôt après qu'ils auraient connaissance de la retraite des troupes belges, ils ne manqueraient point d'écrire à Francfort pour retarder tous les mouvements proposés par la Diète germanique.

Recevez, etc.

XCII

TALLEYRAND AU COMTE SÉBASTIANI

Londres, le 8 mars 1831.

MONSIEUR LE COMTE,

J'ai lu avec une grande attention, dans la dépêche
que vous m'avez fait l'honneur de m'adresser le 1er de
ce mois, les informations que vous me donnez sur l'état
de l'Italie. Je partage complètement vos vues sur les
rapports de la France avec le Piémont. Quant au plan
que vous avez adopté à l'égard des États du Pape, je
crois qu'il serait très utile et possible à réaliser [1]. J'en ai
entretenu le prince Esterhazy et le baron de Wessen-

---

[1] « Nous proposons au cabinet de Vienne de nous entendre avec
lui pour replacer, par la persuasion, par de sages concessions, sous
l'autorité du Souverain Pontife, toutes les portions de son territoire
qui ont arboré l'étendard de la révolte. La force matérielle peut comprimer pour un temps les agitations populaires ; mais, en laissant
subsister les causes du mal, elle n'apporte aucun remède efficace et
durable ; la puissance temporelle du Pape, la conservation de l'intégrité
de ses États nous paraissent indispensables à la paix, à l'équilibre
de l'Europe dont il ne faut pas compliquer la situation déjà difficile
par des dissensions religieuses..... Une sorte de Conférence établie à
Rome dans le but de replacer ces provinces sous l'autorité du Saint-
Père, en leur assurant des franchises raisonnables, pourrait exercer
un salutaire effet sur l'esprit des peuples et contribuer puissamment
au retour de l'ordre... »
(*Sébastiani à Talleyrand.* — 1er mars 1831.)

berg, les deux plénipotentiaires autrichiens; ils n'ont pas paru trop éloignés de ce projet, et quoiqu'ils n'aient aucune instruction de leur Cour sur ce point, j'ai pu juger qu'ils étaient disposés à adopter vos idées et qu'ils écriraient à Vienne dans ce sens.

J'ai eu ce matin avec lord Palmerston une longue conversation, dans laquelle j'ai pu lui parler de tout ce que renferme votre lettre du 1er. L'impression qui m'est restée de cette conversation est qu'il sera possible de s'entendre sur les points principaux, et que les difficultés qui ont été élevées par vous sur plusieurs protocoles sont de nature à pouvoir s'expliquer.

Lord Palmerston, au sujet des affaires d'Italie, m'a dit qu'il agirait volontiers d'accord avec notre cabinet et celui de Vienne, dans le but d'amener le Gouvernement pontifical à des concessions qui placeraient une partie de l'administration du pays entre des mains séculières. Il a fort loué notre conduite envers le Piémont, et m'a exprimé une grande satisfaction des ordres donnés aux autorités françaises de la frontière pour le désarmement des réfugiés piémontais.

Les plaintes que vous portez contre l'Espagne nous ont conduit à l'idée qu'il serait sans doute facile de faire retirer les troupes espagnoles de la frontière des Pyrénées si, de votre côté, vous obligiez les réfugiés espagnols à se rendre dans le nord de la France. Je suis fondé à croire que vous pouvez traiter cette question avantageusement avec l'ambassadeur d'Espagne à Paris. Du reste, tout ce que vous demanderez dans le

sens que je viens de vous exprimer sera soutenu par
le ministère anglais.

Immédiatement après ma conversation avec lord
Palmerston, la Conférence s'est réunie pour entendre
la lecture de la dépêche ostensible que j'ai reçue de
vous; j'ai trouvé là aussi une impression assez favorable, et je crois que nous pourrons finir par nous
entendre. Nous avons dû remettre notre prochaine
séance à vendredi, à cause des débats parlementaires,
qui ne laissent pas un instant de liberté à lord Palmerston. C'est vendredi que nous entrerons dans la discussion des différents points traités dans votre lettre. Si
l'on propose la rédaction d'un protocole, je n'en accep-
terai aucun que *ad referendum,* et j'attendrai les ordres
du Roi avant de rien signer.

S'il vous convenait que le général Belliard devînt le
commissaire de la Conférence à Bruxelles, je suis porté
à croire que je pourrais le faire agréer par les membres
de la Conférence.

Je vous enverrai par le prochain courrier la collection imprimée des protocoles.

Il sera nécessaire de faire rechercher, dans les
archives du département des affaires étrangères, des
informations sur ce qui s'est passé lorsque l'Angleterre
demanda l'éloignement de France du roi Jacques. On
pourrait se servir utilement de cet exemple, si vous
vous décidiez à demander qu'on éloignât d'Écosse
Charles X.

C'est aujourd'hui la sixième séance que la Chambre

des communes consacre à la réforme parlementaire;
le chancelier de l'Échiquier a annoncé hier soir à la
Chambre que si la première lecture du bill était adoptée, la seconde n'aurait lieu qu'après Pâques. La situation du ministère, malgré tout le mouvement que produit la discussion du bill, ne me paraît pas affaiblie
de manière à craindre pour son existence.

Recevez, etc.

XCIII

TALLEYRAND AU COMTE SÉBASTIANI

Londres, le 13 mars 1831.

Monsieur le Comte,

La conférence que nous devions avoir hier a été
encore ajournée, et c'est seulement demain que nous
nous réunirons au Foreign Office. Je vous ferai connaître ensuite le résultat de la communication de votre
lettre ostensible aux membres de la Conférence, ainsi
que les résolutions qui seront proposées. Je prendrai
ad referendum ce qui sera adopté par les autres membres, et le Gouvernement du Roi ayant fait des réserves
aux protocoles du 20 et du 27 janvier [1], je ne dois pas

---

[1] Voir protocoles des 20 et 23 janvier, *Collection de Clercq*,
t. IV, p. 1, 2, 3, 4 et 5.

signer sans ordre une pièce de laquelle il résulterait qu'il y a eu du dissentiment entre mon Gouvernement et la Conférence.

Je me suis rendu hier chez lord Palmerston, pour l'entretenir des divers objets traités dans vos dernières dépêches[1]. Je lui ai d'abord parlé des événements de

---

[1] « Une dépêche de Berlin, qui m'est parvenue hier par estafette et dont je joins ici la copie, nous a fait connaître la déplorable issue de la lutte où s'étaient engagés les malheureux Polonais. Cette nouvelle a produit dans le public l'impression la plus pénible; et ceux mêmes qui s'étaient le moins abusés sur les ressources de la Pologne et ses chances de succès, n'ont pu se défendre du sentiment le plus douloureux à l'annonce d'un événement qu'ils n'avaient jugé que trop probable. Les résultats incertains des premiers combats, la résistance si vive et si brillante de l'armée rassemblée sous les murs de Varsovie avaient encore accru, s'il est possible, l'intérêt qu'excitait ici ce peuple infortuné. Quant à nous, mon Prince, nous nous étions moins que personne fait illusion sur la fin de cette guerre; et nous avions dès le premier jour considéré comme désespérée une cause que nous n'étions pas d'ailleurs appelés à défendre; mais il ne nous était pas interdit de penser que la magnanimité de l'Empereur Nicolas pouvait prévenir la sanglante catastrophe qui vient de terminer cette lutte inégale et acharnée. Aujourd'hui que la force a décidé, et qu'une question dans laquelle nous ne pouvions intervenir que par des vœux de paix et d'humanité vient d'être tranchée par l'épée, d'impérieux devoirs nous sont imposés et envers l'Europe et envers ce qui reste de la malheureuse Pologne. Désarmer le courroux du vainqueur, faire un appel à sa générosité et à sa clémence, adoucir les rigueurs qui menacent une nation sur laquelle viennent déjà de s'appesantir tous les maux de la guerre, arrêter l'effusion du sang, sauver autant qu'il est en notre pouvoir les personnes et les propriétés, telle est notre première tâche, tâche d'humanité, de civilisation, de morale. Prévenir une atteinte funeste aux traités existants et à l'équilibre actuel de l'Europe, telle est l'autre, tâche de prévoyance, de politique, de pacification. Il serait difficile de connaître d'une manière certaine quelles sont les intentions de l'Empe-

Varsovie, et des conséquences dangereuses qu'ils pourraient avoir pour le repos de l'Europe, si l'Empereur
Nicolas n'adoptait pas envers les Polonais des principes
de modération et de générosité. Lord Palmerston est
entré entièrement dans nos idées à ce sujet; l'ambassadeur d'Angleterre à Pétersbourg sera chargé de
demander au cabinet russe le maintien des stipulations de 1814, en vertu desquelles le royaume de
Pologne a été joint à l'empire de Russie; il insistera
surtout pour que la Pologne ne cesse pas de former un
État distinct et qu'elle ne puisse être réunie comme

reur à l'égard des Polonais et de leur pays : mais peut-être serait-
il à craindre que, pressé de faire disparaître tout ce qui peut encore
entretenir parmi eux le souvenir de leur ancienne indépendance, il
voulût s'attaquer à leur nom, à leur individualité nationale, et à
cette existence que les stipulations de 1815 leur avaient conservée
en dehors de l'Empire russe. Le royaume de Pologne, tel que ces
stipulations l'ont rétabli, et avec les limites qu'elles lui ont assignées, est encore pour l'Europe une garantie puissante, un gage
réel de sécurité.

« Le réduire à l'état de province russe, le faire disparaître ainsi de
la carte de l'Europe, serait la plus grave de toutes les infractions
dont les derniers événements aient encore menacé l'ensemble des
traités de 1815. Le Gouvernement du Roi a donné, ce me semble,
une assez belle preuve de son respect pour ces traités, lorsqu'en
dépit des attaques dont il s'est vu l'objet et de l'impulsion que
l'opinion du pays s'efforçait de lui donner, il a proclamé que la paix
de l'Europe lui était plus précieuse que tous les avantages dont la
France pouvait rentrer en possession par l'abandon des stipulations
existantes. A notre tour, nous croyons pouvoir invoquer le maintien
d'un équilibre auquel nous avons fait sans hésiter tant de sacrifices.
Je viens d'écrire à M. le duc de Mortemart pour lui recommander
de chercher à connaître quelles sont à cet égard les intentions de
l'Empereur, et de s'en expliquer avec tous les ménagements que

province russe. Lord Palmerston apprécie comme nous l'importance qu'il y a pour l'Europe de faire écouter la voix de la raison à Saint-Pétersbourg, et je dois être assuré par son langage que les instructions envoyées à l'ambassadeur d'Angleterre seront d'accord avec celles que vous avez données à M. le duc de Mortemart.

J'ai fait part ensuite à lord Palmerston des observations contenues dans votre dépêche du 7, relative aux affaires de la Grèce. Il m'a répondu que le prince de Lieven venait précisément de lui communiquer une dépêche de sa Cour, qui explique l'espèce d'embarras

réclame dans des circonstances semblables une matière aussi délicate, mais aussi avec franchise et netteté. Mais nous ne sommes pas, mon Prince, les seuls intéressés à la conservation du système européen, et ce n'est pas à nous seulement qu'il appartient de le préserver de tout changement funeste. L'Angleterre voudra sans doute prendre sa part de cette noble tâche, l'Angleterre, qui a pu apprécier dans une occasion récente notre loyal désir de maintenir l'ordre établi par les derniers traités, et qui a pu apprendre aussi, par ses propres inquiétudes, combien il importait à son repos que cet ordre fût maintenu. Veuillez donc réclamer le concours des ministres de Sa Majesté Britannique, qu'ils s'unissent à nous pour faire entendre en faveur des Polonais la voix de la modération, et pour sauver s'il en est besoin l'existence du royaume de Pologne. Pressez-les, mon Prince, de nous seconder par leur langage : le temps est précieux ; il s'agit de détourner les rigueurs prêtes à frapper une nation généreuse qui s'est encore grandie dans la défaite; il s'agit d'enlever aux passions populaires un nouveau sujet d'irritation, en écartant des vengeances dont le spectacle viendrait encore alimenter toute leur violence; il s'agit surtout d'assurer la paix de l'Europe en s'opposant à ce qu'un élément de discorde et de guerre puisse être introduit dans le système sur lequel elle repose : quel plus bel usage l'Angleterre pourrait-elle faire de sa haute influence? »

(*Sébastiani à Talleyrand.* — 9 mars 1831.)

qu'éprouve la Russie dans la question de l'agrandissement des frontières de la Grèce. Comme il y aura sur
le prêt fait aux Grecs une portion employée à indem-
niser le Gouvernement turc pour le pays qu'il perdra
par la nouvelle délimitation, la Russie, à laquelle cet
argent reviendra en définitive, puisqu'il servira à
acquitter la contribution imposée par le traité d'Andri-
nople, a trouvé plus délicat de ne pas paraître en première ligne, lorsqu'il s'est agi de réclamer une augmentation de territoire en faveur des Grecs. Voilà,
m'a dit lord Palmerston, la raison qui a décidé le cabinet de Pétersbourg à laisser faire les premières
démarches par l'Angleterre et la France réunies; mais
il est disposé à y joindre les siennes pour appuyer la
demande en faveur de la Grèce, quand le moment en
sera jugé opportun. Le prince de Lieven m'a fait
demander un entretien pour une communication; j'ai
lieu de croire que ce sera la même qu'il a faite à lord
Palmerston et dont je viens de vous rendre compte.

Quant à la situation du Portugal et aux questions
qui s'y rattachent et qui faisaient l'objet de votre
dépêche du 4 de ce mois, lord Palmerston, auquel j'en
ai parlé, m'a développé les raisons qui s'opposent à ce
que l'Angleterre agisse en commun avec la France
pour obtenir le redressement des griefs que ces deux
puissances ont à faire valoir contre le Gouvernement
portugais. L'Angleterre a des traités particuliers avec
le Portugal qui lui donnent des avantages dont nous ne
jouissons pas et qui l'obligent à agir seule dans les

affaires et les rapports qu'elle a avec ce pays. Ainsi, pour vous citer un exemple : lorsqu'il s'élève une difficulté au sujet d'une affaire qui intéresse essentiellement un Anglais, le Gouvernement anglais a le droit, s'il le trouve convenable, de la faire juger par un magistrat portugais désigné par lui seul. Du reste, je puis vous dire que la reconnaissance de don Miguel est plus éloignée que jamais, et que, quels que soient les projets futurs de l'Angleterre sur le Portugal, elle ne fera rien sans nous en prévenir.

Je n'ai pas négligé de rappeler à lord Palmerston la demande que je lui ai faite au sujet des marchandises incendiées dans l'entrepôt d'Anvers, lors du bombardement de cette ville. Cette affaire a été soumise à des avocats que l'on consulte toujours en pareille occasion ; elle est encore entre leurs mains, et dès que leur travail sera fait, il me sera communiqué. J'aurai soin de vous en donner connaissance.

Je vous envoie un exemplaire de la collection des protocoles de notre Conférence. Ces protocoles sont imprimés par une imprimerie qui appartient au Département des affaires étrangères, et en un très petit nombre d'exemplaires, qui sont distribués aux membres de la Conférence et aux employés supérieurs du Département. C'est ce qui fait que je ne puis vous en transmettre qu'un ; j'en garde un ici pour les archives.

La question de la réforme a fait des progrès ces jours derniers ; les pétitions en sa faveur arrivent de toutes parts, et le ministère se croit assuré de la majorité dans le Parlement.

Recevez, etc.

XCIV

TALLEYRAND AU COMTE SÉBASTIANI

Londres, le 17 mars 1831.

MONSIEUR LE COMTE,

J'ai eu hier, avec M. le prince de Lieven, la conversation que je vous annonçais dans ma dernière dépêche. Il m'a donné lecture d'une lettre de M. le comte Nesselrode, en date du 19 janvier, dont je vais avoir l'honneur de vous rapporter sommairement le contenu.

Dans cette lettre, le ministre rapporte d'abord que le désir de la Russie a toujours été de voir adopter la ligne de Volo à Arta comme limite entre l'État grec et l'Empire turc; qu'elle n'a cédé sur ce point que par suite de l'opposition du cabinet britannique; qu'ainsi la nouvelle proposition faite à la Conférence de Londres, au mois de décembre dernier, pour une augmentation du territoire grec, a été accueillie par elle avec une véritable satisfaction. Aujourd'hui, poursuit le comte Nesselrode, que les vœux unanimes des cabinets alliés

nous ramènent vers notre but primitif et tendent à
rétablir les frontières de la Grèce telles que nous les
avons cru désirables, la politique du cabinet impérial
est trop persévérante pour désavouer une opinion
qu'elle a ouvertement professée et trop franche pour
repousser une offre qui, lors même qu'elle paraît inattendue, n'en est pas moins faite pour être vivement
appréciée.

Quelque réelles que soient les difficultés que présente un arrangement dont le succès aurait pu ne pas
être douteux à une autre époque, l'Empereur autorise
son ambassadeur à Londres à concerter avec ses collègues les démarches à faire auprès de la Porte *afin
d'obtenir d'elle, de gré à gré, une amélioration des frontières septentrionales de la Grèce, moyennant une compensation pécuniaire à fournir par le nouvel État.*

Cette amélioration devrait tendre à la meilleure ligne
de frontières connue, c'est-à-dire celle déterminée
par la Conférence au mois de décembre dernier, et qui
réunirait à la Grèce l'Étolie, l'Acarnanie et le Patradjik.

Si cette concession rencontrait des obstacles invin-
cibles, l'arrangement à proposer à la Porte amènerait
encore un résultat désirable, s'il assurait à la Grèce la
possession de l'Acarnanie et de la haute Étolie. Dans
cette dernière hypothèse, la frontière grecque s'éten-
drait depuis les Thermopyles jusqu'au mont Œta, telle
qu'elle est indiquée au protocole du 3 février [1], et sui-

---

[1] Voir ce protocole, *Collection de Clercq*, t. III, p. 557.

vrait de là une chaîne de montagnes qui aboutit à la côte méridionale du golfe d'Arta.

Mais pour que les démarches des plénipotentiaires à Constantinople puissent être considérées comme convenables par leur forme et utiles par leur résultat, elles devraient se trouver d'accord avec des considérations qu'on doit exposer sans la moindre réserve.

Afin de ne point compromettre le succès de la proposition projetée, il faut qu'elle se présente aux yeux du Gouvernement ottoman comme une compensation en argent entièrement à son propre avantage et nullement comme une combinaison destinée à acquitter ses engagements pécuniaires avec la Russie.

Il est donc essentiel que l'initiative de cette proposition soit réservée aux représentants des deux cabinets qui n'ont aucune réclamation pécuniaire à élever contre la Porte. Le ministre de Russie, en se joignant alors à ses collègues, ne paraîtra pas agir sous l'influence d'un intérêt exclusif de son Gouvernement, mais plutôt guidé par cet esprit d'union et de concorde que la Porte a déjà eu occasion de reconnaître dans la conduite que le Gouvernement russe a tenue précédemment à l'égard de l'exécution des actes de la Conférence de Londres.

Cette marche semblerait la plus sûre, parce qu'elle ne paraîtrait pas inusitée aux yeux du Divan. En effet, lorsqu'il s'est agi, au mois d'avril dernier, de mettre en vigueur les clauses du protocole du 3 février, la Porte a vu le ministre de Russie s'abstenir de faire valoir les stipulations directes d'un traité récemment conclu et se réunir à ses collègues pour proposer la reconnaissance de la *Grèce indépendante,* mais *avec des limites plus restreintes.*

Par une conséquence naturelle de la même marche, c'est aux ambassadeurs d'Angleterre et de France qu'il appartient aujourd'hui de porter les premiers la parole, afin de démontrer au Gouvernement de Sa Hautesse que les limites grecques, telles que le protocole du 3 février les a établies, ne répondent pas en réalité au but que l'on s'est proposé, savoir : celui de couper court à toute complication future ;

Que les peuples qui habitent l'Étolie, l'Acarnanie et le Patradjik continueront à nourrir des intentions hostiles contre la Porte ;

Que son intérêt bien entendu lui conseille de ne pas reprendre possession de ces territoires dont elle ne retirera jamais aucun revenu et qui ne serviront qu'à compromettre son repos ;

Enfin, qu'elle trouverait, à tous égards, un avantage réel à accepter, en échange de ces territoires, une compensation pécuniaire dont le montant serait déterminé ultérieurement.

Ces conseils, exposés avec franchise par les deux ambassadeurs, seront entendus par la Porte, si ce n'est avec docilité, du moins sans prévention, tandis que, si le ministre de Russie prenait l'initiative pour lui donner les mêmes avis, elle croirait y entrevoir un désir mal déguisé de revenir sur les arrangements déjà

conclus, soit pour remettre les affaires de la Grèce en
question, soit pour ouvrir au trésor du Sultan une
ressource momentanée qui tournerait entièrement au
profit de la Russie.

Je vous ai donné ce long extrait de la lettre de M. de
Nesselrode, parce qu'il me paraît expliquer le langage
que la Russie a tenu, depuis quelque temps, sur les
affaires de la Grèce, et répondre aux observations contenues dans votre dépêche du 7 de ce mois.

Le reste de la lettre traite des difficultés que pourra
éprouver la négociation que les plénipotentiaires vont
suivre à Constantinople ; les différentes chances de
succès ou de non-réussite y sont bien appréciées, et on
doit rendre justice à la sollicitude que le cabinet russe
témoigne en cette occasion pour la Grèce.

Le comte Nesselrode termine en annonçant qu'il
vient de transmettre au ministre de Russie à Constantinople des instructions éventuelles afin qu'il se trouve
muni, d'avance, des pouvoirs nécessaires en attendant
les instructions que la Conférence de Londres adressera
aux représentants des trois Cours, et pour éviter les
retards inséparables des longues distances.

Vous jugerez sûrement, Monsieur le Comte, que
pour ne pas retarder les travaux de la Conférence des
trois puissances, au moment où elle s'occupera de cette
affaire, il devient nécessaire de me transmettre bientôt
des instructions.

Je dois vous dire que les plénipotentiaires russe et
anglais regardent toujours le choix du prince Othon de

Bavière comme chose arrêtée entre les trois Gouvernements. Je suis porté à croire que vous en jugerez de même en vous rappelant ce qui a été convenu au mois de juin dernier.

Recevez, etc.

XCV

TALLEYRAND AU COMTE SÉBASTIANI

Londres, le 18 mars 1831.

Monsieur le Comte,

J'ai l'honneur de vous adresser la réponse faite par les quatre plénipotentiaires de la Conférence à votre lettre du 1er mars, que vous m'aviez autorisé à leur communiquer. Je n'ai pas besoin de vous dire que ma qualité de plénipotentiaire français et les ordres que vous m'aviez donnés ne m'ont pas permis de prendre part à la rédaction de cette pièce.

J'ai dû remarquer que l'opinion des plénipotentiaires et celle de tous les membres du cabinet anglais bien disposés pour la France étaient que les affaires de la Belgique sont entre vos mains, et qu'il serait peut-être utile, par un langage ferme, de leur ôter de leur importance ; cela vous donnerait bien de l'avantage pour résoudre toutes les difficultés qui s'élèvent dans plusieurs autres parties de l'Europe.

Recevez, etc.

XCVI

TALLEYRAND AU COMTE SÉBASTIANI

Londres, le 18 mars 1831.

MONSIEUR LE COMTE,

Je ne doute pas que le Gouvernement ne trouve qu'il y a des avantages pour le commerce à augmenter la facilité des communications entre Londres et Paris. Je crois que je n'éprouverais aucune opposition à obtenir du Gouvernement anglais l'arrivée de la poste aux lettres six fois par semaine au lieu de quatre. Je vous prie de me faire connaître vos intentions à cet égard.

Je suis informé que, depuis quelque temps, les autorités françaises de Calais et de Boulogne ne tiennent pas la main à l'exécution des règlements sur les passeports. On laisse entrer en France des personnes dont les passeports n'ont point été visés par l'ambassade ; je pense qu'il est assez important de faire cesser cet abus en ce moment où les communications entre l'An-

gleterre et la France doivent donner lieu à une stricte
surveillance.

Recevez, etc.

XCVII

TALLEYRAND AU COMTE SÉBASTIANI

Londres, le 19 mars 1831.

MONSIEUR LE COMTE,

J'ai reçu, la nuit dernière, la dépêche que vous
m'avez fait l'honneur de m'adresser sous la date du 16
de ce mois. La proclamation du régent de la Belgique
au sujet du grand-duché de Luxembourg a produit ici
la plus fâcheuse impression, et les explications pleines
de sagesse que renferme votre lettre à cet égard me
font vivement regretter que la proclamation n'ait pas
paru quinze jours plus tôt. Les instructions que vous
avez données au général Belliard m'auraient bien utilement servi pour calmer l'irritation que les nouvelles
folies des Belges ont excitée ici. J'aurais peut-être pu
arrêter l'envoi de quelques vaisseaux anglais dans
l'Escaut, qui est annoncé aujourd'hui, et mettre le plénipotentiaire prussien en état de donner des assurances
plus positives à la Diète de Francfort.

Quoi qu'il en soit, Monsieur le Comte, je ne négli-

gerai pas de tirer tout le parti possible de votre dépêche du 16 ; la ferme résolution de marcher avec les puissances, exprimée à Bruxelles et à Londres, amènera,
je l'espère, d'heureux résultats que des retards trop
prolongés ont rendus plus difficiles à obtenir.
Ma lettre est fort courte, parce que j'ai un très gros
rhume.

Recevez, etc.

P. S. — Je verrai, ce soir, lord Palmerston et
M. de Bülow, qui viennent de me faire dire qu'ils passe-
raient chez moi.

Vous trouverez l'annonce des armements anglais
dont je vous parle aujourd'hui, dans des dépêches déjà
anciennes, mais auxquelles on n'a pas répondu, et,
entre autres, dans celles du 18, du 28 et du 31 janvier.

XCVIII

TALLEYRAND AU COMTE SÉBASTIANI

Londres, le 20 mars 1831.

MONSIEUR LE COMTE,

J'ai entretenu, ce matin, lord Palmerston, le prince
Esterhazy et le baron de Bülow de votre dépêche du
16 ; ils ont été tous trois fort satisfaits de ce que je leur

en ai dit, et m'ont témoigné le désir de voir enfin la France se dégager des embarras que lui suscitent les affaires de la Belgique : ce pays ne cherche, m'ont-ils dit chacun séparément, qu'à entraîner la France ; il est poussé par des intrigants dont le but est bien loin d'être favorable à la tranquillité de la France, et qui voudraient la compromettre avec l'Europe. La Belgique a prouvé, m'a dit M. de Bülow, que la Conférence l'avait bien jugée, quand elle s'était servie dans le protocole n° 7 [1] du mot d'indépendance future.

Je vous dis là l'opinion fixe des quatre puissances avec lesquelles il nous importe de marcher, et qui sont bien disposées à marcher avec nous. Les trois membres de notre Conférence que j'ai vus ce matin m'ont encore répété, chacun en particulier, les assurances les plus positives que leurs Gouvernements désiraient que l'ordre de choses actuel s'affermît en France ; que la paix fût maintenue en Europe, et que la France y tînt la place que naturellement elle doit y occuper : tous en sentent le besoin, et c'est là, m'ont-ils dit, ce qui motivera toujours leurs opinions. Du reste, les plénipotentiaires de Prusse et d'Autriche m'ont promis d'écrire à Francfort, et j'ai l'espoir que leurs avis arrêteront les entreprises que nous redoutons de la part de la Confédération germanique. Lord Granville a dû recevoir, par son dernier courrier, des instructions à ce sujet de lord Palmerston.

---

[1] Voir ce protocole, *Collection de Clercq,* t. III, p. 589.

J'ai demandé à lord Palmerston des explications sur les armements dont il était question hier ; il m'a répondu affirmativement que la nouvelle donnée par le *Times* était complètement fausse, qu'il n'y avait pas eu d'autres armements que ceux nécessaires pour aller relever la station de la Méditerranée et pour conserver la situation de la marine anglaise sur le pied de paix. Ces explications sont à peu près les mêmes que celles qui m'ont été données il y a environ six semaines et que vous retrouverez dans mes précédentes dépêches.

Mgr le prince d'Orange s'est embarqué ce matin à Londres pour la Hollande, après avoir joui de tous les genres de plaisir de cette capitale ; il exprimait assez hautement ses regrets de la quitter. Sa manière de vivre ici lui a donné peu de considération.

Madame la duchesse de Berry a fait annoncer par M. le marquis de Choiseul qu'elle voulait se rendre aux eaux de Bath ; ce sont des raisons de santé, a-t-il dit, qui l'y conduisent.

Recevez, etc.

XCIX

TALLEYRAND AU COMTE SÉBASTIANI

Londres, le 23 mars 1831.

Monsieur le Comte,

Des lettres de Francfort ont apporté ici la nouvelle que la proclamation du Régent de la Belgique au sujet du duché de Luxembourg avait excité, au plus haut point, le mécontentement de la Diète germanique, et que probablement elle donnerait lieu, de sa part, à des mesures de rigueur. Par suite des communications que votre lettre du 16 m'avait mis en état de faire, et celles de lord Palmerston, qui avait reçu les mêmes nouvelles de Francfort, le prince Esterhazy expédie, aujourd'hui même, un courrier directement pour Francfort, qui porte au plénipotentiaire autrichien dans cette ville l'invitation formelle de faire suspendre toutes les résolutions hostiles que la Diète aurait été disposée à adopter. Le prince Esterhazy en faisant cette démarche s'est fondé sur les déclarations que je lui ai faites, et a insisté aussi sur le changement du ministère français, qui doit inspirer une nouvelle confiance [1].

Le comte d'Aerschot, envoyé du Gouvernement belge

---

[1] Le ministère Casimir Périer, succédant au ministère Laffitte, avait pris les affaires le 13 mars.

à Londres, s'est présenté chez lord Palmerston, qui lui a dit qu'il le verrait avec plaisir, mais qu'il ne pouvait entretenir aucun rapport officiel avec lui avant que le Régent se soit désisté des prétentions élevées dans sa dernière proclamation, dont les expressions sont pleines d'inconvenance.

J'ai reçu, hier soir, votre dépêche du 20; je ferai part à lord Palmerston de votre proposition d'envoyer un agent anglais en Italie, et je suis fondé à croire, d'après sa réponse aux premières ouvertures que je lui ai faites, que le Gouvernement anglais entrera dans vos vues à cet égard. Mon premier courrier vous portera sa résolution.

La seconde lecture du bill sur la réforme parlementaire a passé hier à la Chambre des communes à la majorité d'une voix; la Chambre était très nombreuse, il y avait 601 votants. On croit que dans les comités qui auront lieu après cette seconde lecture, il sera proposé de grands changements au bill. La question est de savoir de quelle nature seront ces changements, car s'ils sont importants, le Gouvernement a déclaré qu'il ne les adopterait pas, et alors viendrait la ressource de la dissolution, sur laquelle l'opinion du Roi n'est connue de personne.

M. de Lafayette a parfaitement raison lorsqu'il écrit que le colonel espagnol Degan n'a pas reçu de passeport à l'ambassade de France. En voici le motif. M. le comte Molé, votre prédécesseur, a écrit, sous la date du 24 août 1830, qu'il ne devait être délivré par l'am-

bassade de France de passeports et de visa de passeports qu'aux étrangers munis de papiers visés par les
ministres de leurs Cours respectives, et c'est là ce qui
doit, jusqu'à de nouveaux ordres, nous servir de règle.

Recevez, etc.

C

TALLEYRAND AU COMTE SÉBASTIANI

Londres, le 24 mars 1831.

MONSIEUR LE COMTE,

Ainsi que je vous le mandais par ma lettre d'hier,
j'ai vu lord Palmerston et je lui ai fait la proposition
d'envoyer un agent anglais à Rome pour s'entendre
avec les ambassadeurs de France et d'Autriche au sujet
des troubles survenus dans les États romains. Lord
Palmerston n'a pas balancé à accepter cette proposition
et a désigné pour remplir cette mission sir Brook
Taylor, qui a passé l'hiver à Rome pour sa santé et
qui se trouve en ce moment à Florence. Il m'a promis
de lui expédier sans délai des instructions dans cette
dernière ville afin qu'il retourne à Rome. Sir Brook
Taylor est honorablement connu par les différentes
missions qu'il a remplies depuis plus de vingt ans en

Allemagne; c'est un homme d'un caractère conciliant et modéré. Les dernières nouvelles que lord Palmerston a reçues d'Italie lui font espérer qu'un arrangement entre le Gouvernement pontifical et ses sujets ne sera pas très difficile; les principaux chefs des troubles étaient déjà, disait-on, sur le point de quitter l'Italie pour se réfugier en Angleterre ou en France. Du reste, lord Palmerston m'a encore répété qu'il était convaincu que tout deviendrait facile pour les cinq puissances bien unies, qu'il s'agît d'Italie ou de Belgique.

L'indisposition dont je vous ai déjà parlé et qui me retient chez moi depuis plusieurs jours m'a empêché jusqu'à présent de voir le comte d'Aerschot, envoyé de la Belgique; mais je suis mieux aujourd'hui, et je lui ai donné rendez-vous pour demain. Lord Palmerston a été obligé de passer chez moi pour recevoir les communications que j'avais à lui faire.

Le ministère anglais est content de son succès à la Chambre des communes et dit qu'il suffit, dans une question comme celle de la réforme, que le bill ait été adopté, et que le nombre des voix n'y fait rien. Les pétitions arrivent de toutes parts en faveur du bill.

Recevez, etc.

CI

TALLEYRAND AU COMTE SÉBASTIANI

Londres, le 25 mars 1831.

MONSIEUR LE COMTE,

Je n'ai pas négligé de parler à différentes reprises des affaires de la Pologne à lord Palmerston, ainsi que vous me l'aviez recommandé dans plusieurs de vos dépêches. D'après le langage de ce ministre, je suis fondé à croire que le cabinet anglais attache de l'intérêt à la cause polonaise, et que des instructions ont été adressées par lui à lord Heytersbury à Saint-Pétersbourg, pour y faire entendre la voix de la modération. Il me paraît qu'il serait utile de charger M. le duc de Mortemart d'entrer en communication avec lord Heytersbury sur ce point, et je dois dire que lord Heytersbury a des ordres qui ne contrarieront en aucune manière les instructions que vous avez données au duc de Mortemart; les démarches officieuses faites simultanément par ces deux ambassadeurs ne manqueraient point de produire quelque effet. Le motif de ces démarches doit être de réclamer près du cabinet russe le maintien des traités de 1814, qui assurent à la Pologne une existence indépendante sous le sceptre de l'Empereur de Russie. Comme le manifeste du souverain laisse supposer qu'en cas de non-soumission des Polonais, il les réduirait par la force pour les réunir ensuite à l'Empire, une telle mesure anéantirait un article important du traité de 1814, dont les puissances ont le droit de demander l'exécution ; il me semble que ce point de départ donnera de la force à tout ce qui peut être dit en faveur des Polonais.

J'ai vu, ce matin, M. le comte d'Aerschot. Dans le cours de notre conversation, nous sommes peu entrés dans le fond des affaires qui l'amenaient à Londres, parce que la proclamation du Régent a engagé tous les ministres qui sont à Londres à témoigner de la froideur à un député belge. J'ai cependant pu me servir utilement d'une phrase de votre lettre du 16, qui dit que la France n'est disposée à continuer d'accorder son appui à la Belgique qu'autant qu'elle ne se jettera pas, sans provocation, dans des voies propres à troubler la paix de l'Europe. Cette phrase, riche en développements dans lesquels je lui ai montré beaucoup d'intérêt, m'a conduit à finir notre entretien par l'idée que j'ai voulu lui laisser sur la manière dont la Conférence comprenait la position de son pays. « La Belgique d'aujourd'hui, lui ai-je dit, est la Belgique de 1790, plus l'évêché de Liège ; son indépendance est au moment d'être reconnue, et la neutralité lui est garantie par toutes les puissances ; tous ces avantages lui sont assurés à la seule condition de ne pas troubler le repos des autres puissances. »

J'attends le moment où vous m'informerez du résul-

tat des dépêches écrites de Londres aux membres de
la Diète germanique, pour les arrêter dans les résolutions hostiles que la proclamation du Régent les avait
disposés à prendre ; vos démarches directes auront
sûrement produit l'effet que vous en attendiez.

Recevez, etc.

CII

TALLEYRAND AU COMTE SÉBASTIANI

Londres, le 27 mars 1831.

Monsieur le Comte,

D'après les ordres contenus dans votre dépêche
du 23, j'ai vu tous les membres de la Conférence chacun
en particulier. Comme leurs informations sur l'armée
hollandaise étaient toutes les mêmes, j'ai eu à peu près
la même réponse de chacun d'eux ; en voici la substance.
L'armée hollandaise n'a reçu récemment aucune
augmentation ; elle est composée aujourd'hui comme
il y a deux mois de trente mille hommes de troupes
de ligne ; le reste n'est que de la milice. Les Hollandais
sont excédés des dépenses qu'exige l'entretien de ces
troupes, et depuis longtemps elles auraient été dimi-
nuées, si les Belges avaient repris plus tôt devant Maëstricht les positions qu'ils avaient au 21 novembre, et

qu'ils étaient convenus eux-mêmes de reprendre. Les difficultés qui ont duré deux mois pour revenir à ce point ont obligé les Hollandais, pendant ce temps, à se tenir sur leurs gardes, et la dernière proclamation du Régent sur le Luxembourg a de nouveau répandu l'alarme dans le pays. Voilà, m'a-t-on dit, quelle est la cause, l'unique cause de l'état des armements hollandais.

Je dois ajouter que chacun des ambassadeurs m'a dit que l'adhésion patente du cabinet français au protocole qui fixe les limites entre la Belgique et la Hollande mettrait fin à toutes ces difficultés et ferait cesser tous les armements occasionnés par les inquiétudes que donne la Belgique. C'est là ce qui est dans l'esprit de tous les cabinets, au moins c'est ce qui résulte du langage habituel des ambassadeurs, non seulement avec moi, mais dans les conversations qui me sont rapportées.

Quant au choix d'un souverain pour la Belgique, les membres de la Conférence sont également unanimes sur cette question : le souverain ne peut être choisi, disent-ils, que quand on aura clairement défini de quel pays il doit être souverain, et cela ne peut être fait que lorsque la France aura prononcé sur les limites de la Belgique.

Je n'ai pas manqué de rappeler aux plénipotentiaires, ainsi que vous me le recommandiez dans votre dépêche, que l'indépendance de la Belgique était un fait admis par la Conférence. Ils m'ont tous répondu : Cette indé-

pendance n'est point encore reconnue ; elle le sera hautement par nous, mais seulement le jour où il nous
sera possible d'indiquer nettement les limites du pays.

Du reste, les communications que j'ai faites ont
donné lieu à des explications que je ne saurais assez
vous répéter. Il n'y a pas un ambassadeur qui ne m'ait
dit que tous les cabinets étaient disposés à faire tout
ce qui pourrait contribuer au maintien de la paix ; que
pas une puissance sur le continent ne voulait la
guerre ; leur correspondance est d'accord, sur ce point,
avec leur langage. Plusieurs d'entre eux ont ajouté que
le parti qui en France veut la guerre, ne pouvant
amener le Gouvernement dans cette voie par des troubles intérieurs, chercherait à l'y pousser au moyen des
affaires de la Belgique [1]. On sait que vous ne voulez pas
la guerre, et comme les Belges veulent vous y entraî-

---

[1] « Mon Prince,

« Il n'est que trop évident que le parti qui nous pousse ici avec
violence à la guerre exerce en Belgique une influence qui devient
menaçante pour la paix de l'Europe. Cette influence est d'autant plus
grande et d'autant plus décisive, que le peuple belge est dans un état
de souffrance alarmant, et que les hommes qui composent aujourd'hui son gouvernement sont sans expérience et sans force. Le seul
moyen de conserver la paix est aujourd'hui le choix d'un prince qui
obtienne l'appui des grandes puissances. Nous ne saurions songer, en
aucun cas, à la Maison d'Orange. Il faut nous décider entre le prince
de Naples et le prince de Saxe-Cobourg. Le premier conviendrait
mieux aux intérêts de la France, mais il appartient à la branche
aînée des Bourbons, et il est le frère de Madame la duchesse de
Berry. En présence de l'association qui vient de se former, de la
discussion animée et presque véhémente de la proposition de M. Baude
qui a été adoptée aujourd'hui, la France le repousserait avec indi-

ner, on vous engage à porter toute votre attention sur ce point. La question belge terminée vous éviterait bien des embarras dans le présent et dans l'avenir.

Le comte d'Aerschot a été reçu ici par quelques membres de la Conférence, mais sans aucun caractère officiel. Lord Palmerston a observé cette nuance. On a gnation et accuserait le Gouvernement de favoriser la branche de cette famille qu'elle vient de proscrire.

« Le prince de Saxe-Cobourg sera regardé comme un triomphe de l'influence anglaise, d'autant plus mortifiant pour nous que nous avons refusé aux Belges M. le duc de Nemours. Assurément jamais position ne fut plus difficile que celle du Gouvernement français, dans le choix du prince qui doit régner en Belgique. Mais lorsqu'on n'a que le choix de deux inconvénients, il faut préférer celui que l'on croit le moins grave.

« Le Roi, le président du Conseil et moi, nous avons voulu nous consulter sur le parti qu'il convient de prendre. Le prince de Cobourg nous paraît celui auquel on pourrait s'arrêter, mais à deux conditions inévitables, dont la première serait la démolition des places fortes de la Belgique, et la seconde la réunion du duché de Bouillon au royaume belge.

« Sachez, sans prendre aucun engagement, ce que l'on peut obtenir à cet égard.

« Le temps presse, le Congrès belge doit se réunir le 29 de ce mois, et veut procéder immédiatement à la nomination d'un Roi.

« M. Bresson est seul dans la confidence de la communication qui vous est faite. On peut compter sur sa discrétion, et il vous pourra donner, sur l'état de la Belgique, des renseignements exacts, que seul il possède. Il a l'ordre de ne rester à Londres que le temps nécessaire pour obtenir votre réponse. Ne perdez pas de vue, mon Prince, que la question de la Belgique est devenue d'autant plus délicate pour nous que nous avons montré les intentions pacifiques les plus constantes et les mieux affermies, et que nous avons fermé les yeux sur l'intervention des Autrichiens à Parme, à Modène et à Ferrare. »

(Sébastiani à Talleyrand. — 24 mars 1831.)

été un peu surpris de l'accueil solennel fait à Paris à M. Lehon.

Je suis presque rétabli de mon indisposition ; elle a été causée par les mauvais temps du mois de mars, toujours malsain à Londres. Aussi je compte bien vous demander un congé (vous voyez que je m'y prends d'avance) pour le mois de mars prochain.

M. Bresson est arrivé ici, je répondrai par lui à la lettre qu'il m'a apportée.

Recevez, etc.

CIII

TALLEYRAND AU COMTE SÉBASTIANI

Londres, le 28 mars 1831.

MONSIEUR LE COMTE,

Je vous remercie d'avoir chargé M. Bresson de la dépêche que vous m'avez fait l'honneur de m'adresser sous la date du 24 de ce mois. Je l'ai revu avec plaisir à Londres, et j'ai pu profiter de sa présence ici pour y rétablir sa position. J'avais réuni à dîner chez moi plusieurs des membres de la Conférence, avec lesquels M. Bresson a eu des explications qui se sont terminées de la façon la plus honorable pour lui. Il pourra vous en rendre compte, ainsi que des observations que lui

19

auront fournies ses entretiens avec les ambassadeurs.
M. le comte d'Aerschot dînait aussi, ce jour-là, chez moi.

J'ai dû voir de nouveau séparément les membres de
la Conférence pour pressentir leur opinion sur le choix
du futur souverain de la Belgique, et je me suis utilement servi des réflexions contenues dans votre lettre
du 24. Ils m'ont tous répété ce que je vous mandais
hier à ce sujet, c'est-à-dire qu'on ne peut s'arrêter au
choix d'un souverain de la Belgique avant d'avoir déterminé les limites du pays sur lequel ce souverain doit
régner. On s'exposerait, en agissant autrement, à
placer ce prince dans le même embarras qu'éprouve
aujourd'hui le Régent; il serait obligé, en acceptant la
souveraineté, de jurer une constitution dans laquelle se
trouve un article qui énonce le maintien de l'intégrité
d'un territoire qu'il a plu aux Belges d'étendre à leur
gré. Il est facile de prévoir qu'un tel engagement jette-
rait dans de nouvelles difficultés. Les plénipotentiaires
sont donc unanimes dans l'opinion qu'il est absolument
nécessaire, avant tout, d'adopter purement et simplement le protocole qui fixe les limites du territoire de la
Belgique. Ils reconnaissent en même temps que, plus
tard, on devra entrer en arrangement sur les enclaves
qui conviendraient le mieux à la Belgique et à la Hollande : c'est alors que la question du duché de Bouillon
sera aisément résolue.

Le prince de Naples offre pour le Gouvernement du
Roi des avantages et des inconvénients que vous êtes
mieux que moi en position de juger. Quant au prince

de Saxe-Cobourg, je n'ai vu paraître, de la part des membres de la Conférence devant lesquels j'ai prononcé son nom, aucune opposition contre sa personne. Le cabinet anglais qui, comme je vous l'ai souvent écrit, pensait toujours que le prince d'Orange aurait été le choix le plus convenable, a cependant aujourd'hui abandonné cette idée ; il se rallierait sans chaleur à la combinaison du prince de Saxe-Cobourg. Je n'ai point parlé nominativement des choix à faire à l'ambassadeur de Russie, parce que ses instructions ne lui permettent pas de porter son intérêt sur un autre prince que sur le prince d'Orange. Cela, du reste, n'arrête rien dans les affaires de la Belgique ; ce qu'il nous fallait, c'est que la Russie ne fût point opposée à l'indépendance, et cela a été obtenu. La reconnaissance du souverain viendra plus tard.

La démolition des forteresses que vous réclameriez, dans le cas où le prince de Saxe-Cobourg serait élu, m'a toujours paru une chose que l'on obtiendrait facilement, parce que, à mon sens, elle a perdu son intérêt depuis la déclaration de neutralité. Je sais qu'en France on n'a pas attaché à cette déclaration toute l'importance qu'elle mérite ; je persiste à croire néanmoins que la neutralité était le meilleur moyen de finir la question des forteresses, qui, à mon départ de Paris, paraissait aux bons esprits une question dans laquelle tous les amours-propres étaient engagés, beaucoup de millions perdus, et qui devenait insoluble. Du reste, nous ne sommes point appelés à la traiter en ce moment, et je devrai sans doute revenir sur ce point.

Mon opinion personnelle sur le choix du prince, réduit, comme vous le faites dans votre dépêche, entre le prince de Naples et le prince de Saxe-Cobourg, est qu'il faut s'arrêter à celui des deux que vous aurez le plus de chances de faire élire. Au point où en étaient les choses, il y a quatre mois, le prince de Saxe-Cobourg paraissait plus facile qu'aucun autre. Depuis ce temps-là, vos directions ayant été différentes, je ne m'en suis pas occupé.

Recevez, etc.

CIV

TALLEYRAND AU COMTE SÉBASTIANI

Londres, le 3 avril 1831.

Monsieur le Comte,

J'ai dû voir hier lord Palmerston avant son départ pour la campagne. Je lui ai parlé de nouveau de la nécessité dans laquelle on se trouvait de s'entendre sur le choix du prince qui devait être appelé à gouverner la Belgique. J'ai pu lui représenter tous les inconvénients attachés au choix du prince d'Orange, dont les partisans (à la vérité en très petit nombre) fomentaient en ce moment des troubles, et lui faire entrevoir les suites fâcheuses que pourrait entraîner son élection. Sans tout à fait nier les inconvénients, il m'a dit qu'il y aurait aussi quelques avantages. « Pas d'autres, lui répondis-je, que la reconnaissance de la Russie ; et cette reconnaissance viendra nécessairement un peu plus tard, car du moment que l'indépendance du pays est reconnue, il faudra bien qu'on reconnaisse aussi le souverain. — Mais, du reste, m'a-t-il dit, tout cela s'arrangera quand les limites de la Belgique seront fixées ; c'est là qu'est aujourd'hui la difficulté. Nous attendons avec impatience la réponse de votre Gouvernement à ce sujet.

« Les retards donnent aux intrigants l'occasion de s'agiter et de continuer le désordre ; j'ai écrit à lord Granville pour l'engager à presser votre Gouvernement de donner une réponse. »

Je lui ai dit que la réponse la plus pressée avait été faite, que vous aviez tenu un langage très ferme aux Belges, et que vous ne leur aviez pas caché que vous aviez consenti à la délimitation de la Hollande et de la Belgique, telle qu'elle est établie dans les protocoles de Londres : j'ai ajouté, comme vous me l'avez mandé, que le grand-duché de Luxembourg devait appartenir à la Maison de Nassau, et que le duché de Bouillon seul restait en discussion.

Une lettre de lord Ponsonby, que lord Palmerston venait de recevoir, lui apprenait que le mouvement à la tête duquel était le colonel Borremans était fini ; et il ajoutait, dans sa lettre, que le Régent avait dit que si la France se prononçait dans le même sens que les quatre puissances, il ne doutait pas que les gens sensés du Congrès sentissent qu'il fallait adopter le protocole du 20 janvier. Ce qui, au reste, dans mon opinion sur le vœu de l'Angleterre relativement au choix du souverain de la Belgique, est plutôt négatif que positif. Elle ne voudrait ni tel, ni tel ; mais elle ne désire vivement personne.

Ayant dû regarder votre lettre confidentielle comme non avenue, j'attends à cet égard de nouveaux ordres.

Recevez, etc.

CV

TALLEYRAND AU COMTE SÉBASTIANI

Londres, le 5 avril 1831.

MONSIEUR LE COMTE,

Dans les dernières lettres que j'ai eu l'honneur de vous écrire, j'ai dû souvent vous presser de répondre à la note qui vous a été adressée par MM. les plénipotentiaires des quatre puissances, parce que le temps qu'on met à donner son assentiment ou des explications, fournit à des interprétations quelquefois malveillantes, et rend tout plus difficile. On cherche à mettre d'accord le silence de notre cabinet avec votre adhésion aux limites de la Hollande et de la Belgique telle que j'ai dû la comprendre et en parler d'après votre dépêche du 30 mars, et telle qu'elle se trouve dans les lettres reçues ici des ambassadeurs qui sont en France.

Si, cependant, la question des places vous laissait quelques doutes, pourquoi ne pas les exprimer dans la réponse que vous avez à faire aux plénipotentiaires des quatre puissances? La disposition des cabinets est de s'entendre. Il y a quelque inquiétude, mais je ne vois nulle part aucune irritation.

Je dois même dire que les explications données par notre cabinet relativement à Bologne ont plutôt rassuré qu'alarmé, et que tout le monde espère qu'elles produiront à Vienne l'effet que vous en attendez.

Je vois qu'ici on se refroidit chaque jour sur le choix du prince d'Orange comme souverain de la Belgique. On n'y prend plus d'intérêt réel, et il ne sera fait par aucun Gouvernement (j'en excepte la Russie) de démarches en sa faveur.

Il vous est sans doute revenu que la cause des Belges perd tous les jours, en Angleterre, des partisans. On les trouve bien peu préparés à recevoir l'indépendance. Dans un pays où le bon sens domine comme en Angleterre, les délibérations du Congrès de Bruxelles n'ont pas beaucoup de faveur.

Le discours de M. le président du conseil a fait ici une grande sensation. Tout le monde répétait hier cette phrase : « Les promesses de politique intérieure sont dans la Constitution ; s'agit-il des affaires du dehors, il n'y a de promesses que les traités [1]. »

Recevez, etc.

CVI

TALLEYRAND AU COMTE SÉBASTIANI

Londres, le 6 avril 1831.

MONSIEUR LE COMTE,

J'ai reçu, ce matin, votre dépêche du 4 avril ; je ne doute pas qu'elle satisfasse à beaucoup d'égards la Conférence, à laquelle je dois la communiquer lundi ou mardi prochain. Vous serez peut-être étonné que je remette cette communication jusqu'à cette époque ; mais cela m'est indispensable, parce que plusieurs membres de la Conférence sont absents. La grande difficulté sera celle qui viendra des échanges que vous réclamez à raison de la position de Maëstricht. Je ferai tous mes efforts et me servirai de tous vos arguments pour obtenir ce que vous me prescrivez dans votre dépêche du 4.

Le succès aurait été plus facile il y a deux mois. Les Belges n'avaient pas encore excité, autant qu'ils l'ont

---

[1] Voir séance de la Chambre des députés du 30 mars 1831.

fait depuis, la défiance que je retrouve partout aujour-
d'hui. En général, j'observe, et je crois qu'il est bon
de remarquer que le temps est contre nous ; il ne sim-
plifie rien, et il apporte des difficultés de plus.

Dans une de vos dépêches précédentes, vous me
parliez des résolutions qui doivent être prises au sujet
des places fortes. Mon opinion est qu'à cet égard j'ob-
tiendrai les démolitions que vous devez désirer : mais
je croirais que cette question doit être remise après le
choix du Roi. L'amour-propre belge pourrait, aujour-
d'hui, s'en offenser. Ce sera avec le Roi et comme une
exigence de la part de la Conférence que cette question
sera le plus avantageusement traitée.

Lord Grey sera prévenu de la communication que
vous me chargez de faire à la Conférence, avant tous
les autres ministres, parce que je suis engagé à passer
la journée de vendredi dans la maison de campagne
où il se trouve, et j'aurai une occasion de l'entretenir
de l'objet de la conférence que je vais demander. Pour
les affaires qui sont encore en discussion, j'aime mieux
parler qu'écrire.

J'ai vu, ce matin, M. le baron de Bülow et M. le
prince d'Esterhazy. Ils écriront demain à Francfort
comme vous le désirez. M. le prince d'Esterhazy écrira
demain à M. de Munch lui-même, pour l'engager à
maintenir la Diète dans le système de lenteur et de
conciliation au sujet du grand-duché de Luxembourg.
J'ai beaucoup insisté pour que leur action fût prompte
et décisive, parce que je sens combien sont impor-

tantes les considérations que renferme votre dépêche à cet égard.

Vous me parlez des achats de fusils que font les Espagnols à Londres. Ces achats ne montent qu'à dix ou douze mille. Ils ont été expédiés il y a environ trois mois. On ne fait rien pour eux maintenant. On achète beaucoup de fusils pour les Polonais ; on tâche de les faire arriver par la Prusse en les mêlant dans des envois d'autres marchandises. Les Hollandais ont plutôt annoncé que fait ici des commandes d'armes : le but de cette apparence de commandes a été de faire baisser chez eux le prix des fusils qui était tenu à un taux très élevé par leurs manufacturiers et qui commence à baisser. Il y a quelques marchés faits par les Italiens, mais c'est pour de très petites parties. On continue à m'assurer ici que les armements de l'Angleterre ont été plutôt renouvelés qu'augmentés. Seulement j'ai appris qu'il se construisait pour le Gouvernement anglais, dans des chantiers qui ne sont pas les siens, quelques bateaux à vapeur du port de 500 tonneaux. Ces bâtiments doivent, à ce qu'on m'assure, porter quelques canons. Je me tiendrai, autant que possible, au courant de tout ce qui se fait ou se prépare dans ce genre. On a acheté ici pour la Porte Ottomane une part assez considérable de fusées à la Congrève.

Je vous remercie d'avoir rétabli les faits que n'a pas voulu se rappeler le général Lamarque, lorsqu'il m'a attaqué à la Chambre. Je n'ai pas lu ce que vous avez répondu à cet égard, parce que je n'ai pas encore reçu les journaux français du 5, qui sont les seuls qui rendent compte de cette séance : mais je suis sûr que j'y retrouverai les preuves de notre ancienne amitié. Il est singulier qu'on veuille me regarder comme ayant été membre de la Sainte-Alliance, tandis que c'est à Aix-la-Chapelle, deux ans après mon ministère, que M. de Richelieu a adhéré à ce nouveau pacte. Si c'est pour dire que la Conférence rappelle la Sainte-Alliance par ses actes, il y a, en vérité, là, une trop forte erreur. Il ne faut, pour s'en convaincre, que comparer ce qui a été fait à Naples et en Espagne avec ce qui vient d'être fait en Belgique, dont la Conférence, au bout de deux mois, a proclamé l'indépendance.

Recevez, etc.

CVII

TALLEYRAND AU COMTE SÉBASTIANI

Londres, le 11 avril 1831.

Monsieur le Comte,

J'ai pris les informations les plus positives sur les armements dont on supposait que le Gouvernement anglais pouvait s'occuper en ce moment. J'ai acquis la certitude que l'Angleterre ne ferait pas d'armements ; elle remplace d'anciens armements par des armements nouveaux, fait quelques changements dans le personnel des amiraux; néanmoins, par ces dispositions, elle ne se met pas sur un autre pied que le pied de paix.

Les dépêches que le prince Esterhazy a reçues de Vienne annoncent que sa Cour s'emploiera, ainsi que vous le désirez, auprès du Gouvernement pontifical, afin de le déterminer à apporter des changements dans son administration intérieure.

En général il résulte des dépêches adressées à cet ambassadeur que les dispositions de la Cour d'Autriche pour la France sont de nature à nous satisfaire, et que cette Cour est fort éloignée de songer à créer au Gouvernement du Roi des embarras dans sa politique extérieure.

J'aurai à répondre incessamment, Monsieur le Comte, à la dépêche que vous m'avez fait l'honneur de m'adresser le 4 de ce mois; je n'ai pas pu en faire usage plus tôt à cause de l'éloignement momentané de plusieurs membres de la Conférence.

J'ai reçu hier soir la dépêche du 8, dont M. Tellier était porteur [1].

Recevez, etc.

P. S. — La *Gazette de Hambourg* nous apporte la

---

[1] Voici la première partie de la dépêche du 4 avril; celle du 8 avril suit.

                                          « 4 avril 1831.

    « MON PRINCE,

    « Le Roi me charge de vous annoncer qu'il donne de nouveau son adhésion pleine et entière au protocole du 20 janvier, qui fixe les

nouvelle de la victoire remportée par les Polonais sur
le général Geismar.

limites de la Belgique et de la Hollande. Le Roi admet également
que la souveraineté du grand-duché de Luxembourg, tel qu'il existe
actuellement (sauf l'ancien duché de Bouillon), appartient et doit
appartenir à la Maison de Nassau, conformément aux traités de 1815,
et qu'en vertu de ces mêmes traités, il continue de faire partie de la
Confédération germanique. Sa Majesté ne reconnaît pas moins formellement la neutralité de la Belgique telle que les cinq puissances
en ont proclamé le principe dans le protocole du 20 janvier. Ce n'est
qu'à ces conditions que le souverain qui doit être élu par le Congrès
de Bruxelles sera lui-même reconnu par la France. Vous êtes autorisé, mon Prince, à communiquer officiellement au Gouvernement
anglais et à la Conférence de Londres cette détermination du Roi.
Vous voyez que nous sommes parfaitement d'accord avec la Conférence sur tous les points essentiels réglés par les protocoles, et que
nous demeurons franchement unis aux puissances avec lesquelles
nous avons constamment aimé à nous entendre pour terminer les
affaires de la Belgique dans un esprit de paix et de conciliation.

« Cependant, mon Prince, toutes les questions ne sont pas encore
résolues, et il en est plusieurs sur lesquelles je crois devoir appeler
votre attention.

« En premier lieu se présente celle des institutions à donner au
duché de Luxembourg. Cet État, par suite de sa réunion aux Pays-
Bas, jouissait, comme la Belgique, d'un régime constitutionnel. Nous
mettons un vif intérêt à ce que le bienfait lui en soit conservé. En
cela nous sommes loin de vouloir nous immiscer dans les affaires
intérieures d'un autre État. Mais, d'une part, nous ne saurions rester
indifférents au bien-être d'un peuple qui, après avoir longtemps fait
partie de la France, conserve encore tant de relations avec elle ;
nous sommes, d'une autre part, persuadés qu'accorder des institutions constitutionnelles au grand-duché de Luxembourg serait le
moyen le plus sûr d'y maintenir l'ordre et la tranquillité. Nous
croyons même que le Roi de Hollande aurait rendu beaucoup plus
facile le rétablissement de son autorité dans ce pays, s'il avait fait
précéder la proclamation du duc de Weimar par l'acte constitutionnel
qui doit régir cette portion de ses États. Nous pensons enfin qu'il
importe de détourner fortement le Roi Guillaume de toute idée de

CVIII

TALLEYRAND AU COMTE SÉBASTIANI

Londres, le 13 avril 1831.

Monsieur le Comte,

Les membres de la Conférence sont rentrés en ville avant-hier et se sont réunis hier. J'ai dû leur donner

confondre le Gouvernement du Luxembourg avec celui de la Hollande. Cette résolution serait aussi impopulaire parmi les Hollandais que parmi les Luxembourgeois. Elle serait en outre contraire au traité de 1815, et aux actes constitutifs de la Confédération germanique, d'après lesquels le grand-duché de Luxembourg doit, sous la forme d'un État séparé, faire partie de cette Confédération.

« En second lieu, la délimitation des frontières de la Belgique et de la Hollande, telle que les derniers protocoles l'ont fixée, laisse encore indécises des questions d'une nature difficile et délicate. Par exemple, la ville de Maëstricht n'appartenait pas exclusivement en 1790 aux Provinces-Unies : l'évêque de Liège y exerçait une portion de la souveraineté et des droits importants. Nous n'avons nullement l'intention de les faire revivre, ni de les réclamer en faveur des Belges ; mais la position de Maëstricht et les difficultés qu'elle oppose de ce côté à un système parfait de délimitation méritent une sérieuse attention. En effet, Maëstricht est entièrement séparée du territoire hollandais, dont le point le plus rapproché d'elle est Stephaënswerder, ville qui elle-même se trouve isolée au milieu d'un vaste territoire belge. Or, si l'on suit le principe qu'on a posé, d'assurer la contiguïté des deux États par voie d'échange ou de compensations, la Belgique sera nécessairement obligée de céder les portions considérables de son territoire situées entre Maëstricht et la Hollande, et dès lors aussi il deviendra indispensable de lui procurer une indemnité. Celle qu'il nous paraît le plus convenable de lui

communication de la dépêche que vous m'avez fait
l'honneur de m'adresser le 4 de ce mois ; cette commu-
assigner est la Flandre hollandaise, d'autant que la réunion de cette
province à la Belgique aurait le précieux avantage de faire cesser
tout sujet de collision relativement à la navigation de l'Escaut et des
autres rivières qui la traversent. La Conférence de Londres, en se
prononçant dans ce sens, faciliterait les arrangements à prendre et
contribuerait puissamment à prévenir toute cause de dissentiments. »

« MON PRINCE,

« Votre dépêche du 5 était sans doute à peine partie de Londres
lorsque vous aurez reçu celle qui vous autorisait à renouveler à la
Conférence une adhésion pleine et entière au protocole du 20 janvier
et à celui du 19 mars, qui n'en est que la conséquence. Je ne crois
pas que vous éprouviez de grandes difficultés au sujet du duché de
Bouillon. J'ignore encore le parti que prendront le Gouvernement
belge et le Congrès. Je leur ai déclaré, de la manière la plus nette et
la plus précise, qu'ils devaient accepter sans restriction comme sans
retard le protocole du 20 janvier. J'ai appris indirectement que le
Gouvernement belge s'était adressé à la Prusse et à la Diète de Francfort pour leur proposer de comprendre dans la Confédération germanique toute la Belgique, pourvu que le grand-duché de Luxembourg
continuât d'en faire partie : ils offrent même, dit-on, une indemnité
de dix millions au Roi de Hollande. De pareils projets ne méritent
pas qu'on s'en occupe. Comment des hommes doués de quelque sens
peuvent-ils croire un instant que la France consente jamais à laisser
la Confédération germanique s'étendre sur ses frontières du nord
jusqu'à Dunkerque, et s'approcher jusqu'à cinquante lieues de la
capitale?

« Mais je veux vous entretenir, mon Prince, d'objets plus sérieux.
Il importe au Gouvernement du Roi que deux résultats non moins
essentiels l'un que l'autre sortent de la séparation de la Hollande et
de la Belgique, et de l'indépendance de cette dernière. Le royaume
des Pays-Bas fut créé en haine de la France ; ses places fortes furent
élevées pour menacer constamment notre capitale. Il faut qu'il dis-
paraisse à jamais. Si le prince d'Orange ou quelqu'un de ses enfants
régnait en Belgique, le royaume des Pays-Bas renaîtrait sous une
autre forme, mais avec non moins de danger pour la France, parce
que la Maison de Nassau régnant à la fois en Hollande et en Belgique,

nication a produit une impression favorable, et l'on a vu avec grand plaisir le Gouvernement du Roi unir intimement ses intentions avec celles de la Conférence. J'ai remarqué aussi que la situation générale de la France, les progrès de l'esprit public et les succès nombreux du Gouvernement de Sa Majesté étaient justement et convenablement appréciés par chacun des membres. Il m'a été demandé de laisser prendre copie de cette dépêche, mais je m'y suis refusé, parce que le nom de M. d'Apponyi s'y trouvait, et que nous devons éviter tout ce qui pourrait mécontenter l'Autriche. Il y avait aussi, à la fin de cette dépêche, un *post-scriptum* qui, bien que signé, aurait pu affaiblir l'effet que la communication était appelée à produire, s'il en avait été remis des copies, parce qu'il se trouve dans la Conférence des hommes formels qui auraient pu remarquer qu'en général les *post-scriptum* annoncent un peu de précipitation et n'ont pas le même

n'en deviendrait que plus redoutable pour nous, assurée qu'elle serait de l'appui de nos rivaux. La Belgique n'est plus en état de soutenir la dépense de l'entretien des places : sa neutralité les rend inutiles, et elles ne sont qu'un objet à la fois d'irritation et de convoitise pour la France. Nous serons toujours presque irrésistiblement poussés vers la Belgique aussi longtemps qu'elles existeront. C'est à vous, mon Prince, qu'il appartient de rendre impossible la reconstruction du royaume des Pays-Bas par l'exclusion de la Maison de Nassau du trône de Belgique, et de faire tomber des places qui seront toujours, jusqu'au moment de leur chute, une occasion de guerre. L'Angleterre et la Prusse sont encore plus intéressées que nous à leur démolition. Le Roi vous charge de conduire cette double négociation, et se repose sur votre habileté accoutumée. »

(*Sébastiani à Talleyrand. — 8 avril 1831.*)

caractère de fixité qu'une dépêche. J'ai consenti seulement à donner une seconde lecture. La prochaine séance aura lieu jeudi ou vendredi : les affaires du Parlement ne permettent pas une réunion plus rapprochée. La Conférence vous répondra promptement et, dans mon opinion, de manière à vous satisfaire.

Je crois, Monsieur le Comte, ne devoir pas encore occuper la Conférence de votre dépêche du 8; mais j'ai déjà entretenu séparément chacun de ses membres, et les dispositions dans lesquelles je les ai trouvés me donnent lieu de croire et d'assurer que la plus grande partie de nos demandes et les plus importantes seront admises.

J'ai prié l'ambassadeur d'Autriche, ainsi que le ministre de Prusse, de remarquer combien il était à désirer que leurs cabinets apportassent moins de délais dans l'examen des questions qui leur sont déférées et dont l'intérêt général fait souhaiter la solution : au reste, les dépêches que M. le prince Esterhazy m'a communiquées et qui répondent aux demandes que je l'ai prié de faire parvenir à la Cour de Vienne ne permettent pas de douter que M. le prince de Metternich ne soit entièrement disposé à seconder les désirs et les espérances que le Gouvernement du Roi lui a fait connaître. Ces dépêches parlent aussi de la manière la plus favorable de la sécurité que la sagesse du Gouvernement français est faite pour inspirer aux autres États de l'Europe. Quant aux dispositions de l'Angleterre à notre égard, elles ne cessent pas d'être bonnes, et ce cabinet nous seconde dans tout ce que M. de Sainte-Aulaire est chargé de demander.

Le bill sur la réforme reparaîtra lundi : on s'attend à une discussion vive, parce que le ministère doit proposer des modifications qui ne diminueront pas le nombre des opposants, mais qui feront perdre des votes aux partisans de la réforme.

Je joins à cette dépêche un relevé des exportations d'or et d'argent qui se sont effectuées par les ports de la Grande-Bretagne en 1830 et dans les trois premiers mois de cette année. Si ce genre d'information a de l'intérêt pour le Gouvernement, je pourrai continuer à lui adresser de semblables tableaux à la fin de chaque trimestre.

Recevez, etc.

CIX

TALLEYRAND AU COMTE SÉBASTIANI

Londres, le 15 avril 1831.

Monsieur le Comte,

Les événements qui fixent aujourd'hui l'attention générale retracent à ma mémoire d'autres faits qui remontent à des temps fort antérieurs.

Je vous engage à faire rechercher soit aux archives de votre ministère, soit à la bibliothèque particulière du Roi au Louvre, un travail de M. Pfeffel dans lequel ce grand publiciste démontrait l'intérêt que la France aurait eu à s'opposer au partage de la Pologne, et dans lequel il traçait la ligne que les Russes ne devaient pas passer, sous peine pour l'Europe de perdre tout équilibre et d'être toujours inquiétée jusqu'au moment où cette puissance hardie tenterait des envahissements. J'indique ici la Bibliothèque du Louvre, parce que si le mémoire de M. Pfeffel n'a pas été égaré, il a dû se trouver dans un des châteaux royaux. Je l'avais fait lire à l'Empereur, qui en avait été vivement frappé, et qui donna à cet ouvrage la plus sérieuse attention. Il était encore entre ses mains en 1812, lorsqu'il eut le projet de m'envoyer en Pologne. Je pense qu'il offrirait aujourd'hui au Gouvernement du Roi le plus grand intérêt, et qu'on y puiserait des documents et des idées extrêmement utiles.

Recevez, etc.

CX

Londres, le 16 avril 1831.

Mon cher Général,

Je vous envoie trois pièces qui renferment tout le système de la Conférence [1]. Je pense que vous serez

---

[1] Ces pièces manquent au manuscrit.

satisfait de la part d'action et d'influence qui est réservée à la France, et sur laquelle vous êtes appelé à vous concerter avec lord Granville. Le départ du courrier, qu'il faut combiner avec l'heure de la marée à Douvres, ne me permet pas de vous donner aujourd'hui plus de détails.

Recevez, mon cher Général, l'assurance de mon ancien attachement et de ma haute considération.

CXI

TALLEYRAND AU COMTE SÉBASTIANI

Londres, le 16 avril 1831.

Monsieur le Comte,

J'ai reçu la dépêche que vous m'avez fait l'honneur de m'adresser le 12 de ce mois. Cette dépêche avait pour but de faire sentir les graves motifs d'inquiétude que donnerait à la France l'entrée des troupes de la Confédération germanique dans le grand-duché de Luxembourg ; vous y exprimez, Monsieur le Comte, la crainte que la Diète ne soit entraînée à la guerre par l'influence de son président, et vous faites observer avec raison que le mouvement des troupes fédérales ne doit pas être réglé isolément à Francfort, en ajoutant que les représentants des cinq puissances réunis à Londres sont appelés à juger le moment où cette grande mesure pourra être devenue indispensable.

Je crois, Monsieur le Comte, pouvoir répondre d'une manière satisfaisante à ces différentes observations.

Le Gouvernement du Roi ayant désiré, dès l'origine du différend entre la Belgique et la Confédération germanique, que la Diète ne prît aucune résolution précipitée et adoptât, au contraire, pour système une lenteur sagement calculée, j'ai agi dans ce sens auprès des membres de la Conférence dont les souverains sont liés à la Confédération germanique, et je ne peux pas renoncer à croire que leurs conseils n'aient eu, jusqu'à présent, une forte influence sur les délibérations de Francfort; car, si un corps fédéral a été désigné il y a longtemps, vous aurez sans doute remarqué avec quelle lenteur on s'est occupé de son organisation définitive. La Diète aurait persévéré probablement dans ce système de temporisation si, dans ces derniers temps, la proclamation du Régent de Belgique relative au grand-duché de Luxembourg, les discussions et les actes du Congrès n'étaient pas venus donner au Corps germanique des motifs de mécontentement assez graves pour déterminer la Diète à songer à l'emploi des moyens de rigueur, afin de se mettre à l'abri de tout reproche. Cependant, Monsieur le Comte, d'après les ordres que vous m'avez transmis, j'ai eu une conférence avec M. le prince Esterhazy et M. le baron de Bülow, que je trouve toujours disposés à se prêter aux

vues de conciliation, et je les ai engagés à employer
leurs bons offices auprès du président de la Diète, afin
de faire suspendre toutes les résolutions hostiles que
l'on aurait été disposé à adopter à Francfort.

Les communications journalières que j'ai avec ces
deux membres de la Conférence me laissent peu de
doute sur les dispositions actuelles de la Diète, et tout
me porte à croire qu'elles ne sont pas de nature à nous
inquiéter. Ses mesures militaires n'annoncent point
l'intention d'agir immédiatement : ce ne sont encore
que des *préparatifs,* et vous aurez remarqué sans doute
à quelle distance elle va chercher ses soldats; ce sont
les contingents du Holstein, d'Oldenbourg, des villes
hanséatiques et du Mecklembourg, qu'elle appelle à
marcher au delà du Rhin, tandis qu'elle avait sous la
main d'autres contingents qu'elle aurait pu faire agir
bien plus rapidement. Elle ne l'a pas voulu, et elle a
évité aussi de faire aucun appel aux Prussiens, prévoyant que leur intervention aurait entraîné des inconvénients. Il me paraît donc démontré que les intentions
de la Diète et ses mesures militaires n'ont aucun caractère qui puisse faire craindre une prochaine agression.
Quant au président de cette assemblée, que des informations particulières vous dépeignent comme partisan
d'une guerre contre la Belgique, je ne pense pas que
son influence puisse l'emporter sur la volonté de son
Gouvernement, et nous savons parfaitement, soit par
les démarches auxquelles s'est prêté le prince Esterhazy, soit par les communications directes et indirectes

de sa Cour, que l'Autriche n'a nulle envie d'allumer la
guerre sur aucun point de l'Europe.

La Diète, au surplus, n'est pas maîtresse de prononcer
seule dans une affaire aussi grave : la Conférence conserve toujours la faculté de lui adresser des avis, et je
peux vous certifier, Monsieur le Comte, qu'il ne partira
de Francfort aucun ordre d'attaque, avant que la Conférence y ait fait connaître qu'il n'existe plus de moyens
d'accommodement.

Les succès répétés et brillants des Polonais ont produit, ici comme en France, la plus vive sensation. Si
les mouvements qui ont éclaté en Lithuanie sur des
points rapprochés de la Courlande ont pour résultat de
donner aux Russes un plus grand nombre d'adversaires,
il faudra reconnaître que l'insurrection de Varsovie
aura eu des conséquences bien plus graves que celles
qu'on avait pu d'abord entrevoir.

Les amis de l'ordre et de la paix ne peuvent qu'applaudir, Monsieur le Comte, au langage que vous avez
tenu dans les dernières séances de la Chambre des
députés ; c'est ainsi, comme vous le dites à la fin de
votre dépêche, *que nous imposerons aux brouillons qui
agitent la Belgique.*

Les discussions du Parlement offrent peu d'incidents
remarquables depuis deux jours ; mais elles prendront
beaucoup d'intérêt lundi ou mardi.

Recevez, etc.

CXII

TALLEYRAND AU COMTE SÉBASTIANI

(Cette lettre doit être secrète.)

Londres, le 17 avril 1831.

MONSIEUR LE COMTE,

J'ai l'honneur de vous envoyer copie d'un protocole que la Conférence vient d'arrêter, mais qui n'est pas destiné à être rendu public; ce protocole est relatif aux forteresses de la Belgique, et vous est adressé par les représentants des quatre Cours : je pense que vous serez satisfait de ses dispositions. Le principe de la destruction des forteresses est établi; les seules qui devront rester sont les forteresses anciennes que la Belgique jugera utile de conserver, comme Anvers, et peut-être quelques autres; mais celles de Mons, Charleroi, Marienbourg, etc., seront détruites.

Recevez, etc.

P. S. — Je ne saurais trop vous recommander le secret.

CXIII

TALLEYRAND AU COMTE SÉBASTIANI

Londres, le 20 avril 1831.

MONSIEUR LE COMTE,

J'ai reçu la dépêche que vous m'avez fait l'honneur de m'écrire le 16 de ce mois, relativement aux traitements horribles que des Français ont éprouvés en Portugal. Une communication que m'a donnée lord Palmerston, et dont je vous ai entretenu par ma lettre d'hier, vous prouvera que les Anglais n'hésitent point à agir eux-mêmes, et seuls, dans la question qu'ils ont avec le Portugal; ils demandent une réparation qu'ils détermineront, et, s'ils ne l'obtenaient pas, la prise des navires portugais trouvés en mer serait la suite du refus qui serait fait par les agents de don Miguel; mais on ne doute pas que la lâcheté qui accompagne toujours la cruauté ne le fasse céder immédiatement, et qu'il ne fasse toutes les réparations convenables.

Je vous fais connaître la marche que suit le Gouvernement anglais, parce que vous trouverez peut-être qu'une conduite analogue est celle qui convient davantage. Lord Palmerston est persuadé que des menaces suffiront.

J'ai donné beaucoup d'attention, Monsieur le Comte, aux informations que vous m'avez fait l'honneur de me

transmettre relativement aux habitants de Samos [1];
mais depuis quelque temps, sans perdre de vue les
questions de la Grèce, il a été moins possible de s'en
occuper, soit à cause des affaires de Belgique, soit par
une conséquence naturelle des travaux parlementaires
des ministres anglais; j'espère que nous aurons bientôt
une conférence à ce sujet.

Le ministère vient de perdre la majorité sur un
amendement du général Gascoyne dans la question de
la réforme. Il est assemblé dans ce moment pour aviser
aux moyens de sortir de l'embarras que cet échec lui
donne; vous lirez avec plaisir les débats, qui ont duré
jusqu'à cinq heures du matin. Je ne saurai que trop
tard pour l'heure de la poste la résolution du conseil
d'aujourd'hui; demain j'aurai l'honneur de vous l'écrire.

Recevez, etc.

CXIV

TALLEYRAND AU COMTE SÉBASTIANI

Londres, le 22 avril 1831.

Monsieur le Comte,

Je vous annonçais, par la lettre que j'ai eu l'honneur
de vous écrire le 20, que le ministère avait éprouvé un

[1] Des députés samiens s'étaient rendus à Constantinople pour

échec, et que le conseil était alors assemblé pour aviser aux moyens de sortir d'embarras. Sa position était devenue encore plus difficile dans le cours de la journée d'hier, parce qu'un membre de la Chambre des pairs, lord Wharncliffe, avait annoncé qu'il ferait la proposition d'une adresse au Roi, afin de supplier Sa Majesté de ne pas consentir à la dissolution du Parlement que ses ministres pourraient lui proposer.

Cet état de choses, le doute dans lequel on était sur les intentions du Roi, les influences que des personnes de sa famille dont les opinions sont fort opposées pouvaient exercer sur Sa Majesté, la gravité de la question de la réforme en elle-même, tout avait contribué à répandre depuis vingt-quatre heures beaucoup d'incertitude dans les esprits.

Hier matin, cependant, le ministère avait obtenu du Roi la promesse positive que le Parlement serait dissous, et Sa Majesté désirait seulement que le bill relatif au douaire de la Reine fût voté auparavant, ce qui aurait entraîné un délai d'un ou deux jours; mais l'annonce de la proposition de lord Wharncliffe ayant fait sentir au conseil qu'on allait avoir à lutter contre de nouveaux embarras que tout délai ne ferait qu'accroître, Sa Majesté s'est déterminée à prononcer immédiatement la prorogation qui, d'après l'usage, est suivie de la dissolution dans les vingt-quatre heures.

demander aux envoyés des trois Cours signataires du traité de Londres que leur île fît partie du nouvel État grec ou fût déclarée indépendante.

Le Roi s'est rendu à cet effet aujourd'hui au Parlement.

Vous savez, Monsieur le Comte, qu'il doit s'écouler maintenant un délai de quarante jours avant qu'une nouvelle Chambre puisse être réunie; chaque parti va mettre ce délai à profit pour s'assurer des suffrages, et les plus grands efforts vont avoir lieu pour faire triompher l'une ou l'autre opinion. Tous les membres du Parlement se disposent déjà à quitter Londres pour se rendre sur les divers points où ils ont à préparer leur élection.

Il est arrivé hier, ici, quatre députés belges : le comte de Mérode, M. Vilain XIV, l'abbé de Foëre et M. de Brouckere. Ces députés viennent, à ce que l'on présume, proposer la couronne au prince Léopold. Dans ma première dépêche j'aurai l'honneur de vous faire connaître l'objet positif de leur mission, la forme qu'ils auront adoptée pour la remplir et la réponse qui y sera faite. Il est probable que cette réponse sera conçue dans des termes évasifs, et que Son Altesse Royale évitera d'exprimer une acceptation ou un refus positif avant que la Belgique ait adhéré au protocole du 20 janvier.

Je vous remercie, Monsieur le Comte, de m'avoir adressé le discours que le Roi a prononcé à la prorogation des Chambres ; mais il se trouvait dans les journaux anglais de ce matin, parce que, malgré l'envoi d'estafettes, nous ne pouvons pas lutter contre les moyens d'information que se procurent les spéculateurs de la Bourse. Je ne doute pas que l'impression qui restera du discours de Sa Majesté ne contribue à augmenter encore la confiance qu'inspire son Gouvernement.

Recevez, etc.

P. S. — Je vous envoie le discours du Roi.

CXV

TALLEYRAND AU COMTE SÉBASTIANI

Londres, le 25 avril 1831.

Monsieur le Comte,

J'ai reçu ce matin, par M. Casimir Périer, la dépêche que vous m'avez fait l'honneur de m'écrire le 22 de ce mois.

J'ai éprouvé une véritable satisfaction en voyant que le Gouvernement du Roi avait donné son adhésion aux protocoles nᵒˢ 21 et 22, et qu'il ne faisait que quelques observations que j'aurai à présenter à la Conférence, en les appuyant des arguments contenus dans votre dépêche.

J'aurais fait immédiatement cette communication, si lord Palmerston n'était à Cambridge pour y préparer sa réélection : il ne doit être de retour qu'au milieu de la semaine prochaine ; mais, dans cet intervalle,

j'aurai soin de voir séparément les autres membres
de la Conférence.

La demande que fait le Gouvernement du Roi d'établir un concert entre les cinq puissances, afin de régler
le nombre de troupes qui pourront être employées
dans le Luxembourg et pour fixer l'époque à laquelle
elles devront agir, est si juste et si conforme aux conseils de la prudence, que la Conférence sera sans doute
naturellement disposée à l'admettre [1].

Quant à l'évacuation de Venloo et de la citadelle

---

[1] Voici dans quels termes le Gouvernement français donnait son
adhésion aux protocoles nᵒˢ 21 et 22 :

« La France donne son adhésion pleine et entière aux deux protocoles ; mais, s'il devenait nécessaire de recourir à la force pour
amener la Belgique à se dessaisir du Luxembourg et à reconnaître
les stipulations du protocole du 20 janvier, il est bien entendu que
le concours des cinq grandes puissances sera toujours indispensable
pour régler le nombre des troupes qui pourraient être employées
dans le Luxembourg ou contre la Belgique et pour fixer l'époque où
ces troupes pourraient agir.

« Le général Belliard et lord Ponsonby se hâteront de préparer
le Régent, le ministère et le congrès belges, et généralement de disposer tous les esprits à la communication qu'ils seront chargés
de faire, après l'adoption d'un nouveau protocole qui fixerait au
1ᵉʳ juin le terme accordé aux Belges pour répondre à cette déclaration : en cas de non-adhésion, on procéderait immédiatement aux
moyens d'exécution.

« Le général Belliard et lord Ponsonby sont autorisés à déclarer
que, par une conséquence naturelle de l'adhésion au protocole du
20 janvier, Venloo et la citadelle d'Anvers seront immédiatement
évacués de part et d'autre.

« On ne doit pas perdre de vue que tous les arrangements à
faire avec la Belgique seraient singulièrement facilités par l'échange
de la Flandre hollandaise contre une portion du territoire belge d'une
égale importance par son revenu et sa population. »

d'Anvers, il ne paraît pas qu'il puisse s'élever de difficultés à ce sujet, quand les Belges auront pleinement adhéré au protocole du 20 janvier.

A l'égard des échanges à opérer entre la Hollande et la Belgique, vous avez vu, Monsieur le Comte, que, par le protocole n° 21, la Conférence avait déclaré qu'elle regardait cette question comme précoce, et qu'elle pensait qu'il fallait l'ajourner jusqu'au moment où elle aurait été éclaircie par les travaux des commissaires démarcateurs. Il me sera extrêmement difficile de changer la manière de voir des plénipotentiaires sur ce point, qui m'objecteront d'ailleurs que le Roi de Hollande ayant déjà adhéré au protocole des limites, ce serait s'exposer de sa part à beaucoup d'embarras si l'on cherchait aujourd'hui à modifier cet acte. Cependant, je ferai tous mes efforts pour amener la Conférence à rentrer dans les combinaisons que vous m'indiquez.

Le délai que vous désireriez, Monsieur le Comte, faire accorder aux Belges pour se prononcer définitivement, me paraîtrait, je vous l'avoue, un peu trop prolongé s'il allait jusqu'au 1er juin. Je penserais qu'il serait peut-être plus avantageux pour le Gouvernement de Sa Majesté, comme pour le Gouvernement anglais, de se présenter devant les Chambres, qui, dans chaque pays, se rassembleront à la même époque, après avoir terminé les affaires principales de la Belgique.

Le prince Léopold a déclaré aux députés de ce pays qui sont venus lui offrir la couronne, qu'il l'accepterait le jour où la Belgique aurait adhéré au protocole des limites fixées par les cinq puissances, dont il ne voulait pas se séparer.

Une partie de ces députés a déjà quitté Londres; ils ne se sont présentés ni chez moi ni chez aucun membre de la Conférence.

L'Angleterre est livrée en ce moment à une agitation très grande, qu'elle n'avait pas éprouvée au même degré depuis la révolution de 1688. La question de la réforme parlementaire occupe tous les esprits, éveille tous les intérêts, et place pour ainsi dire la nation dans deux camps opposés. Personne ne reste neutre, et chaque individu qui appartient à un parti s'y abandonne sans réserve, en lui livrant même sa fortune. Des souscriptions sont ouvertes de part et d'autre; elles s'élèvent déjà à des sommes immenses, et un seul engagement monte à 100,000 livres sterling.

Je vous invite, Monsieur le Comte, à lire attentivement les journaux de l'Angleterre, afin de juger de sa situation.

L'Irlande ajoute à son état habituel l'agitation que lui communique l'Angleterre, et de graves désordres en affligent la partie méridionale.

Il me semble que cet état de choses peut offrir à la France le moyen de trouver dans la tranquillité tous les avantages que l'Angleterre perd dans l'agitation.

Sir Frédéric Lamb vient d'être nommé ambassadeur à la Cour de Vienne.

Recevez, etc.

P. S. — Le duc de Broglie vient d'arriver à Londres.

CXVI

TALLEYRAND AU COMTE SÉBASTIANI

Londres, le 26 avril 1831.

MONSIEUR LE COMTE,

J'ai eu l'honneur de vous mander hier qu'une partie des députés belges avaient quitté Londres. Cette information n'est pas exacte. Au moment où ces députés allaient partir, le prince Léopold les a fait inviter à dîner. Ils se sont rendus chez lui. Lord Grey s'y trouvait aussi. On a beaucoup agité les affaires de la Belgique : la discussion qui avait eu lieu a été reprise, et le prince Léopold, en persistant dans la réponse que je vous ai fait connaître hier, a donné à son opinion de nouveaux motifs et de nouveaux développements.

Il a été décidé que l'abbé de Foëre partirait seul ce soir, et que les autres députés resteraient ici à attendre le résultat des efforts qu'il va faire à Bruxelles. L'abbé de Foëre a été choisi, parce que l'on croit que c'est lui qui peut faire le plus d'impression sur le Gouvernement belge. Il part convaincu que l'adhésion pure et simple au protocole du 20 janvier est, dans les

21

intérêts des Belges, la seule chose qu'ils doivent faire.

Le langage qu'on a tenu ici à ces députés se réduit à ceci : « Adhérez d'abord au protocole du **20** janvier, « faites élire votre souverain; ces deux choses termi- « nées, vous négocierez des échanges, et vous pouvez « être assurés que vous trouverez des dispositions « bienveillantes dans la Conférence, lorsqu'elle sera « appelée à régler les points sur lesquels vous ne « pourriez pas vous entendre. »

Lord Grey augure bien de la conversation que le prince Léopold et lui ont eue avec les députés, quoi- qu'il ne se dissimule pas que les choses soient encore loin d'être terminées.

Lord Palmerston n'est pas encore de retour. Ainsi, le jour de notre conférence n'est pas encore fixé. Je persiste dans les différentes opinions que je vous exprimais dans ma lettre d'hier, et je crois qu'en général vous serez content des réponses qui vous seront faites. Je ne doute pas que le concours des cinq grandes puissances ne soit adopté pour régler le nombre de troupes qui pourraient être employées dans le Luxem- bourg ou contre la Belgique. Lorsque j'en ai parlé en particulier à quelques membres de la Conférence, je n'ai pas trouvé d'opposition à cet égard. Quant à l'épo- que du 1er juin, que vous voudriez accorder aux Belges pour faire connaître leur détermination définitive, tout le monde partage l'opinion que j'ai émise dans ma dépêche d'hier, et trouve que ce terme est un peu éloi- gné. Je vous prie de vouloir bien examiner s'il ne pourrait pas être rapproché et quel est, en définitive, le délai auquel je devrai consentir.

On fait grand bruit ici d'une note du général Guilleminot, adressée au reïs-effendi, dans le cours du mois de mars. Cette note renferme, dit-on, trois déclarations. La première a pour objet de montrer à la Porte Ottomane que les principes du Gouvernement français étant diamétralement opposés à ceux que professent la Russie et l'Autriche, une guerre avec ces deux puissances est inévitable. La seconde déclaration annonce que l'Angleterre, ou demeurera neutre, ou se déclarera l'alliée de la France. La troisième a pour but de montrer à la Porte qu'elle doit songer à son indépendance et aux mauvaises chances que lui ferait courir une alliance avec les puissances opposées à la France.

J'ai dû répondre, quand on m'a parlé de cette note, que je n'avais aucune connaissance de ce que l'on me disait avoir été fait à Constantinople, et que la loyauté de mon souverain et de son Gouvernement ne me permettait pas d'y croire.

J'ai l'honneur, Monsieur le Comte, de vous envoyer un paquet qui vous est adressé par le consul de France à Lisbonne, et dont j'ai pris connaissance, d'après l'autorisation générale que j'ai reçue à cet égard. Les nouvelles informations de M. Cassas me paraissent devoir donner encore plus de force aux observations que contenait ma lettre du 20.

Recevez, etc.

CXVII

TALLEYRAND AU COMTE SÉBASTIANI

Londres, le 28 avril 1831.

MONSIEUR LE COMTE,

La convocation d'un nouveau Parlement a donné lieu, hier soir, à de nombreuses illuminations dans la ville de Londres et à quelques désordres. Le peuple a brisé les vitres de plusieurs membres du Parlement connus par leur opposition au bill de réforme. Ce tumulte n'a eu, du reste, aucune conséquence et aucun caractère sérieux ; ce sont, vous le savez, les paroisses qui supportent les frais de ces mouvements populaires qui sont assez fréquents à Londres. Les derniers ont eu lieu lors du procès de la Reine et lors du bill pour l'émancipation des catholiques ; mais ce qui prouve que cet événement a peu de gravité, c'est qu'il n'a eu sur les fonds publics aucune espèce d'influence. Ils sont à présent à 79. Aujourd'hui tout est rentré dans l'ordre.

Les élections commencent demain dans la Cité.

Recevez, etc.

CXVIII

TALLEYRAND AU COMTE SÉBASTIANI

Londres, le 29 avril 1831.

Monsieur le Comte,

Je viens d'avoir avec les députés belges qui sont restés à Londres une longue conférence dont je dois vous rendre compte.

J'ai commencé par témoigner à ces messieurs l'intérêt que la France prenait au bien-être de la Belgique. J'ai ajouté que cet intérêt ne se démentirait pas, et que, pénétré sur ce point des intentions de mon Gouvernement, je serais toujours prêt à faire valoir leurs droits et à leur donner, en ce qui dépendrait de moi, des preuves de l'amitié sincère et désintéressée de la France.

M. de Mérode m'a exprimé alors que ses compatriotes et lui regardaient comme une affaire de conscience de ne pas abandonner les habitants du grand-duché de Luxembourg, qui s'étaient associés si franchement à leur cause et en avaient partagé les chances. J'ai cherché à le rassurer sur ce point en lui disant que la Conférence avait pris dans la plus sérieuse attention la position particulière où allait se trouver le Luxembourg, et que les droits des habitants de ce pays à une représentation nationale me paraissaient assurés, non seulement par le dernier protocole n° 21, mais encore par les actes fondamentaux de la Confédération germanique, dont le grand-duché fait partie intégrante.

MM. les députés ayant passé ensuite à la question des échanges, je les ai priés de remarquer, à cet égard, avec quel soin le protocole du 20 janvier avait posé le principe de ces échanges et de la contiguïté qui devait être procurée aux possessions de chaque État. Si, ai-je ajouté, l'exécution de cette clause a depuis été ajournée, c'est uniquement pour laisser aux commissaires démarcateurs le temps nécessaire pour rassembler sur ces questions d'échange les notions qui pourraient le mieux éclairer les cinq puissances, lorsqu'elles seront appelées à régler les points sur lesquels la Belgique et la Hollande n'auraient pas pu s'accorder. J'ai terminé cette explication en déclarant aux députés belges que lorsque la Conférence aurait à s'occuper de cet important travail, ils pouvaient être certains que celles de leurs demandes qui seraient fondées sur la raison et l'équité seraient consciencieusement appréciées.

Dans le cours de cet entretien, les députés ont, à diverses reprises, fait entendre que si leur Gouvernement pouvait obtenir de meilleurs arrangements territoriaux en faisant des sacrifices pécuniaires, il serait probablement disposé à donner la préférence à ce mode de transaction. Je leur ai fait observer que des arrangements de cette nature dépendaient uniquement des parties contractantes, et que si le Roi de Hollande

se montrait disposé à accepter leurs offres, je n'entre-
voyais pas de motifs pour que ces arrangements ne
pussent pas s'effectuer. Enfin les députés se sont étendus
sur les difficultés dont le Gouvernement actuel de la
Belgique était environné, et ils ont exprimé le vœu
d'avoir à leur tête un souverain qui pût faire valoir
leurs droits. Je leur ai dit qu'en effet le choix d'un
souverain devait être l'objet de leurs vœux, mais qu'ils
devaient sentir que le prince sur lequel ils porteraient
leur choix ne consentirait probablement à accepter la
couronne que lorsque la Belgique aurait adhéré au
protocole du 20 janvier, parce qu'il reconnaîtrait que
cette adhésion le placerait dès le début de son règne
dans des rapports convenables envers les grandes
puissances et utiles pour la Belgique.

Tout cela s'est dit avec beaucoup de développements
et en répétant tous les raisonnements que nous em-
ployons depuis un mois.

Telle est, Monsieur le Comte, la substance de mon
entretien avec les députés belges. Je pense qu'ils auront
dû y trouver la franche expression du désir que j'ai
toujours éprouvé de seconder les intentions du Gouvernement du Roi en servant ici leurs intérêts.

L'impression qui m'est restée de cette conférence
est, sans aucun doute, entièrement favorable au caractère d'honnêteté de ces députés; mais je ne puis m'empêcher de remarquer qu'ils m'ont paru bien nouveaux
dans les affaires.

J'ai reçu la dépêche que vous m'avez fait l'honneur

de m'écrire le 26 de ce mois, ainsi qu'une lettre de la même date et une autre du 25.

Recevez, etc.

CXIX

TALLEYRAND AU COMTE SÉBASTIANI

Londres, le 3 mai 1831.

MONSIEUR LE COMTE,

Les partisans de la réforme continuent d'obtenir les plus grands succès aux élections, et ces succès sont si marqués que dans beaucoup d'endroits les candidats de l'opinion contraire se sont tout à fait retirés.

Les députés belges ont dîné hier chez lord Grey; ils n'ont encore reçu de l'abbé de Foëre aucune assurance sur les dispositions définitives de leur Gouvernement; sa correspondance annonce même qu'il éprouve beaucoup de difficultés.

Le prince Léopold est venu chez moi, ce matin, et j'ai eu avec lui une très longue conversation.

Le prince paraît décidé à accepter le trône de Belgique, mais il sent parfaitement que pour faire admettre ce pays au nombre des États européens il est nécessaire de le placer dans de bons rapports avec les grandes puissances et de le mettre, d'abord, dans une position

analogue à celle du Roi de Hollande, position qui peut
seule faire cesser les difficultés qui subsistent depuis
six mois.

Son Altesse Royale voit souvent les députés qui sont
à Londres, et c'est toujours dans le sens que je viens
d'indiquer qu'elle s'exprime avec eux. Le prince leur a
rappelé les difficultés qui avaient eu lieu lors du blocus
d'Anvers, les soins et les efforts qu'il avait été nécessaire d'employer auprès du Roi de Hollande pour les
faire cesser ; que par conséquent il fallait éviter de faire
naître avec ce souverain de nouvelles causes de discussions dont on ne pourrait pas calculer le terme, et que
le moyen de les prévenir était d'adhérer, comme il
l'avait fait, au protocole du 20 janvier. Il leur a annoncé
en outre qu'aussitôt que, par cette adhésion, ils
auraient rétabli leurs rapports avec les puissances, il
s'occuperait personnellement, avec le plus vif intérêt,
des échanges et des autres arrangements qui sont
l'objet de leurs vœux; le prince Léopold a fait remarquer aux députés que le principe de ces échanges avait
été posé dans ce même protocole du 20 janvier, puisqu'une de ses dispositions a pour but d'assurer aux
Belges et au Roi de Hollande la contiguïté de leurs possessions ; il leur a dit qu'il avait des raisons de croire
que sous ce rapport ils recevraient des marques de
bienveillance de la part des puissances ; qu'enfin, il
userait de toute l'influence qu'il pourrait avoir pour
travailler sans relâche au bonheur de la Belgique,
pour lui faire acquérir le rang qu'elle doit avoir en

Europe et pour développer toutes les sources de prospérité de ce beau pays.

Quant au grand-duché de Luxembourg, il ne serait
peut-être pas impossible, Monsieur le Comte, qu'en
laissant à la Confédération germanique la forteresse,
on parvînt à s'entendre avec le Roi de Hollande relativement à la partie territoriale; vu la distance où elle se
trouve de ses autres possessions, elle n'a peut-être plus
pour lui un grand prix, et il pourrait se faire qu'on
l'amenât à en traiter pour une somme d'argent, après
toutefois que les Belges auraient adhéré au protocole
du 20 janvier.

Recevez, etc.

P. S. — Voulez-vous bien dire à M. le ministre des
finances que l'ouvrage qu'il m'a demandé (*The Finance
account for the year* 1830 *ended fifth January* 1831)
n'est pas encore imprimé, qu'il le sera dans quinze
jours ou trois semaines, et qu'aussitôt je le lui enverrai?

CXX

TALLEYRAND AU COMTE SÉBASTIANI

Londres, le 6 mai 1831.

MONSIEUR LE COMTE,

J'ai reçu la dépêche que vous m'avez fait l'honneur de m'écrire le 3 de ce mois relativement au rappel de M. le général Guilleminot. Les informations contenues dans ma lettre du 26 avril laissaient peu de doute sur les faits dont j'avais l'honneur de vous parler et dont j'attribuais une partie aux intrigues des drogmans. La gêne que cette affaire mettait dans nos relations a cessé.

Le Roi ne se rendra pas au dîner que la Cité de Londres devait lui offrir. En général, on évite tout ce qui peut être une occasion de rassemblement populaire.

Il y a lieu de croire que décidément lord Palmerston échouera aux élections de Cambridge ; l'influence du clergé est très grande dans cette université. Le ministère lui procurera une autre élection moins brillante, mais dont il dispose ; si l'on faisait quelques Pairs, il pourrait être du nombre de ceux que le Roi choisirait, ainsi que lord Sefton qui a une promesse ancienne.

Lord Palmerston sera probablement ici demain ; je

pense que nous pourrons alors avoir une conférence, et que la santé de M. de Wessenberg lui permettra d'y assister.

Je m'occuperai avec soin des réclamations de nos pêcheurs de Terre-Neuve au sujet desquelles vous m'avez fait l'honneur de m'écrire le 29 avril.

Les députés polonais qui sont à Londres croient que si l'affaire qui paraît devoir avoir lieu sous peu de jours entre les Russes et leurs compatriotes était favorable à ces derniers, l'Autriche et la Prusse offriraient leur médiation; ce qui les effrayerait. Si la France et l'Angleterre faisaient partie de cette médiation, ils seraient rassurés, et il me semble que l'Angleterre ne pourrait pas se refuser à y entrer avec nous.

Recevez, etc.

CXXI

TALLEYRAND AU COMTE SÉBASTIANI

Londres, le 9 mai 1831.

MONSIEUR LE COMTE,

Nos conférences ont été reprises aujourd'hui; on s'est occupé de la situation dans laquelle se tient toujours la Belgique envers la France et envers les autres

puissances de l'Europe. On a rendu justice aux députés
qui sont ici et qui paraissent animés d'un esprit plus
sage que ceux qui nous ont été envoyés jusqu'à présent; mais, comme eux, ils se trouvent sans pouvoirs
et, par là, ne peuvent faire faire aucun progrès aux
questions relatives à leur pays et qu'il faut enfin terminer.

Il a été convenu, ainsi que vous en exprimiez le
désir dans votre dépêche du 22 avril, que les Belges
auraient jusqu'au 1er juin prochain pour se prononcer
définitivement sur les propositions contenues dans le
protocole n° 21 [1]. Ce délai sera déterminé dans le premier protocole qu'arrêtera la Conférence.

J'ai l'honneur de vous adresser, Monsieur le Comte,
dans le cas où vous ne l'auriez pas, l'état des troupes
de la Confédération germanique qui doivent être employées dans le grand-duché de Luxembourg. Elles
sont sous le commandement du général Hinüber. Il
paraît, d'après les nouvelles qui sont parvenues ici, que
leur marche est lente.

J'ai vu aujourd'hui le prince Léopold; il ne varie
pas dans sa résolution, il n'accepte pas la Belgique
telle qu'elle est définie par le Congrès et dans laquelle
se trouvent des pays que les Belges mêmes n'occupent
pas; mais il accepte la Belgique telle qu'elle est définie
par les cinq puissances, en en séparant la question du
duché de Luxembourg.

[1] Voir le protocole n° 21 de la Conférence de Londres, *Collection
de Clercq*, t. IV, p. 93.

Le prince a eu de fréquents entretiens avec les députés et leur tient toujours le langage le plus convenable et le plus franc. De leur côté, ils prennent confiance en lui et expriment, en toute circonstance, le désir de le voir incessamment placé à leur tête, parce qu'ils espèrent seulement alors que l'ordre pourra renaître dans leur pays. Mais le prince Léopold ne leur cache pas qu'il ne se déterminera à se rendre parmi eux que lorsque les choses seront plus avancées et qu'il n'y aura plus surtout d'incertitude sur les résolutions du Gouvernement provisoire relativement au protocole du 20 janvier. Vous voyez que les choses vont encore bien lentement.

La conférence d'aujourd'hui a été courte, à cause de la convalescence de M. le baron de Wessenberg. Si, comme je le pense, nous avons demain une autre conférence, j'aurai l'honneur de vous rendre compte des résolutions qui y seront prises : en général les membres de la Conférence sont pressés de finir, et tous ont exprimé aujourd'hui ce désir.

Les députés belges dîneront le 12 chez lord Palmerston avec tous les membres de la Conférence ; c'est une marque d'égards que n'ont pas eue ceux qui sont venus ici jusqu'à présent.

Agréez, etc.

CXXII

TALLEYRAND AU COMTE SÉBASTIANI

Londres, le 10 mai 1831.

Monsieur le Comte,

J'ai l'honneur de vous envoyer le protocole que la Conférence a arrêté ce matin, et dans lequel vous retrouverez l'esprit des protocoles précédents. Ce protocole-ci, l'adhésion bien connue de la France aux résolutions prises à Londres, l'acceptation du prince Léopold, conditionnellement annoncée aux députés belges, s'ils adoptent les limites déterminées par le protocole du 20 janvier, le terme du 1er juin qui est fixé pour leur adhésion, tout porte à croire que la raison se fera enfin entendre en Belgique.

Dans le cas, cependant, où les Belges pousseraient les choses à l'extrême, il a paru prudent d'engager les deux membres de la Conférence qui sont en rapports réguliers avec la Diète de Francfort à écrire au président de cette assemblée, en lui envoyant textuellement ce que nous désirons trouver dans la réponse de M. de Münch. Voici la phrase qui sera insérée dans la lettre du président:

« La Confédération ne fait entrer des troupes dans le Luxembourg que pour y rétablir les droits du grand-duc et l'empire des traités. Agissant dans des intérêts connus et avoués des États limitrophes, elle respectera aussi la neutralité de la Belgique, à condition cependant que la Belgique elle-même en respectera les principes. »

Vous voudrez bien remarquer que ces dispositions ne s'appliquent qu'au seul cas où, après le 1er juin, qui est l'expiration du délai accordé aux Belges, la Confédération se verrait obligée de repousser par la force ceux qui occupent le territoire qui lui appartient.

Mon opinion est que la Confédération désire beaucoup ne pas être obligée de recourir aux moyens d'exécution, et surtout de ne pas être obligée de faire passer le Rhin à ses divers contingents dont elle trouve les mouvements fort coûteux.

Agréez, etc.

CXXIII

TALLEYRAND AU COMTE SÉBASTIANI

Londres, le 12 mai 1831.

MONSIEUR LE COMTE,

J'ai reçu la dépêche que vous m'avez fait l'honneur de m'écrire le 10 de ce mois : elle peint l'état actuel de la Belgique tel qu'il est et que le font connaître les informations parvenues ici. Je vous ai mandé, par ma lettre du 9, combien les membres de la Conférence étaient pressés de finir; mais ils ont voulu vous donner une marque de condescendance en reculant au 1er juin, ainsi que vous l'avez désiré, le dernier délai accordé aux Belges.

La députation belge vient de s'augmenter d'un membre. M. Devaux, qui fait partie du Congrès et du conseil des ministres, est arrivé ici, mais il n'a pas plus de pouvoirs que ceux qui l'ont précédé.

Le prince Léopold a vu M. Devaux et lui a dit, ainsi qu'à ses collègues, qu'il était toujours disposé à accepter leurs offres, mais qu'il ne donnerait pas cette acceptation tant que l'État belge serait vague, incertain, et surtout tant que les Belges ne seraient pas dans des rapports de bonne harmonie avec les principales puissances de l'Europe.

Le prince a terminé son dernier entretien avec ces députés par leur conseiller de donner leur adhésion au protocole du 20 janvier, en exprimant dans cette adhésion le désir qu'il pût s'opérer, relativement à la partie territoriale du grand-duché de Luxembourg, des arrangements à la convenance réciproque des Belges et du Roi de Hollande, et qui auraient pour résultat d'effectuer, plus tard, une réunion qui maintenant ne pouvait pas avoir lieu.

Je crois qu'il serait utile, Monsieur le Comte, que vous fissiez connaître au général Belliard l'état où se trouvent en ce moment les choses ici, afin qu'il use de son influence pour amener les Belges à déférer aux moyens conciliatoires qui leur sont proposés.

Je pense que la présence de M. Devaux à Londres n'avancera pas les affaires; mais du moins il aura recueilli, de la bouche même du prince Léopold, des conseils qui pourront peut-être produire un peu plus d'effet à Bruxelles, surtout quand on y connaîtra bien le système auquel le prince est invariablement arrêté.

Agréez, etc.

CXXIV

TALLEYRAND AU COMTE SÉBASTIANI

Londres, le 14 mai 1831.

Monsieur le Comte,

La dépêche confidentielle que vous m'avez fait l'honneur de m'écrire, le 10 de ce mois, m'est exactement parvenue [1].

------

[1] « La question du grand-duché de Luxembourg est, sans contredit, celle qui jusqu'à ces derniers temps a rendu le plus difficile la conclusion de tout arrangement avec la Belgique. Aujourd'hui que tout semble se disposer pour un accommodement propre à désintéresser le Roi de Hollande et à satisfaire en même temps les prétentions des Belges, il est un point sur lequel le Gouvernement doit appeler à l'avance tout l'appui que lui assurent votre prévoyance et votre habileté ; il s'agit encore ici d'empêcher que les intérêts de la France ne se trouvent compromis dans les stipulations qui vont constituer

Je pense que les inquiétudes que vous témoignez sur l'entrée de la Belgique dans la Confédération germa-

définitivement l'existence du nouveau royaume. Vous comprendrez aisément combien il nous importe que le Roi de Belgique ne fasse partie à aucun titre de la Confédération germanique. Si donc il y a possibilité de conclure avec le Roi de Hollande un arrangement qui, moyennant une indemnité pécuniaire, donne la souveraineté du Luxembourg au Roi des Belges, sans le faire entrer dans la Confédération, vous devez y coopérer de toutes vos forces afin d'arriver plus facilement à ce résultat en désintéressant la Confédération elle-même. On pourrait convenir que la ville de Luxembourg resterait place fédérale, et qu'elle aurait avec Trèves une ligne de communication ; mais ce qu'il faut éviter, je le répète, c'est que le Roi de Belgique, en recevant le Luxembourg de la Maison de Nassau, n'en prenne possession aux mêmes conditions que son prédécesseur à l'égard de la Confédération germanique. Nous ne saurions le voir avec indifférence contracter de semblables engagements. Il faut nécessairement que ce prince, dans toute l'étendue de son royaume, soit entièrement libre envers les puissances ; cette nécessité n'est elle-même que la conséquence rigoureuse du principe de neutralité que la Conférence a posé en faveur de la Belgique. Je n'ai pas besoin, mon Prince, de développer ici des considérations que votre haute expérience politique a déjà pressenties. L'entière indépendance du trône belge est pour nous une question d'alliance et de frontière, et le Roi confie à votre habileté le soin de la préparer, de la mûrir, de la conduire, au sein de la Conférence, à une solution complètement rassurante pour les intérêts de notre pays. C'est à la Conférence seule qu'il appartient, dans le système que nous avons adopté, de régler les affaires de la Belgique ; et vous savez que notre action directe à Bruxelles n'a d'autre but que d'amener les Belges à accepter le protocole du 20 janvier. Tel est, en effet, l'unique objet des constants efforts que le général Belliard fait auprès d'eux, de concert avec lord Ponsonby.

« Un profond secret a été gardé sur tout ce qui concerne les places fortes. Le Gouvernement du Roi en sent trop bien l'importance pour ne pas y persévérer. Mais jusqu'ici l'on n'a fait que poser un principe, et nous pensons qu'on ne saurait en trop presser les développements. Vous concevrez, mon Prince, notre juste impatience

nique, dans le cas de cession de la partie du grand-
duché de Luxembourg, ne sauraient être fondées. La
Belgique devant être un État indépendant et neutre,
ne pourrait jamais faire partie d'une Confédération qui
a des liens et des obligations particulières, et il y a lieu
de croire qu'en assurant à la Confédération germanique
la possession de la forteresse de Luxembourg, on
pourrait parvenir à séparer d'elle le reste du territoire,
d'autant plus que les puissances allemandes ont plusieurs
fois témoigné des regrets d'avoir admis une partie de

à l'égard d'une négociation qui, sous tant de rapports, intéresse aussi
vivement la France.

« Quant à ce qui touche la Pologne, vous n'ignorez pas que le
cabinet français a été le premier à s'émouvoir des suites que pourrait
entraîner pour l'Europe le triomphe d'un souverain irrité, et à se
prononcer sur la nécessité de maintenir intactes les stipulations du
Congrès de Vienne. Hors de là, notre sollicitude s'est bornée à faire
entendre la voix de l'humanité en faveur d'une nation si vaillante et
si malheureuse, et à désarmer d'avance un courroux qui pouvait
entraîner de terribles vengeances. Mais si vous pensez, mon Prince,
que la France, soutenue par les autres Cours, puisse étendre plus
loin son intervention protectrice ; si vous avez quelque motif de
croire qu'à la fois émus et effrayés des résultats d'une lutte aussi
opiniâtre, les cabinets pourraient être disposés à s'entendre pour en
hâter le terme et en prévenir les conséquences, le Gouvernement du
Roi verrait avec plaisir que votre prudence s'efforçât de connaître à
cet égard les dispositions intimes du ministère britannique et des
représentants des autres puissances à Londres, et qu'après avoir
sondé leurs intentions avec toute la réserve désirable, vous voulussiez
bien nous faire pressentir tout ce qui serait possible dans ce sens.
Le Gouvernement serait heureux de coopérer à une si noble tâche ; et
certes, mon Prince, vous aurez quelque droit de vous glorifier de la
lui avoir facilitée. »

(*Sébastiani à Talleyrand.* — 10 mai 1831.)

l'ancien royaume des Pays-Bas dans leur association politique.

Je suis convaincu que la neutralité de la Belgique s'étendra naturellement au pays qui pourra y être ajouté ; mais je ne ferai à cet égard aucune demande ; je présenterai simplement cette neutralité, pour le pays de Luxembourg, comme devant être la conséquence de l'état politique stipulé pour la Belgique.

Quant à l'affaire des forteresses, je vous prie, Monsieur le Comte, de vouloir bien remarquer qu'il n'est pas possible de faire plus que ce qui résulte du protocole secret du 17 avril, jusqu'à ce qu'un prince soit devenu souverain de la Belgique ; car il doit nécessairement s'ouvrir avec lui une négociation à cet égard : ce sont, d'ailleurs, les termes du protocole, et nous ne pouvons qu'attendre le choix de ce souverain.

Les affaires de Pologne sont pour moi un objet constant d'attention et de combinaisons : je ne doute pas que le Gouvernement anglais n'y porte aussi beaucoup d'intérêt et n'ait, sur ce point, des dispositions analogues aux nôtres ; mais pour que le cabinet de Londres intervînt en faveur des Polonais, il faudrait que l'opinion publique lui en fît, pour ainsi dire, une obligation ; et ce n'est qu'un événement marquant qui peut produire cet effet. Je pense, au surplus, que, dans ce moment où il y a de la langueur dans les affaires de Pologne, le Gouvernement du Roi aurait moins d'avantage à s'occuper de cette question, et que des délais atténueraient beaucoup l'effet de ses démarches ; mais si un succès important venait à avoir lieu, ce serait alors, dans mon opinion, que nous pourrions agir immédiatement, vous à Paris et moi en votre nom ici. Je croirais aussi qu'il serait bon de sonder le cabinet de Berlin et peut-être d'entamer quelque chose avec lui. Il me revient que la partie haute de la société en Prusse est favorablement disposée pour les Polonais; et vous savez que dans une affaire de cette espèce les cabinets ont besoin d'être avertis et poussés par l'opinion publique.

J'ai vu, hier, chez moi, M. Devaux, et nous nous sommes longtemps entretenus des affaires de Belgique. J'ai employé envers lui et ses collègues, soit en particulier, soit lorsqu'ils étaient réunis, tous les raisonnements qui pouvaient les convaincre de la nécessité d'adhérer au protocole du 20 janvier. Les ministres anglais leur ont parlé dans le même sens, ainsi que le prince Léopold, qui est toujours disposé à devenir leur souverain, s'ils cèdent aux conseils de la raison. Le langage de ce prince, la franchise qu'il met dans ses relations avec les députés belges, paraissent les attacher à lui, et ils lui montrent, de leur côté, beaucoup de confiance.

Les députés quitteront Londres convaincus; mais ils nous laissent dans l'incertitude sur leur influence. Nous nous croyons sûrs qu'ils feront tout ce qu'ils pourront; il sera utile, à ce qu'ils m'ont dit, que le général Belliard les seconde de tous ses moyens.

J'ai l'honneur de vous transmettre un exemplaire

imprimé des protocoles n°s 20 à 23 inclusivement [1].

Agréez, etc.

P. S. — Le bruit se répand aujourd'hui que le Gouvernement anglais a obtenu, à Lisbonne, toutes les satisfactions qu'il y avait demandées.

CXXV

TALLEYRAND AU COMTE SÉBASTIANI

Londres, le 16 mai 1831.

MONSIEUR LE COMTE,

J'ai reçu les lettres que vous m'avez fait l'honneur de m'écrire le 9 et le 12 de ce mois.

Je ferai connaître à la Conférence que le Roi a autorisé le général Schneider à mettre cinq cents hommes de la brigade d'occupation à la disposition du comte Capo d'Istria, afin de faciliter le rétablissement de l'ordre et de la tranquillité dans ce pays [2]. Cette mesure ne peut

[1] Voir les protocoles 20, 22 et 23, *Collection de Clercq*, t. IV, p. 21, 93, 95 et 99.

[2] L'autorité du président Capo d'Istria était contestée; la crainte de la voir se prolonger avec l'état provisoire de la Grèce avait excité au plus haut degré les chefs de l'opposition. Une insurrection venait d'éclater dans le Magne; la ville d'Hydra avait accueilli le rédacteur du journal *l'Apollon,* dont le président avait fait saisir les presses. Le gouverneur de l'île avait dû s'éloigner après avoir vainement

qu'être approuvée par la Conférence grecque, qui me chargera, sans doute, de témoigner au Gouvernement du Roi sa reconnaissance pour ce nouveau service. Quant au voyage de Sa Majesté Britannique à Spithead, afin d'y passer en revue la flotte de l'amiral Codrington, et au projet qu'aurait le Gouvernement du Roi de saisir cette circonstance pour faire sortir de Cherbourg un de nos vaisseaux qui saluerait ce monarque, je ne peux, quant à présent, vous donner aucun éclaircissement; mais je prendrai à ce sujet des informations.

On n'a pas attaché ici plus d'importance qu'ils ne devaient avoir aux derniers mouvements de Paris, et on a, au contraire, remarqué la hausse continue des fonds publics : cependant il est bien à désirer que des scènes semblables ne viennent plus fixer sur nous l'attention des puissances étrangères.

Les journaux anglais annoncent aujourd'hui que le Gouvernement de don Miguel a accédé à toutes les demandes que le commandant des forces britanniques lui a adressées, et ils ajoutent que, probablement, il réclamera les bons offices de l'Angleterre pour régler ses différends avec nous. Il ne m'a encore été fait

tenté de s'y opposer. Le président Capo d'Istria s'était rendu à Paros afin de conférer avec les primats d'Hydra sur cette affaire. Il lui avait été répondu qu'on se refusait à entendre toute espèce de proposition avant que le président eût pris l'engagement positif de sanctionner les décrets des assemblées nationales sur la liberté de la presse et de donner à la Grèce les institutions qui lui avaient été promises.

aucune communication qui puisse justifier cette alléga-
tion.

Lord Ponsonby est arrivé hier à Londres, et m'a
apporté une lettre du général Belliard, qui m'informe
de l'espèce d'impossibilité où ils se trouvaient tous
deux de donner suite aux résolutions de la Conférence,
vu que le Gouvernement de Bruxelles n'osait rien mettre
en délibération à ce sujet. Cet état de choses devient
de plus en plus critique, et il exige des mesures fortes;
car l'on peut remarquer que plus on accorde de délais
aux Belges, plus leur position s'aggrave.

La Conférence va prendre connaissance de l'exposé
qu'aura fait lord Ponsonby à son Gouvernement; de
mon côté, je lui communiquerai les informations que
m'a transmises le général Belliard, et nous chercherons
quelles sont les mesures applicables à cet état de
choses.

Les informations que l'on a à Londres sur les affaires
de Bruxelles annoncent que des Français ont pris une
part très active aux derniers troubles; que sur dix-sept
personnes arrêtées, douze se trouvaient appartenir à la
France, et que sur l'une d'elles on a trouvé des valeurs
pour une somme de 22,000 francs. On ajoute que l'association de Paris correspond activement avec l'association de Bruxelles et lui fournit des armes et de
l'argent.

Je dois appeler votre attention sur ces bruits qui se
répandent assez généralement.

J'ai vu hier, quelques heures avant leur départ, les

trois députés belges qui étaient encore à Londres. J'ai renouvelé auprès d'eux toutes mes instances pour qu'ils emploient, à Bruxelles, ce qu'ils ont d'influence afin de faire apprécier aux Belges leur propre position. J'ai discuté quelques objections qu'ils ont encore présentées sur les considérations d'honneur national qui ne leur permettent pas d'abandonner le Luxembourg et de renoncer à la possession à venir de Maëstricht. Je leur ai dit qu'il ne fallait pas appliquer les idées d'honneur national à des territoires qui n'avaient jamais fait partie de leur pays; qu'il fallait, avant tout, entrer dans la société européenne, et traiter ensuite les questions qui les occupaient les unes après les autres, en raison de leur degré d'importance. Enfin, j'ai tout employé pour leur donner de bonnes impressions et des idées sages qu'ils pussent transmettre à Bruxelles; mais je les ai trouvés assez découragés et fort inquiets sur le sort à venir de leur pays.

Agréez, etc.

CXXVI

TALLEYRAND AU GÉNÉRAL COMTE BELLIARD

Londres, le 17 mai 1831.

Monsieur le Comte,

Lord Ponsonby m'a remis la lettre que vous m'avez fait l'honneur de m'adresser le 12 de ce mois. J'ai été extrêmement sensible à cette preuve d'attention et de confiance, et comme je pense que des relations entre nous ne pourraient qu'être utiles au service du Roi, j'attacherais beaucoup de prix à voir continuer habituellement celles que vous avez bien voulu commencer avec moi.

Lord Ponsonby s'est empressé de voir le prince Léopold, et l'a fortement engagé à céder aux instances des Belges. Mais ce prince s'est strictement renfermé dans les réponses qu'il a faites, à diverses reprises, aux députés qui sont venus dernièrement à Londres. Je crois superflu, Monsieur le Comte, de vous indiquer ici le sens de ces réponses, parce que vous le connaîtrez nécessairement par les députés eux-mêmes, qui, ayant eu de fréquentes entrevues avec le prince Léopold, se sont bien pénétrés de sa pensée et de ses résolutions.

Cependant je désire, Monsieur le Comte, que vous

ne puissiez pas vous méprendre, non plus que le Gouvernement belge, sur les déterminations du prince
Léopold; et j'insiste sur ce point afin qu'il soit bien
éclairci. Ce prince n'a nullement repoussé les offres
dont on est venu l'entretenir, mais je vous prie de bien
remarquer et de faire comprendre autour de vous
qu'on ne lui a pas fait d'offres, puisque le Gouvernement de Bruxelles ne lui a rien écrit d'officiel, et que
les diverses personnes qui sont venues à Londres
n'avaient aucun caractère ni aucune autorisation régu-
lière pour traiter un sujet si élevé : ainsi il est bien
constaté qu'aucune offre n'a été repoussée, puisqu'aucune offre n'a été faite, et qu'à vrai dire il n'y a eu que
des entretiens entre le prince Léopold et des personnes
marquantes de Belgique.

Il était important d'éclaircir ce point, afin qu'on ne
pensât pas, à Bruxelles, que les Belges sont tout à fait
frustrés de l'espoir d'obtenir un souverain. Cette opinion serait d'autant plus inexacte, Monsieur le Comte,
que j'ai lieu de croire, d'après les entretiens que j'ai eus
aujourd'hui, que plusieurs des difficultés qui, dans ce
moment, pourraient entraver le choix d'un prince
destiné au trône de Belgique ou qui ne lui permettraient pas d'accepter cette élection, pourront, j'espère,
s'aplanir.

Pour vous montrer ce qui donne de la consistance
à cette opinion, je crois pouvoir vous annoncer que la
Conférence se déterminera à entamer dès à présent,
avec le Roi de Hollande, une négociation afin de voir

s'il ne serait pas possible d'assurer à la Belgique la possession du Luxembourg moyennant de justes compensations de gré à gré entre les parties intéressées ; mais vous sentez, Monsieur le Comte, que pour ouvrir une négociation de cette nature, il est indispensable de connaître les compensations que les Belges pourraient proposer au Roi de Hollande, et c'est un point essentiel que vous pouvez nous aider à éclaircir. Aussi nous comptons beaucoup sur les informations que vous pourrez, ainsi que lord Ponsonby, nous transmettre à cet égard ; vous voudrez bien remarquer que moins il y aura de vague dans les propositions des Belges, et plus il s'offrira de chances de succès pour une négociation si importante pour eux : ainsi, veuillez les engager à mettre dans cette affaire la plus grande netteté et la plus entière franchise.

Vous serez bien aise, je crois, Monsieur le Comte, de pouvoir leur dire que les facilités dont on leur offre aujourd'hui l'expectative sont le résultat, et du séjour des députés belges à Londres, et du voyage que vient d'y faire lord Ponsonby, qui a rendu un compte exact de la situation du Gouvernement de Bruxelles. MM. les députés belges se sont acquis ici de justes droits à l'estime de toutes les personnes qui ont eu des relations avec eux, et ils se sont montrés aussi zélés pour les intérêts de leur pays qu'amis de l'ordre et de la paix : je me plais, en ce qui me concerne, à leur rendre un témoignage que je crois leur être dû.

Nous espérons, Monsieur le Comte, que les inten-

tions bienveillantes des grandes puissances, le patrio-
tisme des Belges vraiment dignes de leur amitié et de
leur intérêt, enfin vos efforts unis à ceux de lord Ponsonby, parviendront à amener les affaires de Belgique
à un heureux et prompt résultat. Si tant d'avis désinté-
ressés, si les conseils de la raison ne prévalaient pas,
si, par exemple, les Belges venaient à attaquer la Hollande, veuillez bien leur faire sentir que dans ce cas
ils manqueraient à l'une des conditions auxquelles a
été subordonnée l'indépendance de la Belgique, et
qu'alors ils forceraient les puissances à défendre le territoire hollandais par tous les moyens dont elles disposent.

J'aime à croire que les Belges sauront prévenir un
si fâcheux résultat, et qu'ils préféreront, au contraire,
entrer dans la société des puissances européennes, qui
ne demandent qu'à les admettre et à donner des
preuves de leur bienveillance à un peuple qui sera
animé comme elles de l'amour de l'ordre et de la paix.

Recevez, etc.

CXXVII

TALLEYRAND AU COMTE SÉBASTIANI

Londres, le 18 mai 1831.

MONSIEUR LE COMTE,

Le voyage de lord Ponsonby avait surtout pour but de faire sentir ici combien il devenait urgent de donner un souverain à la Belgique et de faire des efforts pour obtenir une décision de la part du prince Léopold. Il s'est rendu chez ce prince, qui a mis le plus grand soin à bien établir que nulle proposition ne lui ayant été régulièrement faite, il n'avait pas eu à se prononcer sur les offres des Belges. Le prince Léopold a voulu que ce point fût posé ainsi, afin que dans les discussions du Congrès ses intentions ne fussent pas dénaturées. Mais je suis convaincu qu'il est toujours parfaitement déterminé à accepter.

Vous verrez, Monsieur le Comte, par ma réponse à la lettre que M. le général Belliard m'a écrite par lord Ponsonby, et dont je joins ici une copie, que je l'ai fortement engagé à bien montrer, à Bruxelles, qu'il n'y a pas eu de refus de la part du prince Léopold, et que, par conséquent, les Belges peuvent examiner s'il leur convient de le choisir pour souverain. Ce prince a entièrement gagné l'affection des députés qui sont venus à Londres et qui ont dû en parler avec éloge depuis leur retour.

Nous avons eu, hier, une conférence pour nous occuper de la situation de la Belgique et pour entendre l'exposé que lord Ponsonby avait à faire. Ayant reçu quelques heures auparavant votre dépêche du 15, je m'étais rendu à cette conférence avec un vif désir de faire prévaloir les idées de conciliation que lord Ponsonby devait présenter. Vous verrez, Monsieur le Comte, par ma réponse au général Belliard, à qui je donne beaucoup de détails sur les résultats de cette conférence, que l'on promet aux Belges d'entamer, relativement à la cession du Luxembourg, une négociation avec le Roi de Hollande, mais qu'en même temps on leur fait bien sentir que toute agression sur le territoire de ce souverain serait repoussée par les moyens dont les puissances peuvent disposer.

Nous espérons qu'un langage aussi bienveillant et aussi positif pourra produire un bon effet à Bruxelles. Les autres membres de la Conférence ont écrit dans le même sens.

Lord Ponsonby partira probablement ce soir, après avoir vu M. de Zuylen, qui vient d'arriver ici. Il est chargé par la Cour de La Haye de représenter la nécessité de faire exécuter par les Belges les conditions de la séparation de leur pays avec la Hollande. On s'inquiète des délais que les Belges ont obtenus : on voudrait voir concerter les mesures qui seront la suite de leur refus. Enfin le Gouvernement hollandais se plaint de quelques agressions partielles du côté d'Anvers, auprès du Luxembourg, etc. Vous trouverez sans doute des informations plus détaillées dans une dépêche que M. de Mareuil vous adresse, et que j'ai l'honneur de vous transmettre : M. de Zuylen vient de me la faire parvenir.

Je crois, Monsieur le Comte, pouvoir différer de répondre aux observations contenues dans votre dépêche du 15 sur les termes dont le président de la Diète aurait à se servir dans une lettre qu'on lui a demandée d'ici. Les affaires de Francfort sont maintenant dominées par la négociation qui s'ouvrira probablement avec le Roi de Hollande relativement au grand-duché de Luxembourg.

Les membres de la Conférence grecque ont appris avec beaucoup de reconnaissance la mesure prise par le Gouvernement du Roi pour que cinq cents hommes de la brigade du général Schneider portassent des secours au gouvernement du comte Capo d'Istria. Ils m'ont chargé de vous exprimer leur gratitude pour cette disposition, particulièrement lord Palmerston.

Le voyage que le Roi devait faire à Spithead pour inspecter la flotte de l'amiral Codrington n'aura pas lieu à cette époque-ci, et est ajourné après les exercices auxquels cette flotte se livre en ce moment; elle n'est purement rassemblée que pour ces manœuvres. J'ai recueilli beaucoup de témoignages de reconnaissance pour les marques d'égards que la marine de Cherbourg devait donner à Sa Majesté Britannique, et il m'a paru qu'on y était fort sensible.

Agréez, etc.

CXXVIII

TALLEYRAND AU COMTE SÉBASTIANI

Londres, le 20 mai 1831.

Monsieur le Comte,

L'exposé que lord Ponsonby nous a fait de la situation de la Belgique, de la faiblesse de son Gouvernement et de l'anarchie à laquelle ce pays est livré n'a pas besoin de vous être retracé, car vous l'avez parfaitement jugé en me faisant l'honneur de me mander, par votre dépêche du 15, que tout annonçait que la voix de la raison ne serait pas écoutée à Bruxelles. Le Gouvernement du Roi a pensé que cet état de choses exigeait encore de sa part des ménagements, et j'ai reçu l'ordre de chercher à prévenir l'emploi de la force et le renouvellement des hostilités. Je m'y suis conformé, et vous avez vu, Monsieur le Comte, par ma dépêche n° 143 [1], que la Conférence avait fait une concession marquée aux idées que vous désiriez faire pré-

---

[1] Voir dépêche du 18 mai 1831.

valoir, puisqu'elle a promis aux Belges d'ouvrir une négociation avec le Roi de Hollande, afin d'arriver, s'il se peut, à un arrangement pour le Luxembourg. Cependant, je ne dois pas vous cacher que les membres de la Conférence pensent qu'une semblable concession, au lieu d'aplanir les difficultés, les rendra peut-être plus grandes encore en fournissant aux Belges, et à leurs folles espérances, un nouveau motif d'encouragement; mais ils ont voulu donner encore une preuve de leur déférence pour le Gouvernement de Sa Majesté et de leurs sentiments de conciliation.

Si cette concession n'est pas convenablement appréciée par les Belges, si elle ne les porte pas à accéder aux justes demandes qu'on leur fait depuis plus de cinq mois; si, au contraire, elle les engage à persister encore plus dans leur système de résistance aux désirs des puissances, je vous avoue que, dans ce cas, qu'elle a déjà prévu, la Conférence serait conduite à penser qu'elle a épuisé tous les moyens de conciliation. Le Gouvernement du Roi aurait alors nécessairement de nouvelles instructions à me transmettre.

On assure ici qu'un grand nombre de Français sans aveu, affiliés aux associations, sont en Belgique; qu'il s'est joint à eux des Italiens, des Allemands et des Irlandais, et que tous ces individus travaillent à augmenter le désordre du pays, dans le but bien avéré d'allumer sur ce point la guerre qui est l'objet de leurs vœux. Ces renseignements s'accordent au surplus avec une observation consignée dans votre dépêche du 15, et il me semble qu'ils sont d'autant plus fâcheux que le Gouvernement n'a aucun moyen d'empêcher la sortie des individus qui veulent se rendre en Belgique.

On donne des éloges au général Belliard qui s'est transporté auprès d'Anvers pour arrêter des hostilités qui avaient commencé entre les Belges et les Hollandais. On parle aussi dans un sens très favorable de sa correspondance avec le général Chassé.

M. de Zuylen n'a pas de pouvoirs qui lui permettent d'avancer, en aucune manière, les affaires qui nous occupent. Il déclare que son souverain, ayant à craindre une agression de la part des Belges, s'est mis en mesure de la repousser.

Lord Ponsonby est toujours à Londres. Il se rendra demain à Claremont, afin de voir le prince Léopold. J'ai lieu de croire que le Gouvernement anglais a l'intention de lui faciliter les moyens d'accepter la couronne de Belgique; mais je ne pense pas qu'il réussisse, parce que le prince Léopold n'est pas dans la disposition d'accepter quelque chose d'incertain.

Agréez, etc.

CXXIX

TALLEYRAND AU COMTE SÉBASTIANI

Londres, le 20 mai 1831.

Monsieur le Comte,

L'arrivée de M. de Zuylen, qui paraît avoir la confiance particulière du Roi de Hollande pour la question belge, retarde de deux jours le départ de lord Ponsonby; j'aurai l'honneur de vous rendre compte par le premier courrier du résultat des entretiens qu'ils doivent avoir aujourd'hui et demain.

Agréez, etc.

P. S. — Je préviens le général Belliard du retard qu'éprouve le départ de lord Ponsonby, et je lui en dis la cause.

CXXX

TALLEYRAND AU COMTE SÉBASTIANI

Londres, le 22 mai 1831.

Monsieur le Comte,

Ma dépêche du 18 vous a fait connaître la concession que la Conférence était disposée à faire aux Belges

relativement au grand-duché de Luxembourg. Depuis,
on s'est occupé avec soin des moyens à prendre pour
faciliter au prince Léopold l'acceptation du trône de
Belgique. Ce prince a vu plusieurs membres de la Conférence, et il leur a donné de nouvelles preuves de son
désir d'accepter.

Hier soir, nous avons arrêté le protocole n° 24, dont
j'ai l'honneur de vous envoyer une copie. Vous verrez,
Monsieur le Comte, que le nom du prince Léopold de
Saxe-Cobourg est placé dans ce protocole de manière
à montrer aux Belges que si, comme on a lieu de le
supposer, leur choix se porte sur ce prince, les puissances y donneront leur assentiment. Je vous prie aussi
de remarquer que ce protocole est signé par les deux
plénipotentiaires du Gouvernement russe, qui jusqu'ici
avait fait des objections contre le prince Léopold,
dictées par son attachement pour la Maison d'Orange,
et que, par conséquent, il y a maintenant de sa part
adhésion à ce choix.

Il est aujourd'hui nécessaire que le Gouvernement
du Roi emploie toute l'influence qu'il peut avoir à
Bruxelles, afin de déterminer les Belges à accéder à
des dispositions si bienveillantes.

Vous verrez aussi, Monsieur le Comte, que l'action de
la Confédération germanique est maintenant ajournée
et subordonnée à la négociation avec la Hollande ; ce
sera un motif de tranquillité pour tout le monde.

Depuis quelque temps la question belge semblait
ne présenter aucune issue satisfaisante ; aujourd'hui

nous en avons créé une qui pourra, j'espère, nous conduire au but que nous nous sommes proposé. Je m'en
félicite d'autant plus que rarement j'ai eu à traiter une
affaire aussi difficile et qui ait exigé autant de soins.
Je fais des vœux sincères pour que les négociations
auxquelles j'ai pris part obtiennent un plein succès :
je n'aurai du moins rien négligé dans l'intérêt de la
France et du maintien de la paix.

Agréez, etc.

CXXXI

TALLEYRAND AU COMTE SÉBASTIANI

Londres, le 23 mai 1831.

MONSIEUR LE COMTE,

J'ai reçu la lettre que vous m'avez fait l'honneur de
m'écrire le 18 de ce mois pour m'annoncer que
M. Tellier était nommé premier secrétaire de l'ambassade en remplacement de M. Bresson.

Je suis persuadé, Monsieur le Comte, que M. Tellier
va faire de nouveaux efforts pour se rendre digne des
bontés du Roi et pour acquérir des titres à votre bienveillance. Je pense aussi que son travail à l'ambassade
sera utile au service de Sa Majesté, et je vous remercie

d'avoir tenu compte des témoignages favorables que je me suis plu à vous transmettre sur lui.

Si vous donnez à M. de Laborde une destination plus élevée, je désirerais beaucoup que vous pussiez le remplacer par M. Casimir Périer, attaché à l'ambassade, dont j'ai déjà reconnu le zèle et apprécié la capacité.

Agréez, etc.

P. S. — Lord Ponsonby n'est pas encore parti : ce qui me désole. Cette manière de faire les affaires est parfaitement opposée à toutes mes habitudes. On dit qu'il sera parti dans deux heures.

Le prince Nicolas Esterhazy vient ici : on met dans les journaux qu'il est chargé d'une mission. Le fait est qu'il ne vient à Londres que pour engager son fils à laisser effectuer un emprunt sur son majorat.

CXXXII

TALLEYRAND AU COMTE SÉBASTIANI

Londres, le 24 mai 1831.

Monsieur le Comte,

Vous m'avez fait l'honneur de me mander, le 21 de ce mois, que le Gouvernement du Roi avait appris avec satisfaction que la Conférence s'était attachée au projet d'entamer une négociation relativement à la cession du Luxembourg à la Belgique. Vous aurez vu, Monsieur le Comte, par le protocole n° 24 [1] joint à ma dépêche du 22, la suite qui a été donnée à cette idée, qui devient aujourd'hui un moyen d'avancer les affaires des Belges, s'ils savent l'apprécier et en profiter en temps convenable.

Il ne serait pas entièrement exact, Monsieur le Comte, d'attribuer seulement à lord Ponsonby et à l'impression qu'il a produite sur la Conférence, l'adoption de la mesure à laquelle elle vient de s'arrêter. La lettre que j'avais reçue de M. le général Belliard, et que j'ai communiquée à la Conférence, a produit beaucoup plus d'effet que l'exposé de lord Ponsonby : j'en ai pour preuve l'attention avec laquelle elle a été écoutée et la demande que m'a faite lord Palmerston d'en donner une seconde lecture. Quelles que soient au surplus les circonstances qui ont agi sur l'esprit des plénipotentiaires, et quels que soient les moyens qui ont été employés, je crois que nous avons d'autant plus à nous féliciter de la décision qui a été prise, que je n'aurais peut-être pas espéré l'obtenir, la veille de la conférence, même quelques heures auparavant; je pense, au surplus, que la lassitude, comme le besoin de finir, ont pu y contribuer.

Je n'ai jamais compris que les rapports qui pourront

---

[1] Voir le protocole n° 24, *Collection de Clercq*, t. IV, p. 104.

subsister encore entre le grand-duché de Luxembourg
et la Confédération germanique s'appliquassent jamais
à autre chose qu'à la forteresse, car il serait impossible
que, la Belgique étant neutre, sa neutralité ne s'étendît
pas au territoire du grand-duché de Luxembourg
comme aux autres acquisitions qu'elle pourrait faire
par la suite.

J'ai eu l'honneur de voir, ce matin, le prince Léopold.
Il m'a annoncé le départ de lord Ponsonby, dont je me
suis assuré depuis. Ainsi l'affaire de Belgique marche
maintenant vers une solution, à laquelle on pourrait
facilement arriver, si l'on voulait sainement apprécier à
Bruxelles toute la condescendance que les puissances,
dont la Conférence est l'organe, viennent de montrer
aux Belges; car il est impossible de ne pas reconnaître
que leur Gouvernement a maintenant de justes motifs
d'être satisfait et des moyens de répondre aux exigences
des factieux qui l'entourent. Enfin, les points principaux de difficultés sont aplanis, et il ne reste plus que
des conséquences à régler.

Néanmoins, le prince Léopold sent, comme moi,
que nous ne sommes pas encore sortis de la crise, et
nous avons calculé qu'elle se prolongerait probablement jusqu'à mardi de la semaine prochaine, 31 mai,
veille du jour où expire le délai qui a été donné aux
Belges pour faire connaître leur décision définitive.

L'entretien que j'ai eu avec le prince Léopold m'a
encore fourni de nouvelles preuves de sa résolution
d'accepter la souveraineté de la Belgique, résolution

qui est toujours calculée pour le cas où les Belges accepteraient les bases fixées par le protocole du 20 janvier; dans l'hypothèse contraire, le prince ne se regarde pas comme engagé.

Agréez, etc.

P. S. — Le conseil de Sa Majesté Britannique a arrêté, hier, des mesures de quarantaine relatives au choléra-morbus : elles prouvent que son Gouvernement porte son attention sur la marche de cette maladie dans le nord de l'Europe. J'ai l'honneur de vous envoyer la gazette officielle qui vient de paraître et qui contient la décision du conseil.

CXXXIII

TALLEYRAND AU COMTE SÉBASTIANI

Londres, le 25 mai 1831.

Monsieur le Comte,

Il n'est pas douteux que le Roi de Hollande espérait que, la résistance des Belges ayant enfin lassé la patience des puissances, il allait se présenter pour lui des chances de guerre qu'il aurait saisies avidement. J'ai eu l'honneur de vous mander, en effet, que M. de Zuylen était arrivé ici afin de représenter au Gouver-

nement anglais et à la Conférence les considérations
qui pouvaient les déterminer à recourir aux moyens de
rigueur.

Les idées de conciliation ayant au contraire prévalu,
et le protocole n° 24 ayant été adopté, les espérances
de guerre nourries par la Hollande doivent être affai-
blies ; mais, d'un autre côté, nous avons à craindre
qu'elle n'admette pas sans beaucoup de difficultés l'idée
d'entrer en négociations pour la cession du Luxembourg.
C'est pour bien fixer son opinion sur la nécessité de
cette transaction, et afin de diminuer autant que possible les embarras de cette affaire, que depuis l'adoption du protocole n° 24, et depuis le départ de lord
Ponsonby, j'ai, ainsi que quelques membres de la
Conférence, recherché plus particulièrement les ministres hollandais qui sont à Londres.

Nous leur témoignons le désir, qu'ils expriment
aussi, de voir le Roi de Hollande libre de toute inquiétude extérieure, pouvant se vouer tout entier à l'administration de ses États. Nous ajoutons que l'intérêt
général, et le sien, qui ne peut en être séparé, semblent
exiger qu'il se prête à la négociation qui s'ouvrira
avec lui dès que les Belges auront acquiescé aux propositions qu'on vient de leur faire, et aussitôt qu'ils
auront fait choix d'un souverain.

Nous leur représentons aussi que le Luxembourg est
un pays éloigné des autres États hollandais, mal disposé pour rentrer sous l'autorité du Roi Guillaume ;
que moins ils auront de points de contact avec les

Belges, moins il s'élèvera entre eux de sujets de discussion ; qu'un capital considérable, ou un revenu bien calculé, peuvent présenter de grands avantages pour un administrateur aussi éclairé que le Roi de Hollande. Enfin, nous ne négligeons aucun raisonnement, bon ou mauvais, pour leur faire adopter notre opinion sur l'utilité d'une transaction à laquelle nos Gouvernements attachent la plus grande importance, puisqu'elle devient le moyen, et peut-être le seul moyen de finir les affaires de Belgique.

Le Gouvernement anglais a autorisé sir Charles Bagot à agir dans ce sens à La Haye, et l'on peut espérer que ce concours d'efforts y produira l'effet que nous désirons obtenir.

J'ai l'honneur de vous envoyer, Monsieur le Comte, copie d'une note [1] qu'un agent belge, nommé Michaelis,

---

[1] Voici cette note :

« La révolution belge, entendue dans le sens national, c'est-à-dire dans le sens de l'immense majorité des Belges, n'a rien d'hostile ni au système de l'équilibre européen en général, ni au système germanique en particulier.

« Cette révolution ne serait contraire à l'équilibre européen qu'autant qu'elle aurait pour but nécessaire et direct de réunir la Belgique à la France, ou de la placer sous le patronage et le protectorat de cette dernière puissance.

« Si à l'issue des journées de septembre la Belgique a d'abord et exclusivement recherché l'appui de la France, c'était par une nécessité momentanée de position.

« Aujourd'hui, la Belgique indépendante et comptant six mois d'existence est plus éclairée sur sa véritable position ; elle désire entrer dans un système de politique plus large, plus européen, et elle entendrait en effet bien mal ses intérêts si elle ne se croyait qu'un seul allié possible en Europe.

résidant à Francfort où il a pris un établissement, a remise au président de la Diète, qui l'a communiquée à des membres de la Conférence. On sait, ici, par Francfort, que cet agent est en correspondance avec M. Lebeau, ministre des affaires étrangères à Bruxelles. Vous verrez, par la lecture de cette pièce, que l'on serait autorisé à croire que le Gouverne-

« La prise de possession du Luxembourg comme province belge est loin d'être un acte d'hostilité, *le Congrès ayant expressément maintenu toutes les relations de cette province avec la Confédération germanique.* Si la Belgique avait entendu entrer dans un système hostile à l'Allemagne, elle aurait repoussé le Luxembourg à cause de ses relations avec l'Allemagne, c'est-à-dire avec la Confédération germanique ; ou bien elle en aurait pris possession en méconnaissant toutes les relations et en les déclarant non avenues. Si le Luxembourg reste à la Belgique, moins la forteresse dont la Confédération pourrait même pour quelque temps augmenter la garnison, la France, sans inquiétude pour ses frontières, sera sans prétexte pour faire la guerre, et le nouveau chef de la Belgique, admis dans l'union germanique à cause du Luxembourg, élèverait par là même une barrière entre la France et la Belgique, en rapprochant celle-ci de l'Allemagne. La Belgique n'a pas oublié que son origine, que longtemps son existence, a été plus allemande que française, que comme cercle de Bourgogne elle a fait partie de l'Empire.

« Aussi la Belgique est si peu hostile à l'Allemagne que l'auteur de la présente notice, qui est Belge et croit connaître parfaitement la situation de son pays, est disposé à croire qu'il ne serait pas impossible dans quelque temps, et en témoignant à la Belgique des dispositions amicales, de la porter à étendre ses relations avec la Confédération, et à ne pas les limiter à la seule province de Luxembourg ; il pourrait, selon lui, n'être contraire ni à l'indépendance, ni aux intérêts commerciaux de la Belgique, d'entrer, au moyen de stipulations nouvelles, dans l'union germanique.

« La Belgique ne peut s'unir à la France qu'en abdiquant son indépendance ; elle peut s'unir à l'Allemagne en la conservant et même en la fortifiant, et certes le royaume de la Belgique compris

ment belge désire s'unir intimement à la Confédération germanique, et qu'il met ses rapports avec
l'Allemagne bien au-dessus de ses relations avec la
France. J'ai pensé que le Gouvernement du Roi
pourrait trouver dans ce document des indices utiles à
recueillir.

Agréez, etc.

dans la Confédération germanique offrirait plus de garanties que le
royaume des Pays-Bas mis en dehors du système germanique.

« En envisageant la question sous un autre point de vue, il est
incontestable que les intérêts commerciaux rapprochent naturellement la Belgique de l'Allemagne ; la navigation du Rhin est une
cause qui leur est commune. La Hollande a eu pendant longtemps
le monopole de ce commerce, au préjudice non seulement de la
Belgique, mais de l'Allemagne entière. Si pour la Belgique elle
fermait l'Escaut, en Allemagne elle entravait la navigation du Rhin ;
et tous ses efforts tendent en ce moment à faire revivre ces combinaisons contre nature sur lesquelles reposait son ancienne supré-
matie commerciale.

« Sous le rapport du commerce, la Belgique offre à l'Allemagne
des avantages que la Hollande ne peut lui accorder, qu'elle doit
même refuser par la nature de sa position et de ses précédents commerciaux.

« La Belgique maîtresse de l'Escaut peut rendre l'Allemagne
maîtresse du Rhin ; la jonction de ces deux beaux fleuves et de la
Meuse par un canal ou une route en fer qui traverserait le territoire
belge et prussien peut s'effectuer facilement. C'est une grande idée
que la Belgique et l'Allemagne sont appelées à réaliser et qui
affranchirait à jamais les deux pays du monopole hollandais, en
les mettant à même de jouir de tous les avantages de leur position
géographique.

« Quant aux droits très contestés de la Maison de Nassau, il ne
serait pas difficile de leur trouver des compensations, et il est certain
que la Belgique serait très disposée à faire tous les sacrifices demandés par la plus stricte équité. »

CXXXIV

TALLEYRAND AU COMTE SÉBASTIANI

Londres, le 26 mai 1831.

Monsieur le Comte,

Dans un moment où vous désirez sans doute recevoir de fréquentes informations sur tout ce qui se rattache aux affaires de Belgique, qui approchent d'une décision, je ne veux pas rester un seul jour sans avoir l'honneur de vous écrire, lors même que j'aurais très peu de chose à vous mander.

On ne s'est encore formé ici aucune opinion sur ce qui pourra se faire à Bruxelles lorsqu'on y connaîtra les dernières résolutions de la Conférence ; les esprits sont en suspens.

Dans les circonstances actuelles, on compte beaucoup sur l'action de la France, sur l'effet de ses représentations et des démarches du général Belliard.

Cependant, quand on connaît la situation actuelle de la Belgique, on a de justes raisons de craindre, et on ne sait où peuvent s'adresser les conseils et vers qui on doit tenter quelques efforts. M. Van Praet, qui faisait partie de la dernière députation belge, et qui est resté ici, sort de chez moi. L'exposé qu'il fait de l'état de son pays est des plus inquiétants et se réduit à ceci :

c'est que le Gouvernement est sans force, sans autorité, et n'est maître de rien.

Il m'a dit qu'un grand nombre de Français se trouvaient parmi les volontaires, et qu'ils recevaient de l'argent d'une maison de banque de Paris qui dispose, à ce qu'il paraît, de fonds considérables. Ce fait est consigné dans une lettre que M. Van Praet a reçue de son Gouvernement et que j'ai lue. Le banquier n'y est pas nommé, mais M. le général Belliard pourrait se procurer des éclaircissements à cet égard. Cette circonstance est grave et semble mériter de fixer l'attention du Gouvernement du Roi.

Sa Majesté Britannique, voulant donner une nouvelle preuve de son adhésion à la marche suivie par son ministère, vient d'accorder une haute distinction à lord Grey en lui conférant l'ordre de la Jarretière, quoique aucune place ne fût vacante en ce moment. Sa nomination est faite par anticipation.

Agréez, etc.

CXXXV

TALLEYRAND AU COMTE SÉBASTIANI

Londres, le 28 mai 1831.

MONSIEUR LE COMTE,

On n'a pas encore reçu de nouvelles de lord Ponsonby. Ainsi on ne sait pas encore quel a été l'effet produit à Bruxelles par le dernier protocole de la Conférence. J'ai reçu de M. le général Belliard une lettre, en date du 24, par laquelle il m'accuse réception de ce protocole. Lord Ponsonby lui avait fait parvenir par un courrier les dépêches que je lui avais remises ici.

M. le général Belliard entrevoit des difficultés pour faire accepter ce protocole par les Belges, parce qu'ils seront, dit-il, dominés par la crainte de ne pas voir terminer les arrangements qui peuvent leur procurer le Luxembourg, le Limbourg et la Flandre hollandaise, une fois qu'ils seront rentrés dans leurs limites. Pour calmer ces inquiétudes, M. le général Belliard propose d'introduire quelques modifications au protocole. Il désirerait, par exemple, que les cinq puissances promissent d'entamer, *dès à présent,* la négociation relative au Luxembourg ; qu'il fût observé que, quant aux autres propositions des Belges pour Maëstricht, le Limbourg et la Flandre hollandaise, elles feraient l'objet d'une autre négociation avec le Roi Guillaume, négociation que suivrait le souverain choisi par la Belgique, sous les auspices des cinq puissances. Enfin, M. le général Belliard souhaite que le délai accordé aux Belges pour se prononcer soit prorogé au 5 ou même au 10 juin.

Il ne sera possible de s'occuper de l'examen de ces demandes que lorsque la Conférence aura reçu quelque communication de lord Ponsonby. On pense que sa dépêche pourra arriver demain.

Malgré les difficultés sans cesse renaissantes que présentent les affaires de Belgique, je crois, Monsieur le Comte, qu'on peut conserver l'espoir d'un accommodement.

Les avocats de la Couronne ont été consultés sur les questions que pourraient faire naître les mesures prises en Galicie à l'égard du corps polonais du général Dwernicki ; ils se sont prononcés contre la conduite adoptée dans cette circonstance par le Gouvernement autrichien. Il est à remarquer qu'en consultant ces avocats, on a voulu être sûr que la nature de leurs opinions personnelles et l'esprit de parti n'influeraient pas sur leur décision, et que par ce motif on leur a adjoint un jurisconsulte bien connu pour être un tory : son opinion a été entièrement conforme à celle de ses collègues qui sont whigs.

Il y a eu aujourd'hui un grand drawing-room pour la fête du Roi : lord Grey y a paru avec l'ordre de la Jarretière, que Sa Majesté a bien voulu lui donner,

ainsi que j'ai eu l'honneur de vous le mander par ma
lettre d'avant-hier.

Agréez, etc.

CXXXVI

TALLEYRAND AU GÉNÉRAL BELLIARD

Londres, le 29 mai 1831.

MONSIEUR LE COMTE,

J'ai reçu les lettres que vous m'avez fait l'honneur
de m'écrire le 24, le 26 et le 27 de ce mois ; celles du
26 m'ont été remises par M. le colonel Répécaud, qui
va partir pour vous porter cette dépêche [1].

Votre lettre du 27, Monsieur le Comte, annonce
que vous aperceviez de l'amélioration dans la situation
des affaires à Bruxelles, et que vous conceviez l'espérance de les voir heureusement terminées. On compte
ici beaucoup sur vos soins, sur l'influence de vos conseils, de vos démarches, et sur votre habileté.

Nous avons eu ce matin une conférence ; j'y ai
donné lecture de vos plus récentes informations ; la

---

[1] La Conférence s'était réunie le 29 mai et avait décidé que, dans
le cas où les Belges n'auraient pas adhéré, le 1er juin, aux bases du
protocole du 20 janvier, lord Ponsonby aurait à quitter Bruxelles.

Le même jour, Talleyrand faisait part du résultat de cette conférence au général Belliard.

dépêche de lord Ponsonby du 27 nous a également été communiquée. La Conférence y a puisé des motifs pour espérer qu'on pourra arriver enfin à voir se terminer les affaires de Belgique. Elle a repassé tout ce qui avait été fait de favorable aux Belges, et elle a reconnu que l'intervention amicale des puissances a assuré à la Belgique une indépendance entière, garantie par une neutralité politique dont elle doit apprécier les avantages incontestables. Les intérêts de son commerce ont été pris en grande considération, ainsi que la libre navigation des fleuves.

Les Belges ont reçu une extension de territoire qui ne doit pas non plus être oubliée; car ils ajoutent à leur pays la principauté de Liège, qui en était entièrement distincte et séparée, plus des districts qui avaient appartenu à la France et à la Prusse. Ils sont appelés à élire librement leur souverain; des négociations leur promettent l'acquisition du grand-duché de Luxembourg.

La Conférence a jugé, dès lors, qu'elle avait fait tout ce qui était en son pouvoir pour satisfaire les espérances des Belges, et qu'elle n'avait rien à ajouter aux propositions que lord Ponsonby a portées à Bruxelles. Cette détermination m'a paru être prise d'une manière extrêmement fixe, et on a témoigné le désir que vous, Monsieur le Comte, et lord Ponsonby, vous voulussiez bien la faire connaître aux Belges.

Quant aux demandes qu'ils voudraient faire prendre en considération relativement à Maëstricht, le Limbourg

et la Flandre hollandaise, il a paru impossible de s'y
arrêter, parce qu'elles portent sur des territoires que
les Belges n'ont jamais possédés, qu'ils ne possèdent
même pas encore, et sur lesquels ils n'ont aucun titre
à faire valoir.

Du reste, ils savent parfaitement que le prince Léopold ni aucun autre prince ne consentirait à accepter
la souveraineté de la Belgique, si la Belgique n'adhérait
pas aux bases du protocole du 20 janvier, parce qu'il
ne voudrait pas se placer dans une situation hostile vis-
à-vis des puissances. Mais cette vérité ne saurait être
trop répétée à Bruxelles, surtout dans un moment où
va s'effectuer l'élection du souverain. Les Belges ont
donc, sous ce rapport, un intérêt pressant qui doit les
conduire à adhérer aux bases fondamentales arrêtées
par les puissances.

Les puissances ne peuvent pas croire que les résultats heureux obtenus par les Belges, qui leur promettent un si bel avenir, et qui les appellent, sans aucune
obligation onéreuse, à faire partie de la société européenne, ne soient pas appréciés par les hommes sages
et influents de la Belgique, par ceux qui doivent avoir
une grande part dans le règlement des hauts intérêts
du pays. Si cependant les passions l'emportaient, si les
Belges refusaient d'accéder aux bases du protocole du
20 janvier, je dois, Monsieur le Comte, vous annoncer
que les puissances sont parfaitement décidées, dans ce
cas, à prendre toutes les mesures qu'exige la protection
des États voisins de la Belgique et toutes celles que

leur commandent aussi leurs engagements et leur dignité.

Vous savez, Monsieur le Comte, que pour donner plus de latitude aux délibérations des Belges, le délai dans lequel ils avaient à se prononcer a été remis au 1er juin prochain. Ce terme ne peut plus être retardé, et la Conférence a décidé de nouveau aujourd'hui que si, à cette époque, leur résolution n'était pas prise dans le sens des propositions des puissances, lord Ponsonby quitterait alors immédiatement Bruxelles, d'après les instructions qu'il a reçues.

Le Gouvernement du Roi ayant sans doute aussi prévu ce cas, dans les directions qu'il a eu à vous donner, je pense que vous jugerez convenable, Monsieur le Comte, de les revoir afin de décider des résolutions que vous aurez à prendre.

Je conserve l'espoir que nous n'aurons pas à regretter que tant de soins donnés aux affaires de Belgique n'aient pas amené les résultats qu'on devait s'en promettre, et je vous le répète, Monsieur le Comte, cet espoir se fortifie par la confiance qu'on prend ici dans votre caractère et dans le zèle qui anime toutes vos démarches.

J'attendrai avec une vive impatience la réception de la première lettre que vous voudrez bien me faire l'honneur de m'écrire après l'arrivée à Bruxelles de M. le colonel Répécaud.

Recevez, etc.

CXXXVII

TALLEYRAND AU COMTE SÉBASTIANI

Londres, le 31 mai 1831.

Monsieur le Comte,

On a reçu ici des nouvelles de La Haye; mais elles sont arrivées trop tard pour que j'aie pu vous en donner connaissance par le courrier d'hier.

Le Roi de Hollande, en apprenant les dernières résolutions de la Conférence et le projet de cession du grand-duché de Luxembourg moyennant des compensations, a montré un grand mécontentement et une volonté assez prononcée de ne pas y souscrire.

Il fait remarquer qu'ayant montré une grande déférence pour les décisions des puissances en adhérant le premier, et il y a plusieurs mois, aux bases de la séparation, les Belges devraient se placer sous ce rapport dans une position analogue à la sienne; il se croit fondé à demander que les protocoles devenus obligatoires pour lui soient enfin exécutés par les Belges; et jusqu'à ce qu'ils soient rentrés dans leurs limites et se soient soumis aux conditions de la séparation, le Roi de Hollande ne pense pas qu'on puisse lui demander aucun échange de territoire, ni aucun arrangement pour le Luxembourg. Il ne voit même pas quels sont

les moyens de compensation qu'on pourrait lui offrir
pour le grand-duché [1].

Ces informations sont de nature à nous faire penser

[1] Dépêche du baron Mortier à M. le comte Sébastiani :

« Berlin, le 31 mai 1831, 3 heures après midi.

« MONSIEUR LE COMTE,

« La dépêche que Votre Excellence m'a fait l'honneur de m'écrire
le 24 de ce mois, sous le n° 31, m'a été remise par un courrier
prussien avant-hier dans la soirée. Hier, je n'ai pu rencontrer ni
M. Ancillon, ni le comte de Bernstorff. Je sors en ce moment de
chez ce ministre, qui, quoiqu'il nous ait officiellement annoncé sa
retraite, n'en continue pas moins à diriger le cabinet de Berlin. Je
l'ai entretenu des instructions que Votre Excellence a bien voulu
m'adresser relativement au Luxembourg. Je vais rapidement l'informer de la manière dont cette question est envisagée ici, afin de profiter d'une estafette que j'envoie au Gouvernement de Sa Majesté
pour lui transmettre une dépêche que je reçois à l'instant du
consul du Roi à Varsovie, avec la prière de la faire parvenir par
cette voie.

« Le Gouvernement prussien partage entièrement l'opinion de
notre cabinet sur le fond de la question du Luxembourg, c'est-à-
dire qu'il regarde la cession de cette province en faveur des Belges
comme un fait désirable dans la situation des choses ; de même
que nous, il est d'avis que le Luxembourg soit entièrement détaché
de la Confédération, parce que s'il en était autrement, il en résulterait des embarras inextricables par la suite, à cause de la position de
neutralité où les cinq grandes puissances ont placé le territoire
belge. Toutefois, Monsieur le Comte, la Cour de Berlin regrette
que la Conférence ait pris une décision peut-être un peu trop précipitée à ce sujet. Car le Roi Guillaume, qui, d'après les nouvelles
reçues ici de La Haye, paraissait lui-même aller au-devant de cet
arrangement, a été blessé de l'initiative prise par la Conférence.
Néanmoins, comme c'est une affaire de forme qui ne touche pas le
fond de la question, le comte de Bernstorff pense qu'il y a lieu de
croire que le Roi de Hollande passera sur une mesure que l'impé-
rieuse nécessité des circonstances a dû faire adopter. Quoi qu'il
en soit, le cabinet de Berlin est d'avis qu'il est nécessaire, dans

que nous éprouverons des obstacles à La Haye, mais
je ne doute pas, Monsieur le Comte, que nous ne par-
venions à les surmonter si les Belges adhèrent aux
bases de la séparation. Il serait bon, je crois, que notre

l'intérêt du but que les puissances se proposent d'atteindre, qu'elles
fassent reconnaître préalablement aux Belges l'obligation de se conformer au protocole qui a fixé les limites de leur territoire. Cette
reconnaissance faite, la Conférence pourra alors employer ses bons
offices pour presser l'arrangement du Luxembourg et amener le
Roi Guillaume à faire cette cession au Gouvernement belge.

« Le comte de Bernstorff que j'avais vu avant-hier matin, m'avait
informé brièvement de l'objet que traite la dépêche de Votre Excellence n° 31. M. de Bülow lui en avait donné connaissance par sa
correspondance. Je ne crois pas inutile d'informer, sans perdre
de temps, le Gouvernement du Roi qu'il y a deux jours le cabinet de
Berlin s'attendait à ce que la forteresse de Luxembourg serait entièrement détachée de la Confédération germanique, et qu'à cet effet
elle serait démantelée. Cette indication m'avait été confirmée depuis
par une confidence faite, à ce sujet, à un des ministres accrédités
à Berlin et dont le souverain est de la Confédération. Le comte
de Bernstorff lui en avait parlé comme d'une chose qui ne souf-
frirait pas de difficulté. Aujourd'hui, sans avoir l'air d'y attacher la
moindre importance, j'ai pu, dans la conversation avec le ministre,
en acquérir la certitude. Voici ce qu'il m'a dit à ce sujet : « La Prusse
« ne ferait aucune difficulté de voir Luxembourg cesser d'être forte-
« resse fédérale. Elle est inutile au système de défense du territoire
« prussien, mais on prétend qu'il faudrait dépenser des sommes
« énormes pour démanteler cette place, et que les Belges sont hors
« d'état de subvenir à cette dépense. »

« J'ai cru, Monsieur le Comte, qu'il était d'une haute importance
pour le Gouvernement du Roi de recevoir cette information. Il jugera
probablement convenable de faire réclamer maintenant par les
Belges la possession d'une ville qui, en cas de guerre, ne serait plus
une forteresse placée entre des mains ennemies de la France.

« Je ne négligerai point de faire connaître à Votre Excellence que
le comte de Bernstorff m'a entretenu des ouvertures qu'elle a faites,
ainsi que le président. »

légation à La Haye cherchât à vaincre l'opiniâtreté de
caractère du Roi de Hollande, disposition qui est
encore augmentée dans les circonstances actuelles par
l'irritation que lui cause la perte de quatre millions de
sujets, par l'affaiblissement de sa consistance politique
en Europe, et enfin par l'observation qu'il peut faire
que, malgré les pertes qu'il a éprouvées, il a adhéré
aux bases de la séparation, tandis que ceux qui
recueillent tous les avantages font de continuelles difficultés pour les accepter.

Nous devons, je crois, mettre d'autant plus d'insistance
à nos démarches auprès du Roi de Hollande, que nous
ne pouvons pas douter qu'il ait la volonté de faire la
guerre, si les Belges lui fournissent assez de motifs
pour que l'agression ne puisse pas lui être repro-
chée.

Vous avez, Monsieur le Comte, des données sur les
forces militaires de la Hollande. Celles de terre montent à environ soixante mille hommes, et celles de
mer sont très imposantes, car, outre quatorze bâtiments de guerre qui composent la croisière devant
Anvers, il y a encore dans ces parages près de trois
cents bouches à feu. On connaît ici le courage et
l'impétuosité des Belges, mais on pense que leurs
ressources militaires sont bien au-dessous de celles
de la Hollande. A la vérité, l'état des finances de
ce royaume ne permettra pas de maintenir longtemps
sur pied de guerre des forces aussi considérables ; mais
c'est un motif de plus pour que les Hollandais souhai-

tent de voir s'engager promptement des hostilités.

Agréez, etc.

P. S. — Je viens d'apprendre, dans le moment, que **M.** de Blacas était arrivé à Londres et qu'il va se rendre à Holyrood.

CXXXVIII

TALLEYRAND AU COMTE SÉBASTIANI

Londres, le 3 juin 1831.

MONSIEUR LE COMTE,

J'ai reçu la dépêche que vous m'avez fait l'honneur de m'écrire le **31** mai, relativement à la lettre que lord Ponsonby, à son arrivée à Bruxelles, a adressée au ministre des affaires étrangères de Belgique.

Vous avez trop d'expérience des affaires, Monsieur le Comte, pour avoir pensé un moment que cette lettre pût être attribuée à la Conférence; et je ne saurais croire que vous eussiez sérieusement exprimé quelque doute sur la part que j'aurais pu prendre à sa rédaction. Cette lettre n'a pas été préparée à Londres, certainement elle n'est pas de la Conférence; pour s'en convaincre, il suffit d'une simple lecture. D'ailleurs, la Conférence n'aurait pas pu dire ce que lord Ponsonby a écrit à M. Lebeau sur les changements qui, dans l'espace d'une seule semaine, se sont opérés dans ses dispositions relativement au grand-duché de Luxembourg. Au surplus, lord Ponsonby annonce lui-même que sa lettre a été écrite avec beaucoup de précipitation, ce qui prouve encore plus qu'elle ne lui a pas été remise avant son départ de Londres.

Il aurait été dans les formes que M. le général Belliard en prît connaissance avant qu'elle fût adressée au Gouvernement belge, et la manière dont lord Ponsonby s'était exprimé ici sur M. le général Belliard ne faisait pas prévoir qu'une telle omission pût avoir lieu ; cependant, elle peut jusqu'à un certain point s'expliquer parce que cette lettre était une *lettre particulière*.

Nous voyons, Monsieur le Comte, par les informations qui parviennent ici de Bruxelles, et que M. le général Belliard rend plus précises par les lettres qu'il veut bien m'écrire, que le prince Léopold est au moment d'être élu souverain de la Belgique, mais que le Congrès mettra à son élection les mêmes conditions qu'à celle du duc de Nemours ; qu'en outre, s'il donne une sorte d'adhésion aux bases de la séparation, ce ne sera que d'une manière très indirecte et sans prononcer le mot de protocole ; enfin que le Congrès ne renonce pas à ses prétentions sur Venloo, Maëstricht, et sur le Limbourg.

Il est à craindre qu'en suivant cette marche les Belges ne s'écartent du but qu'ils veulent atteindre, et qu'ils n'éprouvent de grandes difficultés pour déterminer le prince Léopold à accepter la couronne qu'ils ont l'intention de lui offrir. On peut avoir cette opinion d'après la réponse qu'il a faite aux députés qui sont venus à Londres.

Au reste, il n'y a de difficultés sérieuses que pour Venloo et Maëstricht; car si, comme les Belges l'annoncent, ils étaient propriétaires avant 1790 des cinq sixièmes du Limbourg, et si cinquante-quatre communes disséminées dans cette province appartenaient seulement à la Hollande, ce sont des faits que pourront facilement constater les commissaires démarcateurs. Il semble que des droits aussi bien établis qu'ils paraissent l'être aux yeux des Belges ne devraient pas arrêter leur adhésion aux bases de la séparation, d'autant plus que le protocole du 20 janvier pose un principe d'échange qui s'appliquera nécessairement aux communes hollandaises qui forment des enclaves.

Quant à l'idée de placer dans Maëstricht une garnison mixte ou une garnison étrangère, je ne pense pas qu'elle soit jamais adoptée. La prétention de souveraineté de la Belgique sur Maëstricht est bien nouvelle, celle de la Hollande bien ancienne, car elle date du traité de Munster, et il y aurait de graves inconvénients à mettre des troupes hanovriennes dans cette place, comme M. le général Belliard l'avait proposé.

Ainsi, Monsieur le Comte, les affaires de Belgique présentent toujours des difficultés sérieuses. Cependant la majorité qui se prononce dans le Congrès en faveur du prince Léopold annonce qu'on sent en Belgique le besoin de faire cesser l'état pénible où se trouve le pays ; mais l'obstination des Belges à ne pas adhérer ouvertement aux bases de la séparation, et à ne céder sur aucune de leurs prétentions, peut amener les fâcheux résultats que nous avons depuis longtemps cherché à prévenir. Je suis porté à croire que les mesures indiquées à la fin de votre dépêche, combinées avec le départ de lord Ponsonby et le rappel de M. le général Belliard, pourront être la meilleure voie à suivre pour sortir d'une situation si fatigante et si opposée aux vues conciliatoires et pacifiques des principaux États de l'Europe [1].

Telle est l'opinion qu'expriment les membres de la Conférence que j'ai vus en particulier, en l'absence des ministres qui sont aux courses d'Ascott.

Agréez, etc.

P. S. — Je joins ici une lettre pour Sa Majesté la Reine.

---

[1] « S'il devient nécessaire de recourir à quelque démonstration pour triompher de tant d'exigence, nous ne balancerons point ; il est depuis longtemps dans les instructions de M. le général Belliard de revenir sur-le-champ si lord Ponsonby venait lui-même à quitter Bruxelles, et je lui en renouvelle l'ordre dans mes dépêches aujourd'hui. »

(*Sébastiani à Talleyrand.* — 31 mai 1831.)

CXXXIX

TALLEYRAND AU COMTE SÉBASTIANI

Londres, le 4 juin 1831.

Monsieur le Comte,

J'ai reçu la dépêche que vous m'avez fait l'honneur de m'écrire le 2 de ce mois. Elle montre combien le Gouvernement du Roi s'attache à observer avec ponctualité les dispositions adoptées par la Conférence relativement aux affaires de Belgique. Je mettrai ici beaucoup de soin pour faire envisager la prolongation de délai accordée aux Belges par le général Belliard, comme une détermination qui lui est purement personnelle. Je dois supposer qu'il se sera concerté sur ce point avec lord Ponsonby, puisque ses instructions le lui prescrivaient. Cependant j'ai quelque inquiétude à cet égard, parce que le général Belliard, en m'annonçant qu'il prenait sur lui de retarder jusqu'au 10 de ce mois le délai qui était fixé au 1er, ajoutait : « Je pense que lord Ponsonby sera de mon avis. »

Je suis fâché du retard qu'on a mis à l'exécution des ordres que vous et la Conférence avaient donnés, parce que cela nous prive de l'effet probable qui aurait été produit par le départ des agents français et anglais [1]. Les réflexions que leur éloignement aurait fait faire aux Belges auraient pu contribuer à les faire rentrer dans leurs vrais intérêts, au lieu qu'aujourd'hui ils croiront plus difficilement aux menaces.

Le bruit court dans la ville que le prince Léopold a été élu Roi de la Belgique, et qu'il a eu 85 suffrages. Personne n'a de détails plus circonstanciés.

On vient de recevoir ici des nouvelles de Lisbonne, à la date du 26 mai. Je vous les transmets, parce qu'il serait possible que le bateau à vapeur qui les a apportées à Portsmouth ne fût pas chargé de dépêches pour votre Département ou pour celui de la marine. L'escadre française a pris trois bâtiments portugais ; le commandant a fait prévenir le commerce, par l'intermédiaire de M. Hoppner, consul anglais, qu'il n'avait pas l'ordre de bloquer Lisbonne, mais qu'il exercerait des représailles sur tous les bâtiments portugais qu'il rencontrerait à la mer. Un embargo a été mis par le Gouvernement de don Miguel sur les navires portugais qui se trouvaient dans le port de Lisbonne : les neutres n'éprouvent aucun obstacle pour en sortir.

Ces nouvelles ne viennent pas du Gouvernement anglais : c'est le commerce de Londres qui les a reçues.

---

[1] Le général Belliard avait pris sur lui, malgré les ordres positifs qu'il avait reçus, d'accorder aux Belges un nouveau délai de huit jours pour adhérer aux mesures proposées par la Conférence.

Il avait fait plus, il était demeuré à Bruxelles après le départ de lord Ponsonby, alors qu'il avait reçu l'ordre de quitter cette ville en même temps que lui.

Nous aurons lundi prochain une conférence.

Agréez, etc.

P. S. — Je joins ici une lettre qui est adressée à S. A. R. Madame Adélaïde.

CXL

TALLEYRAND AU COMTE SÉBASTIANI

Londres, le 6 juin 1831.

Monsieur le Comte,

Un courrier anglais, expédié de Bruxelles, a apporté cette nuit une lettre par laquelle M. le général Belliard m'a annoncé que, dans la séance du 4, le Congrès a élu le prince de Saxe-Cobourg Roi de la Belgique, à la majorité de 152 voix contre 44, et qu'une députation de dix membres, présidée par M. de Gerlache, allait se rendre à Londres pour porter au prince le résultat de cette délibération.

Si, comme j'ai déjà eu l'honneur de vous le mander dans ma lettre du 4, les agents français et anglais avaient quitté Bruxelles le 1er juin, ainsi que le leur prescrivaient les instructions de leur Gouvernement et celles de la Conférence, cette détermination aurait probablement produit un effet moral tel qu'il aurait pu dispenser de l'emploi de la force; mais nous sommes entrés maintenant dans un autre ordre de faits, qui exige l'examen d'autres questions.

Les nouvelles de Belgique qui avaient été reçues depuis quelques jours, et l'arrivée du courrier de cette nuit, ont donné lieu à une conférence. La conduite de lord Ponsonby, dont, au surplus, les bonnes intentions ne sont pas mises en doute, a été unanimement blâmée comme étant en opposition avec ses instructions, et son rappel immédiat a été décidé [1]. Je joins ici copie de la lettre qui lui est envoyée par un courrier qui partira dans quelques heures : elle n'indique pas les motifs de son rappel, parce que la Conférence a pensé qu'en les laissant dans le vague ils produiraient plus d'effet, et que chaque parti pourrait lui attribuer une cause particulière.

Les vues qui unissent si intimement la France aux autres puissances, et les instructions qui, récemment encore, viennent d'être transmises au général Belliard, ne permettent pas de douter qu'il quittera Bruxelles en même temps que lord Ponsonby. Quant à M. Lehon, qui se trouve probablement à Paris en ce moment, je crois devoir vous faire observer que son Gouvernement ayant donné à celui du Roi de justes motifs de mécontentement, il ne paraît pas possible qu'il reste en

---

[1] Lord Ponsonby avait omis de communiquer au Congrès et au Gouvernement belge le protocole réclamant une réponse à jour fixe, au 1er juin. On faisait observer qu'il n'y avait pas eu refus officiel de la part du Gouvernement belge, puisqu'il n'y avait pas·eu de demande catégorique.

France après le rappel du général Belliard. J'ajouterai,
au surplus, que le protocole n° **22**, qui avait eu à prévoir une partie des événements qui se réalisent aujour-
d'hui, a déclaré que dans le cas où lord Ponsonby
serait forcé, par la conduite des Belges, à quitter
Bruxelles, leur envoyé qui se trouve à Paris serait
engagé à partir sans nul retard. Je dois vous faire
connaître, au reste, que lord Palmerston en a fait la
demande ce matin. La Conférence a passé ensuite à
l'examen des mesures que la position prise par les
puissances vis-à-vis de la Belgique pourrait les mettre
dans la nécessité d'adopter; mais les plénipotentiaires
ont jugé, d'abord, qu'il était indispensable de connaître
les intentions du Gouvernement du Roi sur différents
points que je vais avoir l'honneur de vous indiquer, et
sur lesquels je vous prie, Monsieur le Comte, de vouloir bien me donner des réponses dans le plus bref
délai possible.

Le premier de ces points, ou la première de ces
questions, a pour objet de savoir quelles sont les
mesures coercitives que le Gouvernement de Sa
Majesté peut adopter à l'égard des Belges, sans qu'elles
offrent pour lui des inconvénients.

Seconde question : Ces mesures consisteront-elles à
faire sortir des troupes hors du territoire français, ou
à réunir des troupes sur les frontières de la France?

A cet égard, je crois devoir faire observer que, dans
mon opinion, il suffirait de rassembler des forces sur
notre frontière, d'abord, parce que des troupes ainsi

réunies peuvent toujours entrer, s'il est nécessaire, sur le territoire voisin, et parce que, ensuite, leur seule présence peut produire l'effet qu'on chercherait à obtenir. J'ajouterai que ces troupes devraient être des troupes de choix, placées sous le commandement d'un chef ferme et prudent.

Troisième question : Une escadre française prendra-t-elle part au blocus des ports de la Belgique?

Il me semble que si les puissances se décident pour ce blocus, il est convenable que la France y prenne part, et que ses forces agissent de concert avec celles de l'Angleterre. Je crois pouvoir vous rappeler, à ce sujet, que vous aviez eu l'idée de faire concourir ainsi les forces maritimes des deux nations, à l'époque où il s'agissait de faire lever le blocus d'Anvers à l'escadre hollandaise.

Les réponses que vous voudrez bien faire, Monsieur le Comte, à ces différentes questions, me mettront à portée de satisfaire aux demandes que la Conférence pourra m'adresser. Il existe, au surplus, entre les cinq puissances le plus parfait accord de vues et de dispositions, parce qu'elles veulent toutes se maintenir dans la même position et remplir des engagements qui leur sont communs; parce que la France, l'Angleterre et la Prusse, plus spécialement appelées par leur situation à exécuter ces engagements réciproquement obligatoires, tiennent à mettre en parfaite harmonie leurs déterminations.

Il y a ici un agent du Gouvernement de don Miguel,

qui est venu prier le Gouvernement anglais de s'inter-
poser dans ses différends avec la France. Il lui a été
répondu que le Gouvernement ne voulait pas intervenir dans cette discussion, mais que s'il avait un conseil
à donner au Gouvernement du Portugal, c'était de
céder aux demandes de la France. Les choses en sont
restées là.

Agréez, etc.

———————

CXLI

TALLEYRAND AU COMTE SÉBASTIANI

Londres, le 7 juin 1831.

Monsieur le Comte,

Les ministres de Hollande, à Londres, ont adressé
à lord Palmerston deux notes : l'une, pour demander
quelle était la résolution prise par les Belges, à l'expiration du délai dans lequel ils devaient se prononcer
sur les bases de la séparation; l'autre, pour se plaindre
de la lettre adressée par lord Ponsonby à M. Lebeau,
ministre des affaires étrangères à Bruxelles. Ces deux
notes ayant été communiquées à la Conférence, il a été
résolu qu'il y serait répondu. J'ai l'honneur, Monsieur
le Comte, de vous envoyer des copies de ces pièces,
auxquelles je joins une copie du protocole n° 25, relatif

au rappel de lord Ponsonby. Vous verrez, Monsieur le Comte, par les réponses de la Conférence aux notes des ministres de Hollande, qu'elles ont pour but de maintenir le Roi Guillaume dans la ligne de modération dont il ne s'est pas encore écarté, de calmer l'irritation que lui causent la conduite et les prétentions des Belges, et de lui donner, sur le projet de cession à titre onéreux du Luxembourg, des explications satisfaisantes [1].

[1] Memorandum pour les ministres des cinq Cours à La Haye :

« Annonce du rappel de lord Ponsonby. Le Roi des Pays-Bas doit être invité à se tenir prêt pour le cas où la rupture des relations de la Conférence avec les Belges amènerait une reprise d'hostilités de leur part.

« Communication de la Conférence avec les plénipotentiaires hollandais.

« En donnant à lord Ponsonby l'ordre de quitter Bruxelles et en délibérant sur les mesures que peut exiger l'exécution des engagements pris par les cinq Cours envers le Roi, la Conférence satisfait à ses propres obligations et aux justes demandes de Sa Majesté. Elle est en droit d'espérer que le Roi, de son côté, persistera dans sa résolution de ne pas se départir des bases de séparation auxquelles il a adhéré, et qu'il offrira d'utiles facilités pour l'exécution de cet acte.

« La réponse de la Conférence aux plénipotentiaires de Sa Majesté ramène à ses véritables termes la question du Luxembourg. Le protocole numéro 24 prouvait que la Conférence réclamait au préalable de la part des Belges une adhésion aux bases de séparation, sauf à négocier ensuite l'échange du Luxembourg, moyennant les compensations dont le Roi lui-même aurait reconnu l'utilité et la justice.

« Ce principe subsiste, la Conférence n'a pas préjugé les déterminations du Roi, elle n'a pas anticipé sur sa réponse, elle s'est contentée de mettre en avant, comme proposition qui pourrait être faite aux deux parties, l'échange volontaire du Luxembourg contre un juste équivalent ; elle n'est donc pas sortie des bornes de ses

Nous avons lieu d'espérer que ces notes produiront à
La Haye l'effet qu'on s'en promet ici, et qu'elles empêcheront de la part de la Hollande toute espèce d'agression.

Il a été convenu, en outre, que les ministres des cinq

attributions, elle n'a lésé aucun droit, elle n'a manqué à aucun
égard.

« Les représentants des cinq Cours réuniront leurs efforts pour
pénétrer le Roi et le ministère de cette conviction ; ils engageront
le cabinet de La Haye à peser les avantages que pourrait offrir
l'échange du Luxembourg après que les Belges auraient adhéré aux
bases de séparation, et à fixer ses idées sur les équivalents qui lui
paraîtraient acceptables.

« Une parfaite unanimité de langage est recommandée aux représentants des cinq Cours. Ils doivent avoir pour objet commun de
faire approuver au Roi les décisions de la Conférence, de le maintenir dans la position conciliante où il s'est placé en adhérant aux
bases de séparation, d'empêcher de sa part l'adoption de tout autre
système qui serait infiniment moins conforme aux intérêts permanents de la Hollande, enfin d'empêcher aussi toute mesure agressive contre les Belges et de démontrer que la Hollande gagnerait à
attendre une attaque, puisqu'alors les cinq puissances se trouveraient
dans la situation prévue par les protocoles 21, 22 et 23, tandis que
si la Hollande prenait l'initiative des hostilités, elle priverait les
puissances des moyens d'exécuter ces actes. Le résultat indiqué ici
est de la plus haute importance ; on ne saurait assez insister sur la
nécessité de l'obtenir.

« Sans pouvoir encore faire connaître aux ministres des cinq
Cours à La Haye les mesures ultérieures qu'elle pourra arrêter, la
Conférence les prévient que ces mesures vont être mises en délibération ; que d'une part elle ne perdra pas de vue la sûreté de la
Hollande, et que de l'autre elle avisera aux meilleurs moyens d'accélérer l'adhésion des Belges aux bases de la séparation.

« La politique du Roi est donc évidemment d'attendre l'issue des
délibérations dont il s'agit, tout en se préparant à repousser le premier choc si par hasard il avait lieu. »

puissances écriraient aux représentants de leurs Cours,
à La Haye, une lettre dont j'ai l'honneur de vous
transmettre les bases, et qui a pour but de faire arriver
au Roi de Hollande, avec ensemble et d'une manière
uniforme, les observations et les considérations qui
peuvent le rassurer sur les dispositions des puissances
et sur le maintien de ses droits. Je pense que le Gouvernement du Roi jugera utile d'envoyer à M. le baron
de Mareuil des instructions puisées dans ces documents.

Je viens de recevoir, Monsieur le Comte, la dépêche
que vous m'avez fait l'honneur de m'écrire le 5.

J'ai lieu de croire qu'au moment de son expédition,
vous n'aviez pas encore une connaissance entière de
l'acte qui nomme le prince Léopold Roi de la Belgique,
et des obligations que cet acte lui imposerait. On veut
l'astreindre à jurer l'intégrité d'un territoire qui n'est
pas encore régulièrement déterminé et qui, dans les
idées des Belges, doit s'étendre à des villes qu'ils ne
possèdent même pas. J'ai peu de doute sur la détermination que prendra le prince Léopold, et je pense
qu'elle sera conforme à ce qu'il a toujours répondu aux
députés belges qui sont venus ici s'assurer de ses dispositions.

Au surplus, Monsieur le Comte, les Belges auraient
dû comprendre que la première chose qu'ils avaient à
faire était d'accéder aux bases de leur séparation avec
la Hollande, et je remarque, dans la lettre du chargé
d'affaires de France à Berlin, que ma manière de voir

sur ce point est aussi celle du cabinet prussien, car M. de Bernstorff lui a dit que, pour atteindre le but que se proposaient les puissances, il était nécessaire qu'elles fissent reconnaître préalablement aux Belges l'obligation de se conformer au protocole qui a fixé les limites de leur territoire. Tous les cabinets envisagent cette question sous le même point de vue.

Quant aux arrangements relatifs au Limbourg, ils peuvent suivre cette reconnaissance de limites, mais ne doivent pas la précéder. Les projets que vous a communiqués M. le général Belliard sur ce point, et sur lesquels il m'a écrit aussi, ont été dès longtemps présentés ici par les Belges et n'ont obtenu aucun succès.

Vous aurez vu par ma lettre d'hier que les dispositions que le Gouvernement du Roi pourra prendre doivent être calculées d'après ses convenances intérieures. J'ai la certitude qu'il lui sera offert toutes les facilités qu'il pourra désirer.

Agréez, etc.

P. S. — Vous verrez, Monsieur le Comte, par les pièces dont j'ai l'honneur de vous envoyer des copies, que personne ici ne doute du rappel du général Belliard, que vous m'avez autorisé à annoncer comme une conséquence du rappel de lord Ponsonby.

CXLII

TALLEYRAND AU COMTE SÉBASTIANI

Londres, le 9 juin 1831.

MONSIEUR LE COMTE,

Vous m'avez fait l'honneur de me mander, par votre dépêche du 5, que le Gouvernement du Roi désirerait que la place de Luxembourg cessât d'être place fédérale et fût démantelée, et vous ajoutez que les soins de cette négociation me sont confiés [1].

Je sens toute l'importance de cette affaire, mais je ne pense pas qu'elle puisse se traiter à Londres, parce qu'elle tient aux intérêts particuliers de la Confédération germanique et qu'elle est étrangère aux questions que la Conférence est appelée à examiner. Elle n'a pas d'ailleurs de pouvoirs spéciaux de la Confédération. A la vérité, deux de ses membres entretiennent avec cette Confédération des relations suivies et exercent

---

[1] « Le Gouvernement du Roi met un prix infini (et il est facile de le comprendre) à ce que la place de Luxembourg cesse d'être place fédérale et soit démantelée. La France, s'il en était besoin, ne refuserait pas de concourir aux frais de cette disposition. Les soins de cette importante négociation vous sont confiés ; et nous ne doutons pas que, conduite par vous, elle n'ait une heureuse issue. »

(*Sébastiani à Talleyrand.* — 5 juin 1831.)

quelque influence sur ses déterminations; néanmoins, ils n'ont pas de pouvoirs.

Je pense, Monsieur le Comte, que cette négociation doit se suivre à Berlin ou à Paris, et je vois par la lettre du chargé d'affaires de France, dont copie était jointe à votre dépêche, que le cabinet prussien paraît déjà disposé à donner son assentiment à la demande du Gouvernement de Sa Majesté : c'est un motif de plus pour continuer de la traiter directement avec lui. M. de Bülow, avec qui je me suis entretenu en particulier de cette affaire, partage mon opinion et pense qu'il convient d'en laisser la négociation à Berlin.

Vous remarquerez sans doute, Monsieur le Comte, dans les pièces que j'ai eu l'honneur de vous transmettre avant-hier, la manière dont la Conférence repousse les allégations de quelques feuilles publiques qui ont cherché à faire penser qu'elle n'était pas étrangère à la lettre écrite par lord Ponsonby à M. Lebeau. La note adressée aux ministres de Hollande détruit toute espèce de doute à cet égard, s'il avait pu en exister.

Je n'ai pas dû faire connaître à M. le général Belliard les résolutions qui venaient d'être prises, parce que les explications donnent lieu à des interprétations, et que, d'ailleurs, ce n'était que de vous qu'il pouvait recevoir des ordres.

La députation belge qui est chargée d'offrir la couronne au prince Léopold est arrivée hier soir à Londres. Deux commissaires, MM. Devaux et

Nothomb, sont arrivés en même temps : ils ont vu le prince Léopold, et lui ont annoncé qu'ils avaient des pouvoirs, mais sans en indiquer l'objet spécial. Si ces pouvoirs avaient de l'étendue, ils pourraient donner de la facilité à l'arrangement des affaires de Belgique.

La conduite du prince Léopold est simple et convenable : il acceptera probablement les offres des Belges, si les pouvoirs des commissaires sont de nature à amener des résultats satisfaisants. Les commissaires n'ont pas communiqué ces pouvoirs aux membres de la députation.

Dans une conversation que j'ai eue hier avec le prince Léopold, il m'a énoncé le désir, si les choses s'arrangeaient, que le général Belliard fût accrédité auprès de lui.

On a appris ici, par un bâtiment de commerce venant du Brésil, que l'Empereur don Pedro, n'ayant pu comprimer les efforts d'un parti qui se donne le titre de parti national, s'était vu dans la nécessité de quitter Rio-Janeiro avec l'Impératrice et presque toute sa famille. On ajoute qu'il a abdiqué en faveur de son fils, mais on ne sait pas dans quelles mains il l'a confié. Il paraît que l'Empereur s'est embarqué pour l'Angleterre.

Cette révolution peut avoir de l'influence sur les affaires de Portugal : elle donne ici de l'inquiétude au commerce anglais, qui a des intérêts considérables au Brésil, et les fonds publics en ont éprouvé quelque baisse.

On a reçu à Londres des nouvelles du Portugal, à

la date du 29 mai : elles annoncent que le commandant de l'escadre française avait établi devant le port de Lisbonne un blocus, mais seulement pour les bâtiments portugais.

Il paraît que le Gouvernement de don Miguel, devant renoncer à l'espoir d'obtenir la médiation de l'Angleterre dans ses différends avec la France, a l'intention de réclamer maintenant la médiation de l'Espagne.

Il y a des mouvements populaires assez sérieux dans le Yorkshire et le Northumberland. Le ministère prend des mesures pour les réprimer.

Agréez, etc.

P. S. — Depuis que cette lettre est écrite, j'apprends que la révolution de Rio-Janeiro a éclaté le 7 avril, parce que l'Empereur a refusé formellement de renvoyer son ministère. Le 8, il s'est rendu à bord de la frégate anglaise *Warspite*, d'où il a signé un acte d'abdication en faveur de son fils et nommé un conseil de régence. Cet acte a été publié à Rio-Janeiro le 9, et le même jour, don Pedro, accompagné de l'Impératrice, de sa fille et de quelques autres personnes, s'est rendu à bord de la frégate anglaise *Polaze,* devant faire voile pour Portsmouth. On assure qu'on s'attendait à ce que le conseil de régence ne pourrait pas se maintenir, et qu'une union fédérale ou république serait proclamée dans peu de jours. Les lettres de Riga annoncent que le choléra-morbus fait de grands progrès.

La Banque vient de donner avis à la Bourse qu'elle fera des avances sur dépôt d'effets de commerce ou de billets de l'Échiquier, à raison de 4 pour 100.

CXLIII

TALLEYRAND AU COMTE SÉBASTIANI

Londres, le 10 juin 1831.

MONSIEUR LE COMTE,

Les députés belges ont vu aujourd'hui le prince Léopold, mais ce ne sera que dimanche qu'ils lui présenteront le décret du Congrès qui le proclame Roi des Belges.

Il se répand ici que l'Impératrice du Brésil, la marquise de Loulé et leur suite, se sont embarquées sur la frégate française *la Seine,* et que le navire *la Daphné,* qui a apporté en Angleterre la nouvelle des événements du Brésil, est parti immédiatement pour Lisbonne afin d'en informer le Gouvernement de don Miguel.

On pense généralement que le fils de l'Empereur ne sera pas reconnu souverain du Brésil, malgré l'abdication faite en sa faveur. La Chambre des députés paraît s'être saisie du pouvoir, qu'elle a confié à une régence composée de trois de ses membres : MM. de Lima, Caravellas et Vergueiro. Cette régence aurait nommé

un ministère composé de la manière suivante : M. Car-
neïro de Campos aux Affaires étrangères ; M. Moraes
à la Guerre ; M. Almeida à la Marine ; M. Borges aux
Finances, et M. Goyana à l'Intérieur.

Deux autres événements fixent aujourd'hui l'attention
publique : une révolution opérée à Bahia, le 9 avril,
jour où un semblable mouvement éclatait à Rio-Janeiro,
et l'arrivée à Douvres du marquis de Villa Flor, commandant de l'île de Terceira pour la Reine doña Maria.
M. de Villa Flor est avec toute sa famille.

L'opinion se déclare ici très ouvertement contre la
conduite de l'Autriche à l'égard des Polonais com-
mandés par le général Dwernicki ; et le corps diplomatique y voit aussi une grave atteinte portée au droit des
gens. Le Gouvernement anglais a fait faire à Vienne
des représentations à ce sujet et se propose de les renouveler. Vous jugerez sans doute convenable de vous
associer à ce mouvement.

Agréez, etc.

CXLIV

TALLEYRAND AU COMTE SÉBASTIANI

Londres, le 12 juin 1831.

MONSIEUR LE COMTE,

J'ai reçu la dépêche que vous m'avez fait l'honneur de m'écrire le 9 de ce mois, et je me suis pénétré des instructions qu'elle contient [1].

[1] Par cette dépêche du 9 juin dont nous donnons la teneur ici, c'est en vérité le ministre des Affaires étrangères qui faisait part à son représentant de toutes ses appréhensions et qui lui demandait des directions.

« Paris, le 9 juin 1831.

    « MON PRINCE,

« Je voulais ajouter quelques lignes de ma main à la dépêche que je viens de signer pour vous faire connaître avec abandon toute la pensée du ministère. Le temps me manque, mais vous en trouverez, dans cette lettre-ci, la franche et confiante expression. Le Gouvernement du Roi est fermement résolu à ne pas se séparer des puissances dans toutes les mesures dont la Conférence peut juger l'emploi nécessaire, pour contraindre les Belges à respecter les droits et le repos de l'Europe. La dépêche ci-jointe vous prouvera suffisamment que, tout en redoutant, dans l'intérêt général, les complications nouvelles que pourraient faire naître des résolutions trop dures ou trop précipitées, nous ne refusons point d'exécuter, en ce qui nous concerne, les engagements consignés dans les derniers protocoles. Maintenant, mon Prince, c'est à votre haute prévoyance que je soumets toutes les difficultés qui nous environnent. Et lorsque votre influence peut encore faire apprécier à la Conférence tout ce que l'ordre et la paix ont à craindre de l'emploi subit des mesures destinées à les protéger, j'en appelle avec confiance à votre habileté pour détourner des dangers non moins réels, non moins graves que

26

Les événements du Brésil causent ici beaucoup de sensation; je ne vous transmets pas les détails qui m'ont été communiqués à ce sujet, parce que j'ai lieu de croire que vous en serez exactement informé par le chargé d'affaires de France à Rio-Janeiro, dont j'ai l'honneur de vous envoyer une dépêche. Vous devez savoir maintenant que l'Empereur don Pedro, en s'embarquant à Falmouth pour Cherbourg, a annoncé que son intention était de se fixer en Bavière.

J'ai eu l'honneur de vous mander que le prince Léo-

tous ceux dont les puissances ont paru jusqu'à ce jour uniquement préoccupées. Si l'on néglige à Londres tous les moyens de conciliation que présentent à la Conférence l'élection du prince Léopold et la présence de la députation qui vient lui offrir la couronne, si l'on se prépare à sévir contre les Belges, que vont-ils faire ? M. de Mérode vous l'a dit, M. de Mérode, le chef du parti religieux, le plus ardent, jusqu'à ce jour, des adversaires du parti français. La réunion à la France sera proclamée et le drapeau tricolore arboré sur tous les clochers de Belgique ! Et c'est lorsque tant de passions se meuvent et s'agitent autour de nous ; c'est lorsque les partis sont en présence, que nous serons exposés à toutes les conséquences de l'appel qu'un peuple exaspéré ne manquera pas de faire aux souvenirs, aux opinions, aux sympathies d'un autre peuple ! C'est contre des hommes parés de nos couleurs que nous enverrons nos armées ! C'est contre notre drapeau que nous essayerons nos soldats ! et dans quel moment encore ? Lorsque va se décider pour nous une question pour laquelle le pouvoir, trop longtemps impuissant et méconnu, doit ménager ses forces enfin renaissantes, la question des élections, question vitale pour la paix, pour l'ordre social de l'Europe, lutte décisive, où nous sommes sûrs de triompher, si l'on nous laisse en face de la sagesse calme et réfléchie de la France, mais dont le succès pourrait être compromis par les germes de discorde et de violence qu'on viendrait imprudemment jeter parmi nous !

« Voilà, mon Prince, des difficultés tout aussi sérieuses peut-être que celles que les protocoles ont prévues ! Je laisse à votre prudence

pold devait recevoir aujourd'hui la députation belge qui est chargée de lui offrir la couronne; cette audience est remise, et aucun jour n'est encore indiqué. Le prince voit les députés, les reçoit individuellement, les invite à dîner et emploie tout pour les amener à des idées plus raisonnables. Il a pensé qu'il devait préparer ainsi les esprits avant de donner une audience qui doit être assez solennelle et dans laquelle il remettra sa réponse par écrit.

Je vois aussi les députés belges et j'emploie vis-à-vis d'eux tous les raisonnements qui peuvent influer sur leur détermination; ils conviennent sur plusieurs

le soin de les apprécier et même de les faire pressentir. La politique ne consiste pas seulement à maintenir l'équilibre général, à balancer les forces et les influences, à régler les rapports extérieurs des États : elle doit aussi prévoir tout ce qui peut troubler leur tranquillité intérieure ; car c'est de là que jaillissent, pour le dehors, les embarras les plus graves, les périls les plus pressants : depuis dix mois, ce me semble, l'Europe en a fait plus d'une épreuve. Je livre avec confiance cette vérité à votre sagesse, mon Prince, comme je livre à votre expérience politique le sentiment de nos dangers, et à votre habileté le soin de les prévoir et de les détourner.

« Nous attendrons votre réponse pour prendre un parti définitif à l'égard de M. Lehon. Nous ne pouvons nous dissimuler que la position dans laquelle nous nous trouvons nous ferait souhaiter qu'il pût rester à Paris. Enfin, mon Prince, vous connaissez nos craintes, nos désirs, nos espérances ; nous vous en devions la confidence entière, et nous savons d'avance que nous pouvons compter sur tous vos efforts pour alléger notre responsabilité, qui ne saurait vous être étrangère, et calmer des inquiétudes que sans doute vous partagez également avec nous.

« *P. S.* — C'est dans cette lettre que vous trouverez toute la pensée du Conseil : l'absence du Roi ajoute à nos embarras, son retour précipité produirait un mauvais effet. »

points que les demandes qu'on leur adresse peuvent
être fondées, mais ils répètent ce qu'ils ont dit tant de
fois, qu'ils ne peuvent pas abandonner ceux qui ont
pris parti pour eux en s'exposant au ressentiment de la
Hollande; qu'ils doivent avoir des frontières tracées
de manière à leur servir de ligne de défense et à favoriser leur commerce.

Enfin, Monsieur le Comte, il n'y a encore rien de
décidé, et vous voyez que le prince Léopold met une
sage lenteur avant de donner une réponse qui doit, en
effet, avoir le caractère d'une mûre réflexion.

Les députés paraissent toujours satisfaits de ses
manières, de sa franchise, et ils placent beaucoup d'espérances dans leur futur souverain; mais jusqu'ici ils
n'ont encore fait aucune concession sur les points qui
sont l'objet des difficultés.

En réfléchissant, Monsieur le Comte, sur les intérêts
généraux que cette époque-ci peut faire naître, n'est-on
pas amené à penser qu'il pourrait être utile que la
France et l'Angleterre garantissent par un traité spécial l'existence de la Belgique, lorsqu'elle sera constituée
et placée dans des limites certaines et reconnues? J'ai
plusieurs fois examiné cette question, et il m'a semblé
qu'on pourrait trouver dans les motifs de ce traité le
moyen d'étendre ses stipulations à de plus hauts intérêts, et de contribuer ainsi à la grandeur de la France,
en assurant la tranquillité de l'Europe.

Agréez, etc.

CXLV

TALLEYRAND AU COMTE SÉBASTIANI

Londres, le 13 juin 1831.

Monsieur le Comte,

J'ai reçu ce matin votre dépêche télégraphique du 11, qui confirme celles que vous m'avez fait l'honneur de m'écrire le 5 et le 9.

Vous pensez, Monsieur le Comte, que la Conférence a trop précipité l'application des mesures qu'elle a prises, et qu'elle a trop perdu de vue les modifications que des circonstances récentes devaient apporter à sa marche.

Ces observations ne me paraissent pas fondées, et je crois pouvoir y répondre, en vous priant de remarquer que la Conférence, chargée essentiellement de veiller au maintien de la paix, n'a pas dû concentrer son attention sur la Belgique seulement. La Hollande exigeait aussi une grande surveillance, surtout quand il règne dans ce pays une irritation telle que la plus légère circonstance peut donner lieu aux plus fâcheuses résolutions. Il était donc nécessaire de chercher à calmer et l'irritation belge et l'irritation hollandaise, car il fallait empêcher que la collision que nous nous attachions à prévenir vînt de ces deux côtés. Ce sont ces considérations qui m'ont dirigé depuis que la Conférence a été informée du refus opiniâtre des Belges d'adhérer aux bases de la séparation ; refus qui animait si vivement les Hollandais et leur Gouvernement. Je pense que les réponses qu'ont reçues leurs plénipotentiaires ici auront produit à La Haye l'effet qu'on s'en promettait, et par conséquent on aura encore retardé de quelques moments les motifs de trouble et d'hostilité.

Les difficultés que nous rencontrons ici, en Belgique et en Hollande, proviennent d'un côté du cabinet de La Haye, qui veut engager les puissances à la guerre, et de l'autre du cabinet russe, qui a pour but de détourner l'attention des puissances en la portant forcément sur les affaires de l'ouest de l'Europe. Mon langage à la Conférence est toujours celui-ci : « Nous ne voulons pas la guerre, mais nous sommes prêts à la faire, et nous ne la craignons pas. » Je crois, du reste, que le Gouvernement russe n'a pas de projet arrêté, et qu'il cherche à nous susciter des embarras pour voir s'il ne pourra pas en résulter quelque chose de favorable pour lui.

Dans cette situation des choses, je vois chaque jour le prince Léopold ainsi que les ministres anglais, parce que je suis convaincu que c'est là que nous pouvons trouver analogie de vues et d'intérêts.

En définitive, Monsieur le Comte, mon opinion est qu'il n'y aura pas nécessité de recourir aux mesures militaires pour lesquelles je vous ai invité à vous préparer. Il faut être prêt, mais je pense que, par des moyens d'adoucissement et de conciliation, nous parviendrons, sans qu'il y ait un coup de fusil tiré, à sortir de l'embarras où nous sommes en ce moment. Ceci est mon opinion positive.

Agréez, etc.

P. S. — Le prince Léopold ne recevra pas la députation belge avant deux ou trois jours. Les députés que j'ai vus aujourd'hui me fortifient dans l'opinion que j'ai exprimée plus haut.

CXLVI

TALLEYRAND AU COMTE SÉBASTIANI

Londres, le 14 juin 1831.

Monsieur le Comte,

Avant son départ de Bruxelles, M. le général Belliard m'a mandé qu'une proposition allait être faite tendant à ce qu'un commissaire belge et un commissaire hollandais se rendissent à Londres pour y traiter les questions de limites. Il paraissait croire que cette proposition serait admise.

Elle pourrait avoir un heureux résultat si les commissaires avaient de pleins pouvoirs et si les arrange-

ments qu'ils régleraient ne devaient pas être soumis au
Congrès; mais vous sentez, Monsieur le Comte, que
dans le cas contraire, ce ne pourraient être que des
stipulations provisoires contre lesquelles le Congrès
pourrait protester.

Le prince Léopold a vu aujourd'hui les députés
belges; chaque jour ils font quelques pas.

Le ministère anglais, en m'entretenant du désir qu'il
aurait de reprendre bientôt les affaires de Grèce, m'a
donné à entendre qu'il pourrait être convenable de
placer le prince Frédéric de Nassau, second fils du Roi
de Hollande, sur le trône de la Grèce, au lieu d'y appeler
le prince Othon de Bavière. J'ai décliné cette proposition, en faisant observer que, dans mon opinion, ce
serait nommer un prince russe, et que j'étais fondé à
le penser d'après l'intérêt que depuis six mois la Cour
de Pétersbourg témoigne à la Maison de Nassau.

Agréez, etc.

CXLVII

TALLEYRAND AU COMTE SÉBASTIANI

Londres, le 15 juin 1831.

MONSIEUR LE COMTE,

J'ai reçu la dépêche que vous m'avez fait l'honneur de m'écrire le 12 de ce mois [1].

Vous aurez vu par mes lettres d'hier et d'avant-hier que les affaires de Belgique faisaient quelques progrès, quoique aucun arrangement définitif ne puisse être encore regardé comme certain. Les plénipotentiaires du Roi de Hollande opposent de la résistance et augmentent les difficultés que nous avons à surmonter. Dans cette situation et malgré l'espérance que je conserve d'obtenir un bon résultat, je pense, Monsieur le Comte, que le Gouvernement du Roi doit se tenir prêt, mais mon opinion est qu'il ne sera pas dans l'obligation d'agir.

J'ai eu l'honneur de vous mander que l'on se pro-

---

[1] « Il est une autre question d'un intérêt moins immédiat sans doute, mais qui, en ce moment, exerce aussi une action bien puissante sur l'opinion publique : je veux parler de la question de Pologne.

« Elle a été, dès son principe, l'objet de nos plus vives sollicitudes, et nous l'avons fait pour protéger la cause sacrée de l'humanité, pour garantir l'équilibre établi..... »

(*Sébastiani à Talleyrand. — 13 juin 1831.*)

nonçait ici dans un sens tout à fait favorable aux Polonais, et que l'on blâmait généralement la conduite tenue à leur égard en Galicie. Le Gouvernement anglais, s'appuyant sur l'opinion des jurisconsultes de la couronne, qui ont déclaré qu'il y avait eu de la part de la Cour d'Autriche violation du droit des gens, a fait et fera faire encore des représentations à Vienne ; mais il agira particulièrement, et il n'y aura pas lieu de former à ce sujet aucun concert, puisque l'Angleterre est la seule puissance avec laquelle nous pourrions agir d'accord. Tout le monde ici apprendra, au surplus, avec satisfaction que le Gouvernement du Roi a employé le premier ses bons offices en faveur du général Dwernicki et des Polonais qu'il commandait ; mais il ne faut pas s'attendre à de grands efforts, parce que le Gouvernement anglais ne s'occupe jamais fortement que d'une affaire, et que, dans ce moment, il est surchargé parce qu'il en a deux : la réforme et la Belgique.

Par cette raison l'arrivée de l'Empereur don Pedro et de sa famille en Europe n'a produit que très peu de sensation, et je puis vous assurer que l'on ne forme sur cet événement aucune combinaison politique ; mais on y reviendra, et l'on s'en occupera plus tard.

Le Gouvernement russe cherche à acheter ici une grande quantité de fusils. C'est pour ses besoins personnels, et peut-être aussi pour empêcher qu'ils ne soient vendus aux Polonais.

Recevez, etc.

CXLVIII

Londres, le 16 juin 1831.

Monsieur le Comte,

Le commerce a ici beaucoup d'inquiétude sur les affaires de Portugal, parce qu'il suppose que M. l'amiral Roussin, qui conduit des forces considérables devant Lisbonne, peut avoir reçu l'ordre de bombarder cette ville, vu la résistance que met le Gouvernement de don Miguel à satisfaire aux demandes de la France.

Le Gouvernement anglais pense que nous sommes parfaitement fondés à exiger des indemnités et des réparations, et il s'exprime dans ce sens vis-à-vis de toutes les personnes qui viennent du Portugal; mais comme Lisbonne est rempli de marchands et de marchandises anglaises, le ministère verrait avec beaucoup de peine qu'au moment de l'ouverture du Parlement on pût lui adresser, à ce sujet, des questions d'autant plus vives que des intéressés dans ce commerce avec le Portugal font partie de la Chambre des communes.

Du reste, le Gouvernement anglais est si disposé à approuver ce que nous ferons à l'égard de ce pays, qu'il

ne fait même aucune observation sur la prise des bâtiments portugais, quoique le plus grand nombre soient
assurés en Angleterre.

Agréez, etc.

CXLIX

TALLEYRAND AU COMTE SÉBASTIANI

Londres, le 16 juin 1831.

MONSIEUR LE COMTE,

Nous continuons de négocier avec les députés et les
commissaires belges. Le prince Léopold les voit ; ils
viennent habituellement chez moi, et vont aussi chez
les autres membres de la Conférence sur la bienveillance desquels ils ont des motifs pour compter ; enfin,
on se rapproche et on peut espérer qu'il résultera de
ces dispositions conciliantes quelque arrangement;
mais les nouvelles de Belgique reçues aujourd'hui par
le commerce viennent augmenter nos embarras. Il
se répand que les Belges ont, à Anvers, attaqué les
Hollandais, et que, maîtres du fort Saint-Laurent, ils
ont engagé un feu très vif avec les bâtiments qui sont
devant le port. Heureusement le général Chassé a eu
assez de modération pour ne pas faire tirer de la cita-

delle; mais les habitants d'Anvers, justement alarmés,
ont envoyé en toute hâte une députation à Bruxelles.
Le Régent a expédié des ordres, le ministre de la
guerre s'est rendu à Anvers ; mais leur autorité méconnue n'a pu arrêter les Belges, et tout tendrait à
prouver que le parti anarchiste, le parti de la guerre,
y a pris le dessus.

Vous concevez, Monsieur le Comte, à combien d'observations très fondées cet incident va donner lieu de
la part des plénipotentiaires hollandais, qui m'assu-
raient encore hier au soir, de la manière la plus positive, qu'il n'y aurait aucune attaque de leur côté. En
effet, si les nouvelles sont exactes, ce sont positivement
les Belges qui sont agresseurs.

Cet événement rendra, sans doute, plus difficiles les
arrangements auxquels nous travaillons depuis plusieurs jours; et on objectera avec avantage que pendant que les Belges ont à Londres des députés chargés
d'une mission toute pacifique, ils attaquent et ne tiennent aucun compte d'un armistice qui est cependant
rigoureusement exigé par les puissances qui s'occupent
d'assurer leur indépendance. Cette conduite est évidemment le résultat de tous les mouvements que se
donnent les ennemis de l'ordre et de la paix, qui,
n'ayant pu embraser la France, cherchent à porter
l'incendie en Belgique.

Je le répète, Monsieur le Comte, cet événement doit
nous faire perdre du terrain, et les plénipotentiaires
hollandais, qui étaient calmes hier, sont effrayés de ce

que, sur notre demande, ils ont écrit à leur Gouvernement.

Agréez, etc.

CL

TALLEYRAND AU COMTE SÉBASTIANI

Londres, le 18 juin 1831.

MONSIEUR LE COMTE,

J'ai reçu les dépêches que vous m'avez fait l'honneur de m'écrire le 13 et le 16 juin, ainsi qu'une dépêche télégraphique du 14 au soir.

Lorsque j'ai pensé qu'on pourrait faire avec l'Angleterre quelques arrangements d'elle à nous relatifs à la Belgique, ce n'était, Monsieur le Comte, en quelque sorte qu'à bout de voie, et pour le cas seulement où les arrangements auxquels nous travaillons maintenant n'auraient pas pu se réaliser : c'était enfin pour faire avec l'Angleterre ce que nous n'aurions pas pu faire avec les autres puissances. Mais la marche que suit, aujourd'hui, la négociation nous dispense de recourir à cette combinaison, et il n'y a pas lieu de s'occuper davantage de l'idée que j'avais indiquée dans ma lettre n° 159 du 12 de ce mois.

Les membres de la Conférence se concertent avec le

prince Léopold et avec les deux commissaires belges pour aplanir les obstacles qu'éprouve encore l'arrangement des affaires de Belgique, obstacles qui tiennent toujours à la possession de Maëstricht et aux enclaves appartenant à la Hollande. Si les commissaires et les députés belges étaient, comme j'ai eu l'honneur de vous le mander déjà, des hommes moins nouveaux dans les négociations et plus familiarisés avec la manière dont on les suit dans les gouvernements anciennement constitués, ces difficultés seraient plus facilement surmontées. Cependant, j'espère que nous parviendrons à un résultat passablement bon.

J'ai annoncé à lord Palmerston, d'après ce que vous m'avez fait l'honneur de me mander le 13, qu'à son arrivée à Lisbonne M. le contre-amiral Roussin se mettra en rapport avec le consul d'Angleterre, afin de concerter des mesures pour protéger les personnes et les intérêts des sujets de Sa Majesté Britannique. Lord Palmerston a paru très satisfait de cette disposition de notre Gouvernement qui répond d'avance aux observations que je vous ai adressées le 16 sur les inquiétudes que concevait le commerce anglais.

Le prince de Lieven m'a témoigné beaucoup de regret qu'on eût annoncé dans le *Moniteur* qu'il serait demandé des explications à la Cour de Russie relativement à un article inséré dans une gazette de Pétersbourg. Il m'a assuré qu'on s'était mépris sur les intentions dans lesquelles cet article avait été rédigé, et que certainement on recevrait à cet égard des observations satisfaisantes. Au surplus, cet article a été généralement désapprouvé ici, et vous en trouverez la preuve dans le *Times* d'aujourd'hui.

Un journal français du 15, le *Courrier,* demande si les limites de la Belgique doivent être fixées d'après la carte de 1790, à qui doivent appartenir Philippeville et les autres pays séparés de France en 1815. On répond que la Conférence, en admettant comme un fait la séparation de la Belgique d'avec la Hollande, a dû reconstituer ce dernier pays sur les bases qui lui appartenaient, et que c'est relativement à ces bases qu'on a pris l'époque de 1790. Quant à la France, je ne suis pas appelé à lui faire rendre les limites que j'avais eu le bonheur de lui faire reconnaître par le traité de 1814, et qui n'ont pu être conservées par le traité de 1815, auquel j'ai refusé de prendre part.

Agréez, etc.

CLI

TALLEYRAND AU COMTE SÉBASTIANI

Londres, le 19 juin 1831.

MONSIEUR LE COMTE,

Il y a eu, hier au soir, chez le prince Léopold, réunion des commissaires belges; on s'est entendu sur plusieurs points. Aujourd'hui, il y aura une autre réunion, et il y a beaucoup de motifs pour espérer qu'on posera les bases d'un arrangement.

Si les choses arrivent à ce point, nous aurons demain une conférence. Ce sera par des espèces de préliminaires que l'on réglera les questions qui font encore difficulté. Cette forme a paru plus expéditive et plus correcte, parce qu'elle donnera le temps nécessaire pour obtenir l'acquiescement du Roi des Pays-Bas aux changements qui doivent avoir lieu dans les bases de séparation auxquelles il avait déjà adhéré, changements auxquels il opposera certainement des difficultés.

Les députés belges partiront immédiatement pour porter ces préliminaires à Bruxelles, et comme ils représentent les opinions et les nuances d'opinions qui existent dans le Congrès, ils pensent qu'ils obtiendront l'assentiment de cette assemblée. Ils reviendront après à Londres.

Il y aura des difficultés de la part des Russes, parce qu'ils n'ont pas de pouvoirs, mais elles ne nous arrêteront pas.

J'ai reçu votre dépêche télégraphique du 18 au soir. Madame la comtesse d'Arenberg n'a et n'aura pas de passeport [1].

Agréez, etc.

[1] Quelques jours après, le Département autorisait le prince de

CLII

TALLEYRAND AU COMTE SÉBASTIANI

Londres, le 21 juin 1831.

MONSIEUR LE COMTE,

J'ai l'honneur de vous envoyer le discours que le Roi d'Angleterre a prononcé, ce matin, à la séance d'ouverture du Parlement.

Ce discours est, comme vous le remarquerez, conçu dans un esprit très modéré et entièrement pacifique. Le Roi a dit relativement aux affaires de Belgique qu'elles n'étaient pas encore arrivées à une conclusion, mais que la meilleure intelligence continuerait de subsister entre les puissances dont les plénipotentiaires formaient les Conférences de Londres; que ces conférences avaient été conduites d'après le principe de non-intervention dans les affaires intérieures de la Belgique, mais sous la condition que dans l'exercice des droits du peuple belge, la sécurité des États voisins ne serait pas compromise.

Ce discours a été approuvé par tous les bons esprits, et Sa Majesté a reçu, en allant au Parlement et en

Talleyrand à délivrer un passeport à madame la comtesse d'Arenberg, mais sous la condition qu'elle ne séjournerait pas à Paris et qu'elle traverserait seulement la France pour se rendre en Suisse.

revenant à son palais, de vives acclamations de la part du peuple. Je n'ose pas dire que les applaudissements des plénipotentiaires russes aient été aussi vifs.

Les conférences entre le prince Léopold, deux pléni-potentiaires des puissances et les députés belges conti-nuent toujours. Il n'y a plus de difficultés réelles, mais de pures chicanes qui, sans tenir au fond, prolongent cependant des discussions qui devraient être terminées depuis plusieurs jours. Je fais tout ce qui est en mon pouvoir pour arriver à une conclusion.

Agréez, etc.

CLIII

TALLEYRAND AU COMTE SÉBASTIANI

Londres, le 22 juin 1831.

Monsieur le Comte,

J'ai reçu la dépêche que vous m'avez fait l'honneur de m'écrire le 20, et par laquelle vous faites observer que les nouvelles de Londres vous manquaient depuis deux jours. Ce reproche n'est pas fondé, Monsieur le Comte, car je ne suis jamais resté quarante-huit heures sans avoir l'honneur de vous écrire, et s'il y a eu un jour où je ne vous ai pas envoyé de dépêche, c'est que ce jour était celui d'une conférence qui avait été

extrêmement longue, et que je n'avais plus le temps
nécessaire pour vous écrire. Vous aurez sans doute
reçu une lettre de moi peu de moments après le départ
de votre estafette.

Les Belges n'apportent pas dans la négociation qui
nous occupe un esprit de conciliation d'après lequel
on puisse penser qu'ils ont un désir véritable de terminer, et vous pourrez, Monsieur le Comte, en juger
par ce fait. Il y a quelques jours, ils ont remis une note
sur leurs demandes. Deux membres de la Conférence,
qui suivent plus particulièrement avec eux les détails
de la négociation, ont fait des observations sur ces
demandes, et ils devaient s'attendre à ce que leurs
observations seraient discutées. Les commissaires
belges n'ont pas suivi cette marche, et, au lieu de répli-
quer, ils ont, dans une seconde note, renouvelé toutes
leurs demandes sans le moindre changement et sans la
plus légère concession.

Si les Belges persévèrent dans cette marche, s'ils ne
cèdent sur aucun point, s'ils s'affermissent, au contraire, dans un système d'exigence et d'obstination, il
sera impossible de négocier avec eux et d'arriver à un
arrangement. Après avoir épuisé tous les moyens de
persuasion et de condescendance, après avoir recueilli
si peu de fruit de tant de soins, je crois, Monsieur le
Comte, qu'il faudra peut-être en venir à l'idée, qui est
mon idée favorite, d'opérer une division de la Belgique,
dans laquelle la France trouverait, sans aucun doute, la
part qui lui conviendrait le mieux. Vous pouvez être

persuadé que ce moyen ne conduirait pas plus à la
guerre que tout autre, si nous ne parvenons pas à finir;
mais je ne renonce pas encore à tout espoir d'arrangement. Je pense que les Belges se seraient montrés plus
conciliants s'ils avaient moins de confiance dans l'appui
que leur font espérer les agitateurs de tous les pays, et
s'ils n'étaient pas encouragés à penser que c'est par la
ténacité seule qu'ils parviendront à leur but. Cet encouragement, ils le puisent aussi dans l'état général de
l'Europe, dans les échecs éprouvés par la Russie, et dans
la situation particulière de la France et de l'Angleterre.

Je pense, Monsieur le Comte, qu'il serait utile qu'un
langage sévère apprît à M. Lehon que la France a pu
se prêter à l'espoir de voir les affaires de Belgique se
terminer par des négociations à Londres, mais qu'elle
a dû croire que ce seraient des négociations franches
et conciliantes, et que le Gouvernement du Roi apprend,
avec le plus juste mécontentement, qu'au lieu de négocier, les députés belges ne répondent pas aux observations qui leur sont adressées et se renferment dans un
cercle de demandes d'où ils ne paraissent nullement
disposés à sortir. Le temps s'écoule ainsi, et il semble
que les Belges aient quelque motif particulier pour ne
pas en faire un meilleur usage.

Je vous remercie, Monsieur le Comte, de m'avoir
communiqué les informations que vous avez reçues de
Pétersbourg sous la date du 4 de ce mois.

Agréez, etc.

P. S. — Hier au soir, le prince Léopold et lord Melbourne croyaient que tout allait finir : ce matin, il y a des difficultés; mais je les vois de mon lit, parce que je suis malade.

Les détails contenus dans la lettre de M. de Mortemart, que vous avez eu la bonté de m'envoyer, fournissent une nouvelle preuve de la portion de difficultés que nous avons à éprouver ici de la part de la Russie.

CLIV

TALLEYRAND AU COMTE SÉBASTIANI

Londres, le 24 juin 1831.

Monsieur le Comte,

Quoique malade depuis six jours, je n'ai pas cessé un moment de voir le prince Léopold, les membres de la Conférence et ceux de la députation belge : depuis quarante heures nous sommes en conférence; mais les députés sont si peu accoutumés au genre d'affaires qu'ils sont appelés à traiter maintenant, ils élèvent tant de difficultés, que rien n'avance, rien ne se termine, et je vous avoue que je suis au dernier degré de fatigue.

Une conférence a eu lieu aujourd'hui chez le prince Léopold; elle a fini à huit heures : elle se continuera ce soir chez moi et se prolongera probablement dans la nuit. Dès qu'il y aura quelque chose de décidé, j'aurai l'honneur de vous l'écrire.

Agréez, etc.

* * *

CLV

TALLEYRAND AU COMTE SÉBASTIANI

Londres, le 26 juin 1831.

Monsieur le Comte,

Je crois que la direction qui vient d'être donnée aux affaires de Belgique pourra nous conduire au but que nous nous sommes proposé.

J'ai l'honneur de vous envoyer les articles qui ont été convenus entre la Conférence et les députés belges; tous les points qui sont à régler comme une conséquence de la séparation de la Belgique et de la Hollande sont rappelés dans ces articles de manière à lever les difficultés qui se sont présentées, sans blesser tellement les droits du Roi de Hollande qu'il lui soit impossible d'y donner son adhésion. La Belgique est sensiblement favorisée par ces stipulations, et elle le doit à l'influence de la France. Vous verrez, Monsieur le Comte, comme ses intérêts sont ménagés et assurés par la rédaction qui a été donnée aux articles de Maëstricht et du grand-duché de Luxembourg.

Le prince Léopold a reçu ce soir, à dix heures, la députation belge, et a fait au discours du président la réponse que j'ai l'honneur de vous envoyer. Le prince lui a remis les articles qui ont été précédemment arrêtés.

Les députés partent cette nuit pour Bruxelles, afin de soumettre ces articles au Congrès. Comme ils représentent les opinions et les nuances d'opinions qui y existent, ils paraissent persuadés qu'ils obtiendront l'approbation de cette assemblée. Dès qu'elle aura été donnée, les députés reviendront à Londres offrir la couronne au prince Léopold, qui l'acceptera, et qui se rendra sans délai à Bruxelles.

Je pense, Monsieur le Comte, que lorsque le Congrès aura approuvé les articles, la France pourra immédiatement reconnaître le prince Léopold comme Roi de la Belgique ; les autres puissances le reconnaîtront un peu plus tard ; mais il ne résultera aucun inconvénient de ce délai.

M. le baron de Wessenberg, l'un des plénipotentiaires autrichiens à la Conférence, et qui a longtemps résidé à la Cour des Pays-Bas, part mardi pour La Haye, afin d'employer toute l'influence qu'il a acquise sur le Roi Guillaume et de le déterminer à accéder aux articles. M. de Wessenberg est la personne qui peut avec le plus de chances de succès s'acquitter de cette mission.

Si, malgré quelques concessions qui sont encore demandées au Roi des Pays-Bas, on obtient son assentiment, alors les affaires de Belgique seront placées dans une position qui permettra de reconnaître son indépendance ; et cette indépendance aura été fondée sans guerre et même sans préparatifs militaires. Vous jugerez peut-être convenable, Monsieur le Comte, d'engager M. Lehon a écrire à Bruxelles et même à s'y rendre, afin que, par son influence, il contribue à l'adoption des articles par le Congrès.

Rien de ce que j'ai l'honneur de vous mander ne doit transpirer à Paris : c'est une condition exigée par le prince Léopold et par les députés.

Agréez, etc.

P. S. — Je joins ici le discours du prince Léopold ; il n'est pas tel que je l'aurais désiré et que je le lui avais suggéré [1]. Tout ce qui s'est passé à cet égard

---

[1] Voici ce discours :

« MESSIEURS,

« Je suis profondément sensible au vœu dont le Congrès belge vous a constitués les interprètes.

« Cette marque de confiance m'est d'autant plus flatteuse, qu'elle n'avait pas été recherchée par moi.

« Les destinées humaines n'offrent pas de tâche plus noble et plus utile que celle d'être appelé à maintenir l'indépendance d'une nation et à consolider ses libertés.

« Une mission d'une aussi haute importance peut seule me décider à sortir d'une position indépendante et à me séparer d'un pays auquel j'ai été attaché par les liens et les souvenirs les plus sacrés, et qui m'a donné tant de témoignages de bienveillance et de sympathie.

« J'accepte donc, Messieurs, l'offre que vous me faites ; bien

entre le prince et moi vous sera expliqué en détail par la lettre que je viens d'écrire au prince et dont j'ai l'honneur de vous envoyer une copie.

CLVI

TALLEYRAND AU PRINCE LÉOPOLD

MONSEIGNEUR,

Je viens de lire à l'instant la réponse que Votre Altesse Royale vient d'adresser aux députés belges ; je vais l'expédier à Paris. Mon Gouvernement sera sans doute charmé de la conclusion d'une affaire aussi difficile et aussi compliquée ; mais je regrette vivement que notre ministère ne trouve pas dans votre discours ce qu'il faut pour diminuer les préventions du public français. J'avais supplié Votre Altesse Royale de ne pas se montrer uniquement attachée à l'Angleterre, dans la réponse qu'elle devait faire aux Belges ; et je

entendu que ce sera au Congrès des représentants de la nation à adopter les mesures qui, seules, peuvent constituer le nouvel État et, par là, lui assurer la reconnaissance des États européens.

« Ce n'est qu'ainsi que le Congrès me donnera la faculté de me dévouer tout entier à la Belgique et de consacrer à son bien-être et à sa prospérité les relations que j'ai formées dans les pays dont l'amitié lui est essentielle, et de lui assurer, autant qu'il dépendra de mon concours, une existence indépendante et heureuse.

« Marlborough-House, le 26 juin 1831. »

vois avec beaucoup de peine, dans votre intérêt même, Monseigneur, que vous avez omis au dernier moment la phrase conciliante, utile et prudente que Votre Altesse Royale avait permis à l'ambassadeur de France de lui remettre par écrit, que je lui ai rappelée hier au soir, et qu'elle m'avait promis d'y insérer.

Quand il s'agit de faciliter le présent et d'assurer l'avenir, il faut éviter avec soin de blesser et la vanité et les préjugés.

Je suis avec respect, Monseigneur, etc.

TALLEYRAND.

Portland Place, le 27 juin 1831.

CLVII

TALLEYRAND AU COMTE SÉBASTIANI

Londres, le 27 juin 1831.

MONSIEUR LE COMTE,

J'avais remis au prince Léopold deux ou trois phrases qui devaient être placées dans sa réponse aux députés belges, et qui, je crois, auraient produit un bon effet. Il m'avait promis de les insérer, et cependant je ne les y ai pas trouvées. J'en ai été fort mécontent, et j'ai écrit immédiatement au prince la lettre dont j'ai eu l'honneur de vous envoyer hier une copie.

Ce matin j'ai reçu une réponse que je joins ici, parce qu'elle contient des explications dont on pourra tirer parti dans un temps ou dans un autre [1].

[1] Le prince Léopold fit la réponse que voici à la lettre du prince de Talleyrand :

« Marlborough-House, le 27 juin 1831.

« MON CHER PRINCE,

« Ce que j'ai dit par rapport à l'Angleterre est simplement la relation d'un fait historique *passé*. J'avais bien désiré dire quelque chose de plus positif sur la France ; mais j'ai mis les mots que vos collègues disaient venir de vous dans le projet de la Conférence.

« Mais sentant la nécessité de faire quelque chose de plus *après mon discours, j'ai invité toute la députation de s'exprimer, en mon nom, officiellement et fortement,* sur une chose dans le Congrès qui m'était d'une grande *importance ;*

« Que je savais que quelques journaux signalaient le présent arrangement comme hostile à la France, que rien ne pouvait *être plus faux ;* que des relations très intimes avec la famille régnant actuellement en France avaient existé depuis de longues années ; qu'il n'y avait que peu de pays que je connaissais mieux que la France, y ayant beaucoup habité depuis ma jeunesse, et que loin d'être hostile contre elle, je la considérais une alliée aussi importante qu'utile pour la Belgique.

« Ceci ne peut manquer d'être connu amplement, quand ils seront arrivés, et d'être *imprimé de suite.* Je pense que vous devriez communiquer ce que je viens de vous dire à votre Gouvernement, auquel je suis sincèrement reconnaissant pour toutes les marques de confiance et de bienveillance dont il m'a honoré.

« Je dois ajouter que les députés m'ont prié de donner quelques mots d'explication au Régent ; qu'il était indispensable de dire au Congrès que son adoption des articles me suffirait à moi pour l'empêcher de croire que mon acceptation véritable serait soumise à l'adhésion de la Hollande.

« Agréez l'expression de mes sentiments les plus distingués et les plus sincères.

« LÉOPOLD. »

La question belge me paraît aujourd'hui posée aussi bien qu'elle peut l'être, et je pense que le Gouvernement du Roi sera à portée de repousser les attaques qui pourraient être faites à ce sujet. Quand des écrivains de parti viendront maintenant comparer la Conférence de Londres à la Sainte-Alliance, ils seront de mauvaise foi, car la paix de l'Europe et l'indépendance de la Belgique ont été les résultats de cette Conférence, et il n'y a rien de commun entre eux et ceux qu'a obtenus la Sainte-Alliance.

Les députés belges sont partis cette nuit ; M. le baron de Wessenberg, qui, ainsi que je vous l'ai mandé hier, va se rendre à La Haye, quittera Londres ce soir. J'ai l'honneur de vous envoyer copie du protocole nº 26, dont il sera porteur, et des instructions qui lui seront remises. Elles sont confidentielles et doivent rester secrètes. J'ai cru devoir écrire au chargé d'affaires de France à La Haye pour qu'il contribuât, en tout ce qui pourra dépendre de lui, au succès de la mission de M. de Wessenberg, et pour qu'il agît de concert avec lui pour que la France ne parût pas étrangère aux démarches qui vont avoir lieu. Vous jugerez sans doute à propos de lui donner des instructions à ce sujet.

Les motifs du voyage de l'Empereur don Pedro ne sont pas encore connus ; il est logé à Londres en hôtel garni et prend le titre de duc de Bragance.

Je crois devoir encore inviter le Gouvernement du Roi à tenir extrêmement secrets les arrangements auxquels on s'est arrêté pour les affaires de Belgique. Il ne faut pas que les ennemis de la paix puissent agir auprès de la population belge et des membres du Congrès pour empêcher l'adoption des articles que les députés portent à Bruxelles [1].

Agréez, etc.

[1] *Protocole n° 26 de la Conférence de Londres du 26 juin 1831, sur les affaires de Belgique. (Préliminaires de paix, dits les 18 articles.)*

Présents les plénipotentiaires d'Autriche, de France, de la Grande-Bretagne, de Prusse et de Russie.

Les plénipotentiaires des cinq Cours, s'étant réunis, ont mûrement examiné la situation où se trouvent les cinq Puissances dans les négociations qu'elles poursuivent à l'effet de concilier le nouveau mode d'existence neutre et indépendante de la Belgique avec les droits et la sécurité des États voisins.

Sans perdre de vue aucun de leurs actes antérieurs, les plénipotentiaires ont été conduits, par cet examen, à reconnaître que le désir de ne point mettre en péril la paix générale, et, par conséquent, les plus graves intérêts de leurs Cours et de l'Europe tout entière, devait les engager à tenter de nouvelles voies de conciliation pour atteindre enfin, sans secousse, le but que les cinq Puissances se sont proposé en ouvrant des Conférences à Londres.

Dans cette intention, les plénipotentiaires ont combiné les articles ci-annexés (A), et ont résolu de les proposer à l'acceptation des deux parties directement intéressées.

Ils sont convenus, en outre, que la communication de ces articles serait faite au Congrès belge moyennant la lettre ci-jointe, et que M. le baron de Wessenberg serait chargé par la Conférence de se rendre à La Haye afin de porter lui-même lesdits articles à la connaissance de S. M. le Roi des Pays-Bas et de lui donner toutes les explications qu'ils réclament.

A cet effet, les plénipotentiaires ont cru nécessaire de munir M. le baron de Wessenberg de la lettre ci-jointe pour M. le baron

Verstolk de Soelen, ministre des affaires étrangères de S. M. le Roi des Pays-Bas.

ESTERHAZY, WESSENBERG, TALLEYRAND, PALMERSTON, BULOW, MATUCHEWITZ.

Annexe A. — Articles proposés par la Conférence à la Belgique et à la Hollande.

La Conférence, animée du désir de concilier les difficultés qui arrêtent encore la conclusion des affaires de la Belgique, a pensé que les articles suivants, qui formeraient les préliminaires d'un traité de paix, pourraient conduire à ce but. Elle a résolu en conséquence de les proposer aux deux parties.

ARTICLE PREMIER. Les limites de la Hollande comprendront tous les territoires, places, villes et lieux qui appartenaient à la ci-devant République des Provinces-Unies des Pays-Bas en l'année 1790.

ART. 2. La Belgique sera formée de tout le reste des territoires qui avaient reçu la dénomination de royaume des Pays-Bas dans les traités de 1815.

ART. 3. Les cinq Puissances emploieront leurs bons offices pour que le *statu quo,* dans le grand-duché de Luxembourg, soit maintenu pendant le cours de la négociation séparée que le souverain de la Belgique ouvrira avec le Roi des Pays-Bas et avec la Confédération germanique, au sujet dudit grand-duché, négociation distincte de la question des limites entre la Hollande et la Belgique. Il est entendu que la forteresse de Luxembourg conservera ses libres communications avec l'Allemagne.

ART. 4. S'il est constaté que la République des Provinces-Unies des Pays-Bas n'exerçait pas exclusivement la souveraineté dans la ville de Maëstricht en 1790, il sera avisé par les deux parties aux moyens de s'entendre à cet égard sur un arrangement convenable.

ART. 5. Comme il résulterait des bases posées par les articles 1 et 2 que la Hollande et la Belgique posséderaient des enclaves dans leurs territoires respectifs, il sera fait à l'amiable entre la Hollande et la Belgique les échanges qui pourraient être jugés d'une convenance réciproque.

ART. 6. L'évacuation réciproque des territoires, villes et places, aura lieu indépendamment des arrangements relatifs aux échanges.

ART. 7. Il est entendu que les dispositions des articles 108 jusqu'à 117 inclusivement, de l'acte général du Congrès de Vienne, relatifs à la libre navigation des fleuves et rivières navigables, seront appliquées aux fleuves et rivières qui traversent le territoire hollandais et le territoire belge. La mise à exécution de ces dispositions sera réglée dans le plus bref délai possible. La participation de la Belgique à la navigation du Rhin par les eaux intérieures entre ce fleuve et l'Escaut, formera l'objet d'une négociation séparée entre les parties intéressées, à laquelle les cinq Puissances prêteront leurs bons offices. L'usage des canaux de Gand à Terneuse et de Zuid-Willemswart, construits pendant l'existence du Royaume des Pays-Bas, sera commun aux habitants des deux pays; il sera arrêté un règlement sur cet objet. L'écoulement des eaux des Flandres sera réglé de la manière la plus convenable afin de prévenir les inondations.

Art. 8. En exécution des articles 1 et 2 qui précèdent, des commissaires démarcateurs hollandais et belges se réuniront dans le plus bref délai possible, en la ville de Maëstricht, et procéderont à la démarcation des limites qui doivent séparer la Hollande et la Belgique, conformément aux principes établis à cet effet dans les articles 1 et 2. Ces mêmes commissaires s'occuperont des échanges à faire par les pouvoirs compétents des deux pays par suite de l'art. 5.

Art. 9. La Belgique, dans les limites telles qu'elles seront tracées conformément aux principes posés dans les présents préliminaires, formera un État perpétuellement neutre. Les cinq Puissances, sans vouloir s'immiscer dans le régime intérieur de la Belgique, lui garantissent cette neutralité perpétuelle, ainsi que l'intégrité et l'inviolabilité de son territoire dans les limites mentionnées au présent article.

Art. 10. Par une juste réciprocité, la Belgique sera tenue d'observer cette même neutralité envers les autres États, et de ne porter aucune atteinte à leur tranquillité intérieure ni extérieure, en conservant toujours le droit de se défendre contre toute agression étrangère.

Art. 11. Le port d'Anvers, conformément à l'art. 15 du traité de Paris, du 30 mai 1814, continuera d'être uniquement un port de commerce.

Art. 12. Le partage des dettes aura lieu de manière à faire retomber sur chacun des deux pays la totalité des dettes qui originairement pesaient, avant la réunion, sur les divers territoires dont ils se composent, et à diviser dans une juste proportion celles qui ont été contractées en commun.

Art. 13. Des commissaires liquidateurs nommés de part et d'autre se réuniront immédiatement. Le premier objet de leur réunion sera de faire la quote-part que la Belgique aura à payer provisoirement, et sauf liquidation pour le service d'une partie des intérêts des dettes mentionnées dans l'article précédent.

Art. 14. Les prisonniers de guerre seront renvoyés de part et d'autre quinze jours après l'adoption de ces articles.

Art. 15. Les séquestres mis sur les biens particuliers dans les deux pays seront immédiatement levés.

Art. 16. Aucun habitant des villes, places et territoires réciproquement évacués ne sera recherché ni inquiété pour sa conduite politique passée.

Art. 17. Les cinq Puissances se réservent de prêter leurs bons offices, lorsqu'ils seront réclamés par les parties intéressées.

Art. 18. Les articles réciproquement adoptés seront convertis en traité définitif.

Esterhazy, Talleyrand, Palmerston, Bulow, Matuchewitz.

TABLE DES MATIÈRES

PARIS

TYPOGRAPHIE DE E. PLON, NOURRIT ET Cie

8, rue Garancière